KB247511

우리는 어떻게 지구를 먹어치우는가

우리는 어떻게 지구를 먹어치우는가

초가공식품과
식품산업이 만들어낸

게걸스러운 인류의 탄생

헨리 딤블비, 제미마 루이스 지음 | 김선영 옮김

어크로스

조니, 도리, 조지에게

차례

음식을 포크로 한입 떠서 먹을 때, 우리는 실제로 어떤 행동을 하는 걸까? 물론 이는 나에게 음식을 먹이는 행동이다. 우리는 휴대폰 화면을 넘기며 무의식적으로 음식을 씹거나, 가족과 함께 밥상에 둘러앉아 식사를 하기도 하고, 때로는 포크 없이 이동 중에 포장된 간식을 먹기도 한다.

어떤 경우든 우리는 이런 행동을 나의 결정으로 여길 것이다. 특히 몸에 좋지 않은 음식인 줄 알면서도 먹을 때 더욱 그런 생각이 든다. 이 때문에 죄책감이 들고 머릿속에 이런저런 생각이 떠오를 것이다. 이는 잘못된 결정과 의지력 부족을 탓하는 내면의 대화로, 수년 동안 반복해온 일이다. 자책의 목소리가 괴롭긴 해도 우리는 이를 받아들인다. 어쨌든 나의 자유의지로 선택한 것이니까. 그렇다면 우리는 왜 이런 잘못된 선택을 되풀이하는 걸까?

그 이유는 간단하다. 나 혼자 내리는 결정이 아니기 때문이다. 우리는 결코 자유로운 존재가 아니다. 우리는 아주 거대하고 복잡하고 강력할 뿐 아니라, 일상과 매우 밀접해서 그 존재조차 느끼지 못하는 시스템 안에서 살아가고 있다. 내가 무엇을 선택하고 구입하고 먹을지조차, 이 거대한 기계의 미세한 조정과 은밀한 자극에 영향을 받는다. 결국 우리는 이 기계의 무의식적인 톱니바퀴일 뿐이다.

썩 기분 좋은 얘기는 아닐 것이다. 자유의지는 난해하긴 해도 우리에게 무척 소중한 개념이다. 보이지 않는 힘에 조종당하고 싶은 사람은 없다. 나도 그렇고 당신도 마찬가지다. 그렇지만 바닷속 플랑크톤부터 한 나라의 통치자까지, 지구상의 모든 생명체는 식량 시스템 안에 갇혀 있다. 이는 우리가 먹고 살아야 하는 존재여서만은 아니다.

식량 시스템은 이제 단순한 생계 수단이 아니다. 이는 지상에서 가장 성공적이고 혁신적이며 파괴적인 산업 중 하나가 되었다. 그 규모를 파악하기 위해 다음 쪽 도표를 살펴보자.

첫 번째 도표는 기원전 1만 년경 지구에 존재한 인류와 야생동물(여기서는 육지에 사는 척추동물과 조류로 정의한다)의 총 무게 추정치를 보여준다. 이때가 홀로세Holocene의 시작으로, 지구의 기온이 전례 없이 안정된 시기로 들어선 때다. 즉 계절이 온화하고 예측 가능해져서 농경이 시작된 역사적 순간이다. 이 시점에 지구의 인구는 250만 명으로, 수많은 야생동물에 비해 턱없이 적었다.

두 번째 도표는 오늘날의 상황을 같은 비율로 보여준다. 인구는 80억 명으로 크게 늘었다. 호모 사피엔스가 만든 식량 시스템 덕분에 우리는 지구에서 지배적인 종이 되었다.

우리는 동식물을 조리하는 법을 배워 영양소를 소화하기가 훨

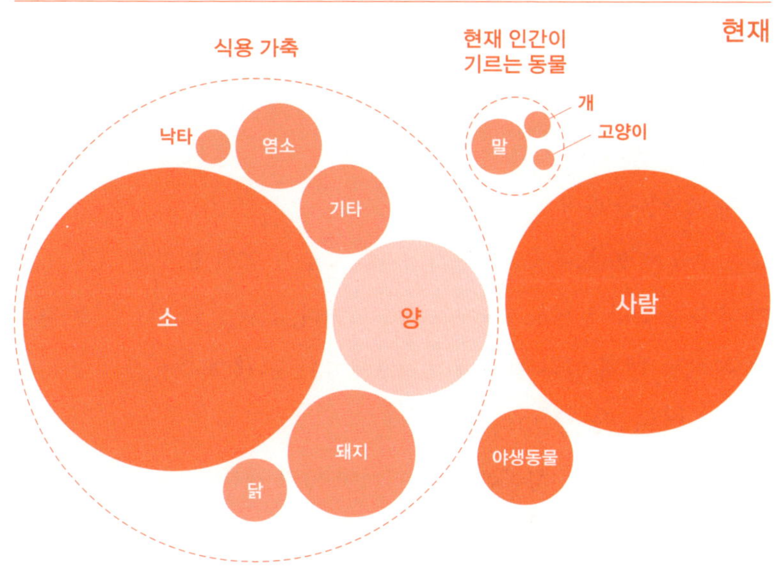

1만 2000년 전, 인류의 총 무게는 야생동물의 총 무게에 비하면 미미했다(위). 오늘날 식용으로 기르는 육상동물의 총 무게는 야생동물과 조류의 무게를 압도한다('기타'에는 칠면조, 오리, 거위, 물소 등이 포함된다. 해양생물과 무척추동물은 포함되지 않는다).

씬 쉬워졌고, 그 덕분에 장이 작아지고 뇌가 크게 발달했다. 우리는 이 뇌를 이용해 필요한 식량을 재배하는 법을 터득했다. 끊임없는 수렵채집 노동에서 벗어나 잉여 식량을 다른 상품이나 서비스와 교환하기 시작했고, 더 복잡한 사회관계망을 발전시켰다. 이른바 문명이 탄생했다.

그렇지만 인류가 번성하면서 거의 모든 형태의 다른 야생동물은 감소했다. 앞의 도표에서 야생동물의 생물량biomass(식물, 동물, 미생물 등 모든 생명체의 질량—옮긴이)이 85퍼센트나 줄어든 사실을 확인할 수 있다. 처음에는 우리가 거대동물을 열정적으로 사냥했기 때문이고,* 이후에는 갈수록 탐욕스러워진 우리의 식량 시스템이 자연계에 해를 끼쳤기 때문이다.[1] 요즘 우리가 기르는 반려동물은 지구상의 전체 야생동물과 무게가 거의 비슷하다.

수많은 종을 부양하던 땅은 이제 오로지 인간을 위해 경작된다. 대다수 동물의 생명도 같은 목적에 쓰인다. 식용으로 기르는 동물의 총 무게는 현재 인류 전체 무게의 2배이고, 야생 척추동물과 조류의 무게를 합친 것보다 20배가 넘는다.

식량 시스템의 성공은 그 파괴적인 힘과 깊은 연관이 있다. 시스템이 커질수록 환경에 미치는 영향도 커진다. 인간의 식습관의 무게에 짓눌려 붕괴된 것은 생물 다양성만이 아니다. 전 세계적으로 식량 시스템은 연료 산업에 이어 두 번째로 큰 온실가스 배출원이자 산림 파괴, 가뭄, 담수 오염, 수생 생물 고갈의 주요 요인이다.[2]

---

* 기원전 5만 년에서 8000년 사이에 인류의 고대 조상은 매머드, 마스토돈, 큰여우원숭이 등 세계에서 가장 큰 포유류 178종 이상을 사냥해 멸종시킨 것으로 추정된다. 이를 '제4기 거대동물 멸종'이라고 한다.

이 모두는 결국 우리의 식량안보를 위협한다. 코로나19 대유행과 뒤이은 러시아의 우크라이나 침공은 풍부한 식량 공급이 당연한 일이 아님을 강하게 일깨워주었다. 기후변화는 극단적인 기상이변과 치명적인 수확 실패라는 형태로 세계 식량 시스템에 더욱 큰 충격을 줄 것으로 예상된다.[3] 여기에 고도로 가공된 값싼 식품이 우리 몸에 끼치는 피해 또한 있다.

해로운 음식이 맛있는 이유

현대 식량 시스템에서 가장 싸고 풍부한 재료는 설탕 같은 단순당, 밀가루 같은 정제 탄수화물, 그리고 지방이다. 이는 생물학적으로 인간이 갈망하도록 프로그램된 재료들이다. 인류가 열량을 얻기 힘든 세상에서 진화해온 탓에, 우리는 지방과 설탕이 많이 든 음식에 본능적으로 끌린다.

영국에서 판매하는 가공식품 중 80퍼센트 이상이 건강에 해롭다.**[4] 이는 식품 제조업체가 사악해서가 아니라, 단지 수요와 공급의 문제다. 건강에 해로운 식품은 더 쉽게 팔린다. 따라서 식품회사는 이런 제품을 개발하고 마케팅하는 데 더 많이 투자한다. 그러면 시장이 더욱 확장된다. 시장이 커질수록 규모의 경제가 생긴다. 소금, 정제 탄수화물, 설탕, 지방이 많고 섬유질은 적은 고가공식품은

**   이 수치는 영국의 대형 식품업체 18곳에서 판매하는 제품의 영양성분을 분석한 결과로, 이 제품들은 영국에서 판매하는 가공식품의 절반을 차지한다. 여기서 '건강에 해로운' 제품이란 WHO(세계보건기구)가 아동에게 마케팅하기에 부적합하다고 규정한 제품이다.

건강한 식품보다 칼로리당 가격이 평균 3배 더 저렴하다.[5] 이는 나쁜 식습관이 빈곤층에게 특히 심각한 문제인 이유 중 하나다.

식이성 질환은 현재 선진국에서 예방 가능한 질병 및 사망의 주요 원인이다. 영국 국민보건서비스National Health Service(NHS)는 2035년이 되면 잘못된 식습관으로 인해 생기는 질병인 제2형 당뇨병 치료에, 현재 모든 암 치료에 지출하는 것보다 더 많은 비용이 들어갈 것으로 예상하고 있다.[6]

이 문제를 두고 개인의 책임이라고 주장하는 사람들이 있다. 그들은 제대로 된 식습관을 '대중에게 교육'하고, 나머지는 개인의 의지에 맡기는 것이 해결책이라고 말한다. 이는 문제의 심각성을 제대로 설명하기는커녕 인지조차 못한 것이다. 1950년에는 영국 인구 중 1퍼센트 미만이 임상적으로 비만이었다. 요즘은 그 수치가 28퍼센트에 이른다.[7] 그사이에 영국 대중의 의지력이 완전히 사라지기라도 한 것일까? 물론 아니다. 변한 것은 대중이 아니라 식량 시스템이다.

그렇다고 우리가 이 거대한 기계 앞에 무력하다는 말은 아니다. 오히려 우리는 이 기계의 중요한 구성 요소다. 우리의 식욕과 행동은 식량 시스템의 작동에 결정적인 역할을 한다. 우리가 식욕과 행동을 조절하면, 식량 시스템도 조절할 수 있다. 그렇게 하려면 식량 시스템이 실제로 어떻게 굴러가는지부터 알아야 한다.

밭에서부터 포크까지

2019년에 영국 정부는 내게 국민을 위한 포괄적인 식량 전략을 세워달라고 요청했다. 나는 현대 세계에서 식량을 생산하고 소비하는 거대한 장치의 일부를 잘 알고 있었다. 패스트푸드 체인 레옹LEON의 공동 창업자이자 전 CEO로서, 그리고 영국 환경식품농무부Department for Environment, Food and Rural Affairs(Defra, 이하 데프라)의 수석 비상임 이사로서, 식량 시스템의 톱니 수백만 개가 어떻게 맞물려 돌아가는지를 상업적 관점과 정치적 관점 모두에서 지켜봤기 때문이다.*

그럼에도 맡은 일의 규모가 엄청나게 방대했다. 식량 시스템을 밑바닥부터 꼭대기까지, 밭에서부터 포크까지 분석하고, 점점 다급해지는 문제의 해결책을 찾아야 했다. 즉 어떻게 해야 우리의 건강과 지구의 건강 둘 다 해치지 않으면서도, 부담 없는 비용으로 먹고 살 수 있을지 해결해야 했다.

나는 뛰어난 공무원 팀의 지원뿐 아니라 과학자, 농부, 학자, 업계 리더, 자선단체 및 공공 부문 종사자로 구성된 자문단의 도움을 받아 조사에 착수했다. 마치 영화 〈모던 타임스〉에 나오는 찰리 채플린처럼, 공장 기계 속으로 빨려 들어가 톱니바퀴 사이에 끼어 한참을

---

* 이 정책에 착수하기에 앞서, 나는 2013년에 존 빈센트John Vincent와 함께 정부 의뢰로 또 다른 정책을 구상했다. 바로 〈학교 급식 계획School Food Plan〉이다. 이를 통해 모든 초등학교 2학년(만 6~7세) 이하 어린이에게 무상급식을 제공하고, 모든 14세 이하 어린이에게 요리 수업을 받을 권리를 보장하는 등의 변화를 끌어냈다. 2018년에는 요탐 오토렝기Yotam Ottolenghi(이스라엘 출신의 영국 스타 셰프―옮긴이)가 운영하는 레스토랑 노피Nopi에서 수석 셰프를 지낸 니콜 피사니Nicole Pisani, 런던 동부 초등학교 연합 교장인 루이즈 니컬스Louise Nicholls와 함께 자선단체 '학교의 셰프들Chefs in Schools'을 공동 설립했다. '학교의 셰프들'은 학교 급식 및 음식 교육 개선을 목표로 전문 레스토랑 셰프를 모집해, 이들이 학교 급식실에서 일하면서 기존 직원을 교육하도록 주선한다. 이 모든 경험 덕분에 나는 여러 해 동안 학교 주방에서 많은 시간을 보냈다.

돌다가 다시 기계 밖으로 빠져나온 기분이었다. 나는 동료들과 함께 전국을 누비며 농장, 푸드뱅크, 고층 온실, 대체 단백질 연구실을 찾아갔다. 우리는 전국에서 좌담회를 열고, 전 세계의 학술 논문을 읽고, 데이터를 분석하고, 수학 모형을 돌렸다. 또한 기존 통념에 의문을 제기하고 정책 아이디어를 점검하면서 숨은 함정은 없는지 살펴보았다.

그렇게 조사 작업이 절반쯤 진행된 2020년 이른 봄, 예기치 못한 복잡한 문제가 발생했다. 코로나19의 첫 번째 물결이 영국 해안을 덮치면서, 온 나라가 공황 상태에 빠졌다. 몇 주 만에 슈퍼마켓 선반이 텅 비었고, 공급망도 압박을 견디지 못해 휘청거렸다. 8일 동안 정신없이 정책을 마련한 정부는 처음에는 술집과 식당에 가지 말라고 당부했고, 이어 외식 업소의 영업을 법으로 금지했으며, 결국에는 전국민에게 '집에 머무르라'고 강력히 촉구했다.

이는 곧 영국 식량 시스템의 구조 전체가 한순간에 무너졌다는 뜻이었다. 영국 식품의 20~25퍼센트를 공급해온 '외식' 분야(식당, 카페, 포장 음식, 술집)가 하룻밤 사이에 문을 닫았다.[8] 학기 중 아이들에게 최대 50퍼센트의 식사를 제공하던 학교 급식실도 문을 닫았다.[9] 커피용 우유, 제과용 밀가루, 고급 소고기 부위 등 요식업체가 쓰던 도매 식재료들이 갑자기 창고와 공장, 농장에 쌓여 부패하기 직전이었다. 한편 모든 끼니를 집에서 해결해야 했던 소비자들은 다진 고기나 토마토 통조림 같은 기본 식재료를 구하느라 어려움을 겪었다.

나는 데프라가 식량 회복 산업포럼Food Resilience Industry Forum이라는 단체를 설립하도록 도왔다. 이 단체의 임무는 국민의 먹을거리를 확보하는 것이었다. 정부는 식품 부문 내 다양한 주체들이 정보를 공유하고 해결책을 찾도록 경쟁촉진법을 일시 중단했다. 나는 매일 아침 공무원들과 식량 시스템의 리더들(물류회사, 슈퍼마켓 체인, 농가, 식품 생산자)이 모이는 오전 8시 15분 화상회의에 참석했다. 회의에 들어가면, 생산 및 유통 기계가 새로운 운영 방식으로 강제 전환되느라 기어가 삐걱거리는 소리가 들리는 듯했다.

결국 식량 시스템은 봉쇄 조치라는 압박에 놀랍도록 민첩하게 적응했다. 밖에서 보면 자연스럽게 일어난 일처럼 보였다. 공급망이 다시 원활하게 돌아갔고, 슈퍼마켓 선반이 가득 찼으며, 위기가 무사히 지나갔다. 뒤에서 이 모습을 지켜본 나는 처음에는 놀랐고, 나중에는 경외감을 느꼈다. 물류회사는 도매업체가 식당에 납품하던 물품을 새로운 시장에서 판매할 수 있게 힘썼고, 슈퍼마켓은 재고가 지역의 작은 상점으로 이동하도록 도왔다. 요식업체는 재정위기를 겪는 와중에도 공무원 및 지방 의회와 협력해 형편이 어려운 이웃에게 따뜻한 식사를 대접했다. 나는 화상회의에서 식량 시스템의 방대함과 아름다움을 확인했고, 그 모습에 감탄했다. 다양한 부분이 얼마나 섬세하게 연결되어 있는지, 동시에 적응력이 얼마나 뛰어난지를 알게 되었다. 식량 시스템은 변할 수 있다. 그것도 빠른 속도로. 단, 강력한 압박이 있고 집단의지가 충분히 모여야 가능하다.

지금 세상에 필요한 것은 훨씬 더 근본적인 적응력이다. 우리는 다시 한번 창의력을 발휘해 식량을 생산하고 판매하고 소비하는 방식을 재구성해야 한다. 그래야 우리와 지구가 더 이상 병들지 않는다.

지속 불가능한 시스템에서 벗어나기

이번 도전의 규모가 방대하다는 것은 절대 과장이 아니다. 다뤄야 할 사안이 너무 많고, 해결책끼리 서로 충돌하는 것처럼 보일 때도 있다. 우리는 현대 서구식 식단이 만든 건강 위기를 해결해야 하고, 집약농업이 초래한 환경 피해를 끝내야 하며, 모두가 부담 없이 양질의 음식을 먹을 수 있게 보장해야 한다. 이미 토지에 끼친 피해를 복구하고, 생물 다양성을 회복하며, 토지를 활용해 기후변화에 대응해야 한다. 또한 글로벌 공급망에 영향을 주는 사태에 대비해 식량 안보를 강화해야 한다. 동시에 생산성이 매우 낮은 농지 일부를 위기에 처한 야생동물의 서식지로 전환하고, 당분간 화석연료에 의존할 수밖에 없는 산업(항공업이나 중공업 등)의 탄소 배출을 흡수해야 한다.

정치인을 비롯한 대다수 사람에게 이는 도저히 불가능한 과제처럼 보인다. 그 복잡성만으로도 압도당하는 기분이다. 의도치 않게 새로운 문제가 불거질지 모른다는 두려움, 식품산업이 가하는 압박, 대중의 회의적인 시선, 유모국가nanny-statism(유모가 어린아이를 돌보듯 국가가 국민의 삶에 지나치게 개입하는 행태를 비판하는 표현. 자세한 내용은 7장에서 다룬다—옮긴이)의 낌새가 보이면 바로 비난하려 드는 공격적인 언론 등 이 모두가 결합해 역대 정부의 발목을 잡아왔다. 비만과 질병에 시달리는 영국인이 점점 많아지고 NHS의 재정 부담이 갈수록 심각해지고 있는데도, 정치인은 행동에 나서기를 주저한다.

2022년 6월에 공개된 이른바 〈정부식량전략Government Food Strategy〉은 내가 제안한 정책 구상을 반영한 것이지만, 사실 전략이라고 보기는 어렵다.[10] 몇 가지 산발적인 정책 아이디어를 모아놓은 정도이고, 그중 상당수는 언론의 반발이 크지 않을 것 같아 채택했다. 그렇다고 이 정책들이 쓸모없다는 뜻은 아니다. 생각보다 흥미롭고 중요한 내용이 담겨 있다. 예를 들어 정부는 내가 권고한 대로 '토지이용기본체계Land Use Framework'를 만들었는데, 이는 다양한 토지 수요를 균형 있게 조율하는 중요한 역할을 한다. 이를 제대로 실행한다면, 획기적인 정책이 될 것이다. 그렇지만 이것만으로는 충분하지 않다. 정부의 '전략'은 문제의 규모에 비해 너무 빈약하고 단편적이며 지나치게 신중하다.

그럼에도 식량 시스템은 수정할 수 있다. 사실 변화는 불가피하다. 현재 우리의 식습관 때문에 국가가 치러야 할 비용은, 재정적 손실이든 무너진 삶이든, 조만간 정치적으로 감당하기 힘든 수준에 이를 것이다. 정말 중요한 질문은 스스로 얼마나 더 해를 입어야 이 사태에 뛰어들 용기를 낼 것인가 하는 점이다. 위기가 재앙으로 번질 때까지 두고 볼 수는 없다. 비만과 환경 파괴의 근본 원인에 빨리 대처할수록, 피해를 복구하는 속도도 빨라질 것이다.

내가 이 책에서 제안하는 아이디어와 해결책은 전 세계에서 수집한 증거를 바탕으로 한다. 세밀한 검토와 철저한 수치 분석을 거쳤음은 물론이다. 반면 음식에 대한 여러 감정을 형성하는, 문화적 관습이나 검증되지 않은 가정은 의도적으로 배제했다. 실제로 효과적인 것과 그렇지 않은 것을 파악하기 위해서다.

변화가 어려운 이유 중 하나는 건강하다거나 지속 가능하다고 철석같이 믿어온 것이 종종 틀렸기 때문이다. 예를 들어 저지방이 전

지방보다 더 건강하다고 보기 어렵고, 지역 농산물이 수입 식품보다 탄소발자국이 더 많을 때도 있다.

나는 식량 시스템에 대한 이해를 가로막는 미신과 오해를 걷어내고 싶다. 이를 위해 독자를 무대 뒤로 데려가 우리가 무엇을 먹을지 결정하게 하는 메커니즘을 보여줄 것이다. 이 메커니즘은 우연히든 의도적이든 여러 힘이 얽혀서 함께 작용한다. 또한 현대인의 식단이 식이성 질환과 환경 파괴라는 전 세계적 위기를 초래한 이유를 설명할 것이다. 그렇지만 이런 결과가 불가피하지 않다는 점도 보여줄 것이다. 우리는 이러한 식량 시스템에 갇혀 있을 필요가 없다. 우리가 여기서 빠져나갈 방법 또한 독자에게 제시할 것이다.

시스템에 갇힌 현대인

미국의 통계학자 데밍W. E. Deming은 "선한 사람은 나쁜 시스템을 절대 이기지 못한다"라고 말했다. 보통 선한 사람은 자신이 시스템 안에 있다는 사실을 깨닫지 못하기 때문이다. 우리는 삶을 사람, 장소, 사건, 상황과의 다소 우연한 상호작용의 연속으로 경험한다. 우리를 둘러싼 시스템이 기계적이고 정해진 방식으로 작동하는데도 일상에서는 이를 거의 체감하지 못한다. 그렇다면 '시스템'이란 도대체 무엇일까? 세상 모든 병폐의 책임을 떠넘길 수 있는 얼굴 없는 무형의 존재라는 점을 제외하면, 시스템은 어떤 존재일까?

시스템을 가장 간단히 정의하면, 어떤 목적이나 목표를 향해 함께 작동하는 것들의 집합이다. 시스템은 인공적으로 만들 수 있다. 예를 들어 철도 시스템은 선로, 열차, 역, 기관사 등으로 구성되며, 이 모든 요소가 결합해 우리를 어디론가 이동시킨다. 시스템은 자연적으로 생겨나기도 한다. 식물이 하는 광합성이 그런 경우다.

식량 시스템은 우리가 먹는 음식을 생산, 가공, 유통, 판매하는 모든 요소의 총합이다. 이 시스템은 그 안에 수많은 작은 시스템을 포함하며, 토양 속 박테리아부터 슈퍼마켓 진열대의 배치까지 모든 것을 포괄한다고 할 수 있다. 식량 시스템은 규모가 방대하고 널리 퍼져 있어서 보이지 않는 존재처럼 느껴진다. 즉 우리는 시스템 깊숙이 살고 있어서 시스템 전체를 멀리서 조망하기가 어렵다.

내가 처음 〈국가식량전략National Food Strategy〉을 구상하기 시작했을 때, 많은 전문가로부터 '시스템적 접근'을 하라는 조언을 들었다. 그런데 그게 어떤 접근법인지 물었을 때, 다양한 답변이 돌아왔다. 어떤 이는 비만 문제를 해결하기 위해 만든 '미래 예측 비만 시스템 지도Foresight Obesity System Map'를 언급했다. 이는 2007년에 정부 의뢰로 제작된 것으로, 현재 이 분야에서 유명한 자료다. 복잡한 거미줄 같은 도표(22쪽)는 비만의 다면적 특성을 잘 보여주지만—들여다보기만 해도 맥박이 뛰고 눈이 핑글핑글 돌아갈 정도다—, 정책을 설계하는 데는 한계가 있다.[11] 사실 시스템을 바꿀 때 '너무 복잡한' 접근법을 취하면 사람들의 의욕이 크게 떨어져 오히려 진전을 가로막을 수 있다. 변화가 이렇게 어렵다면, 시도할 가치가 있을까?

주변에서 자주 추천한 또 다른 자료는 식량 정책의 의사결정 책임이, 마치 토스트에 얇게 펴 바른 잼처럼, 정부 전반에 넓게 퍼져 있음을 보여준다(23쪽). 이 도표를 보면, 식량 정책을 책임지는 단일한 부서가 없다. 대신 모든 부서가 저마다 의견을 제시하고, 그로 인해

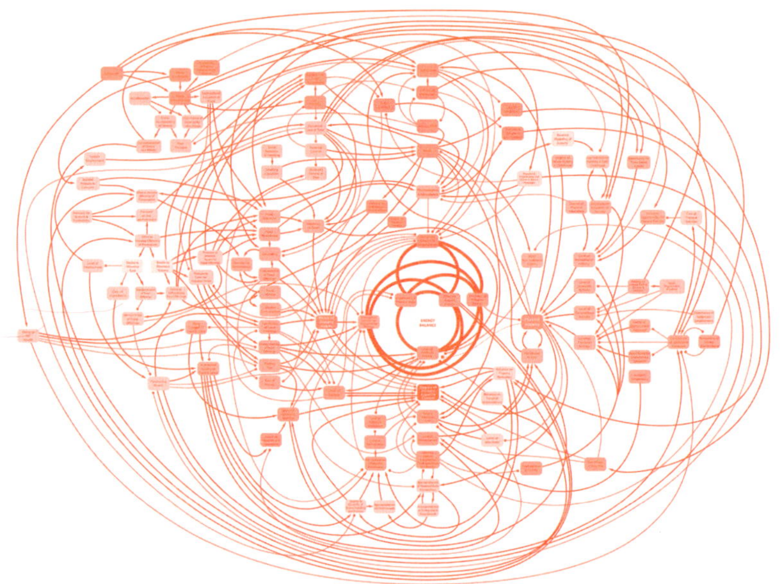

2007년 비만에 관한 정부 보고서를 위해 작성된, 복잡하게 얽힌 '미래 예측 비만 시스템 지도'. 이 지도는 약 300개의 인과관계로 연결된 108개의 변수를 포함하고 있다. 예컨대, 신체 활동은 기본적인 식욕 조절 정도에 긍정적 영향을 미치며, 동력 교통수단의 우세는 건강에 대한 수요에 부정적 영향을 끼친다.

혼선이 생긴다. 물론 이 뛰어난 도표에서 배울 점이 많다고 본다. 다만 지휘체계가 이렇게 뒤엉켜 있지 않다면, 식량 정책에 대한 올바른 결정을 내리기가 한결 쉬울 것이다. 사실 여러 정부 부처가 관여하는 것은 비단 식량 시스템만이 아니다. 이러한 관계를 파악하는 것은 정책 입안에서 중요하지만, 시스템 자체를 이해하는 데는 핵심이 아니다.

이 목적에 유용했던 것은 '시스템 역학'의 기본 개념을 익힌 것

시티런던대학교의 켈리 파슨스Kelly Parsons가 제작한 이 도표는 여러 부처에 책임이 분산되어 있을 때 일관된 식량 정책을 수립히는 것이 얼마나 어려운지를 보여순다. 예를 들어 재무부는 설탕음료세 같은 과세를 결정하고, 디지털·문화·미디어 및 스포츠부는 아동을 대상으로 한 정크푸드 광고 제한 여부를 결정하며, 교육부는 무상급식 대상을 정하고 급식 품질도 책임진다. 보건사회복지부는 이 모든 문제를 총괄한다.

이었다. 이는 1950년대 초 매사추세츠공과대학(MIT)에서 개발한 과학의 한 분야로, 수학 모형을 이용해 복잡한 시스템 행위를 파악한다. 이는 모든 시스템을 네 가지 구성 요소로 나누며, 각 요소는 시스템에 여러 번 반복해 등장할 수 있다. 그 네 가지 요소는 '저량stock'(일정 시점에 쌓인 양), '유량flow'(일정 기간의 변화량), '피드백 루프feedback loop'(유량을 제어하는 요소), 시스템의 '목적' 또는 '산출'이다.

시스템 내의 저량은 동질적일 필요도 없고 물질적이지 않아도 된다. 그러므로 규제 기관에 대한 신뢰라는 '저량'이 감소하거나 인력 숙련도라는 저량이 증가할 때, 시스템에 어떤 변화가 발생하는지 모델링이 가능하다. 피드백 루프도 다양한 형태로 나타난다. 법률, 사회 관습, 정보(운전자가 속도를 줄이도록 일러주는 속도계), 생물학적 신호(산모의 몸에서 모유 생성을 자극하는 프로락틴 호르몬) 등이 여기에 해당한다.

피드백 루프에는 두 종류가 있다. '균형balancing' 피드백 루프와 '강화reinforcing' 피드백 루프다. 균형 피드백 루프(부정적 피드백 루프라고도 부르지만, 그 효과는 긍정적일 수 있다)는 저량을 일정 수준으로 유지하는 역할을 한다. 이는 진행 방향을 제한하거나 반전시킨다. 예를 들어 우리의 식욕은 혈액과 장에서 분비되는 특정 화학물질에 반응해 먹는 양을 조절한다. 너무 많이 먹으면 배가 불러서 더는 먹지 않는다. 너무 적게 먹으면 배가 고파서 음식을 더 찾는다(물론 이 피드백 메커니즘이 항상 제대로 작동하는 것은 아니다. 이에 대해서는 4장에서 살펴볼 것이다).

강화 피드백 루프는 변화를 증폭한다(긍정적 피드백 루프라고도 부르지만, 그 효과는 부정적일 수 있다). 이는 악순환(더 먹는다 → 살이 찐다 → 우울해진다 → 더 먹는다 → 살이 찐다)과 선순환(방목 달걀을 사는 사람이 많아진다 → 방목 달걀의 생산에 투자가 늘어난다 → 방목 달걀의 생산비가 내려간다 → 방목 달걀을 사는 사람이 많아진다)을 모두 만든다. 이 강화 피드백 루프는 핵분열이나 북극 빙하의 융해처럼 막아내기 힘든 폭주 시스템을 만들기도 한다.

시스템은 초기 조건이 조금만 달라져도 시간이 흐르면 결과가 크게 달라질 수 있다. 또한 안정적으로 보이다가도 예고 없이 무너질 수 있다. 이러한 시스템은 (느슨하게라도) 제어하기가 극히 어려워서, 선의의 노력에도 불구하고 숱한 실패를 야기한다.

그렇다고 이러한 시도를 하지 말아야 한다는 뜻은 아니다. 시스템 역학은 다양한 분야의 서로 다른 시스템이 비슷하면서도 예측 가능한 행동을 보이는 경향이 있음을 보여준다. 예를 들면 실패하는 시스템에는 식별 가능한 공통 패턴이 있다. 그리고 시스템의 구조에 따라 어떤 개입은 다른 것들보다 긍정적 변화로 이끌 가능성이 높다.

시스템 분석가 도넬라 메도즈^{Donella Meadows}(MIT 시스템 역학 연구 팀의 초기 일원)는 저서인 《ESG와 세상을 읽는 시스템 법칙^{Thinking in Systems}》에서 수천 건의 연구를 바탕으로 시스템이 오작동하는 전형적인 경로를 밝혀냈다. 메도즈는 이를 시스템 함정이라고 불렀다. 이러한 함정은 엄청난 피해를 줄 수 있지만, 우리가 당연하게 여기는 시스템에 파묻혀 있어서 이를 문제의 원인으로 식별하지 못하는 경우가 많다. 일이 잘못되면 우리는 본능적으로 사람이나 사건을 탓하지, 시스템에서 결함을 찾지 않는다.

바로 이런 이유로 구조적 문제에 대한 정치적(그리고 공적) 대응이 효과적이지 못한 경우가 많다. "누군가를 탓하고 징계하고 해고하는 것, 정책의 고삐를 더 틀어쥐는 것, 상황이 나아지길 기대하는 것, 가장자리만 땜질하는 것 등의 표준적인 대응으로는 구조적 문제를 해결하지 못한다"라고 메도즈는 지적했다. 그리고 이렇게 덧붙였다. "그렇지만 시스템 함정에서 빠져나올 방법이 있다. 함정을 미리 알아채고 이를 피해 가거나, 구조를 변경하는 것이다. 구조 변경은 목표를 재구성하고, 피드백 루프를 약화 또는 강화하거나 변경하고, 새로운 피드백 루프를 추가하는 것이다."

앞으로 살펴보겠지만, 현재 우리의 식량 시스템에는 시스템 함정이 가득하다. 그중에서도 매우 심각한 문제는 다음과 같다.

정책 저항: 이 함정은 아무리 시스템을 변경하려고 해도 균형 피드백 루프가 시스템을 계속 제자리로 돌려놓을 때 발생한다. 전통적인 마약 예방 정책을 생각해보자. 마약과의 전쟁을 수차례 벌여도, 마약 거래는 여전히 문제로 남는다. 이는 마약 단속이 성공하면, 시스템 내부에 저량(마약)이 줄어들고 그 가치가 상승해 마약 밀매업자가 시스템을 우회하도록 유도하기 때문이다. 이러한 반작용이 함께 작용해 교착상태를 부르므로, 저량은 변하지 않는다. 모두가 나름의 목표를 달성하려고 엄청나게 애쓰지만, 시스템은 꿈쩍하지 않는다.

공유지의 비극: 이 표현은 미국의 생태학자 개릿 하딘^{Garrett Hardin}이 1968년에 발표한 같은 제목의 논문에서 처음 사용했지만, 이 문제를 최초로 밝힌 사람은 19세기의 영국 경제학자 윌리엄 포스터 로이드^{William Forster Lloyd}다. 이 현상은 한정된 자원을 누구나 자유롭게 이용할 수 있을 때 발생한다. 이때 시스템의 각 행위자는 자원을 보호하기보다 자원이 바닥나기 전에 최대한 많이 확보하려고 한다.

최근의 예로, 캐나다 뉴펀들랜드의 그랜드뱅크스 어장에서 대구 개체 수가 붕괴한 사건을 들 수 있다. 유럽인이 이곳에서 처음 대구 떼를 발견했을 때, 대구 개체 수는 "해안에 빽빽하게 몰려 있어,

배가 그 사이를 비집고 지나갈 수 없을 정도"로 풍부했다(뉴펀들랜드 총독 존 메이슨John Mason이 1620년에 남긴 기록). 각 어선이 잡아들이는 어획량에 기술적 한계가 있는 한, 대구는 풍부한 식량원이자 생계 수단이었다. 그러나 20세기 들어 저인망어업, 선상 냉동 기술, 대형 어선이 발명되는 등 기술이 빠르게 발전했다. 각 어선은 경쟁에서 밀리지 않으려고 더 나은 장비를 갖추고 어획량을 늘렸다. 결국 1992년에 이르면 대구 개체 수가 완전히 무너졌는데, 이는 대구뿐 아니라 지역 해안 생태계 전체가 붕괴했다는 신호였다. 그랜드뱅크스 해역의 어업 금지 조치로 대구 개체 수 감소 추세는 막았지만, 여전히 예전 수준을 회복하지 못하고 있다.

하딘의 논문에는 이런 구절이 나온다. "공유지를 자유롭게 이용해야 한다고 믿는 사회에서 각자 자신의 이익을 최대한 추구할 때, 모든 인간이 몰려가는 최종 목적지는 파멸이다."

저조한 성과로의 표류: '냄비 속 개구리 증후군'*, '목표의 침식', '기준선 이동'이라고도 하는 이 함정은 시스템이 내리막길로 아주 서서히 이동해서 시스템 행위자들이 예전보다 훨씬 나빠진 상황을 자

---

* 19세기의 일부 과학자들은 개구리를 끓는 물에 넣으면 바로 튀어나오지만, 개구리를 냄비에 넣고 물을 서서히 가열하면, 개구리가 이를 눈치채지 못하고 냄비에 계속 있다가 끓는 물에 죽는다고 주장했다. 현대에 와서 과학자들은 이 사실을 반박했다. 1995년 하버드 대학의 생물학자 더글러스 멜턴Douglas Melton은 이렇게 말했다. "끓는 물에 개구리를 집어넣으면 튀어나오지 않는다. 바로 죽어버린다. 찬물에 넣고 가열하면, 개구리는 물이 뜨거워지기 전에 튀어나온다. 개구리는 우리의 기대와 달리 가만히 있지 않는다."

각하지 못할 때 발생한다. 낮은 기대치, 노력 부족, 저조한 성과에 모두가 익숙해진다. 이 시스템은 균형 피드백 메커니즘, 즉 기준점을 예전 수준으로 끌어올리는 강력한 에너지가 필요하다. 그렇지만 낮은 기대치로 개선 노력이 줄어 강화 피드백 루프가 형성됐기 때문에, 시스템이 계속 퇴보한다.

2013년에 나는 존 빈센트와 공동 작성한 〈학교 급식 계획〉(15쪽 각주 참고)에서, 학교에서 제공하는 급식이 바로 이런 상황에 놓여 있었고, 유명 셰프인 제이미 올리버Jamie Oliver가 개입하고 나서야 다들 상황의 심각성을 깨달았다고 지적했다. 지금은 시스템에 대한 기대치가 높아져서 기준점이 (너무 느리긴 해도) 올라가고 있다.

단계적 확대: 이는 시스템의 목표가 절대적이지 않고 시스템 내 다른 변수와 관련이 있을 때 발생한다. 내가 상대방보다 목소리를 높이면, 상대방도 더 크게 외치고, 곧 둘 다 목청껏 소리 지르게 된다. 이러한 강화 피드백 루프가 형성되면 시스템은 무기 경쟁, 부의 경쟁, 소음의 증폭, 폭력의 확산으로 향하게 된다.

이 현상을 식량 시스템에서도 확인할 수 있다. 인류는 열량 밀도가 높은 식품을 선호하도록 진화했다. 식품업체는 이러한 본능적 욕구에 부응해 고열량 식품의 개발과 마케팅에 더 많은 노력을 기울이고, 이는 해당 식품의 소비 증가로 이어진다. 그러면 업체는 다시 그 식품을 생산하고 판매하려는 유인이 커진다. 매출이 증가하면 마케팅 비용이 늘고, 이는 다시 매출 증가로 이어진다. 이러한 정크푸드의 악순환에 대해서는 2장에서 더 자세히 다룬다.

개입자에게 부담 전가하기: 일상적 표현으로는 중독 또는 의존증이라고 한다. 메도즈는 이렇게 지적했다. "중독은 문제의 증상을 없애는 빠르고 간편한 해결책을 찾는다. 이는 실제 문제를 해결하는 더 어렵고 장기적인 과제를 방해하거나 회피한다."

집약농업은 중독 문제를 안고 있다. 비료와 농약에 지나치게 의존하면서 생태계가 훼손되고 토양이 오염됐다. 이렇게 비옥하지 않은 환경에서 다시 농작물을 재배해야 하므로, 비료와 농약에 대한 의존도는 더욱 커진다.

규칙 회피: 규칙이 있으면 이를 회피할 가능성이 있다. 이는 개인이나 기관이 시스템의 규칙을 우회하는 행동, 즉 법의 취지를 무시한 채 법의 빈틈을 이용하는 행동을 뜻한다. 규칙 회피는 시스템을 크게 왜곡할 때, 즉 규칙이 없으면 안 했을 부자연스러운 행동을 유발할 때 문제가 된다.

예를 들어 1960년대에 유럽 국가들은 자국 농가를 위해 농산물 가격을 보호할 목적으로 사료용 곡물의 수입을 제한했다. 양질의 사료이지만 곡물은 아닌 카사바는 규제 대상이 아니었다. 그래서 값싼 사료를 찾던 농민들은 미국산 수입 옥수수를 아시아산 수입 카사바로 대체했다. 결국 유럽 농가는 이득을 보지 못했다. 이 정책은 그 취지에 대한 동의 여부와 상관없이, 본래의 목적을 달성하지 못했다.

잘못된 목표 추구: 시스템의 목표를 부정확하거나 불완전하게 규정하면, 시스템이 순응적으로 작동할 때 의도치 않은 결과를 낳을 수

있다.

예를 들면 영국의 경제학자 파르타 다스굽타Partha Dasgupta가 획기적인 보고서 〈생물 다양성의 경제학The Economics of Biodiversity〉에서 지적했듯이, 국가 회계 제도는 국부나 복지와 실질적인 관계가 없다. 국가 회계는 우리가 생산한 것에서 나온 자본만 계산할 뿐, '인적자본'(교육이나 건강)이나 '자연자본'(모든 생명체가 의존하는 천연자원)의 지표는 측정하지 않는다. 이 저량들을 기록하지 않기 때문에, 그 가치도 평가하지 않는다.

사실 국가 회계 제도는 그 자체로도 제대로 작동하지 않는다. GDP(국내총생산)는 물질적 부를 측정한 것이 아닌, 소비의 열기를 보여주는 지표일 뿐이다. 이는 저량의 총 증가분을 측정할 뿐, 저량 자체는 측정하지 않는다. 즉 한 해 동안 생산하고 구매한 것의 유량을 포함할 뿐이며, 그 자체로 즐거움의 원천이자 부의 지표인 주택, 자동차, 컴퓨터와 같은 저량 자체를 포함하지 않는다.

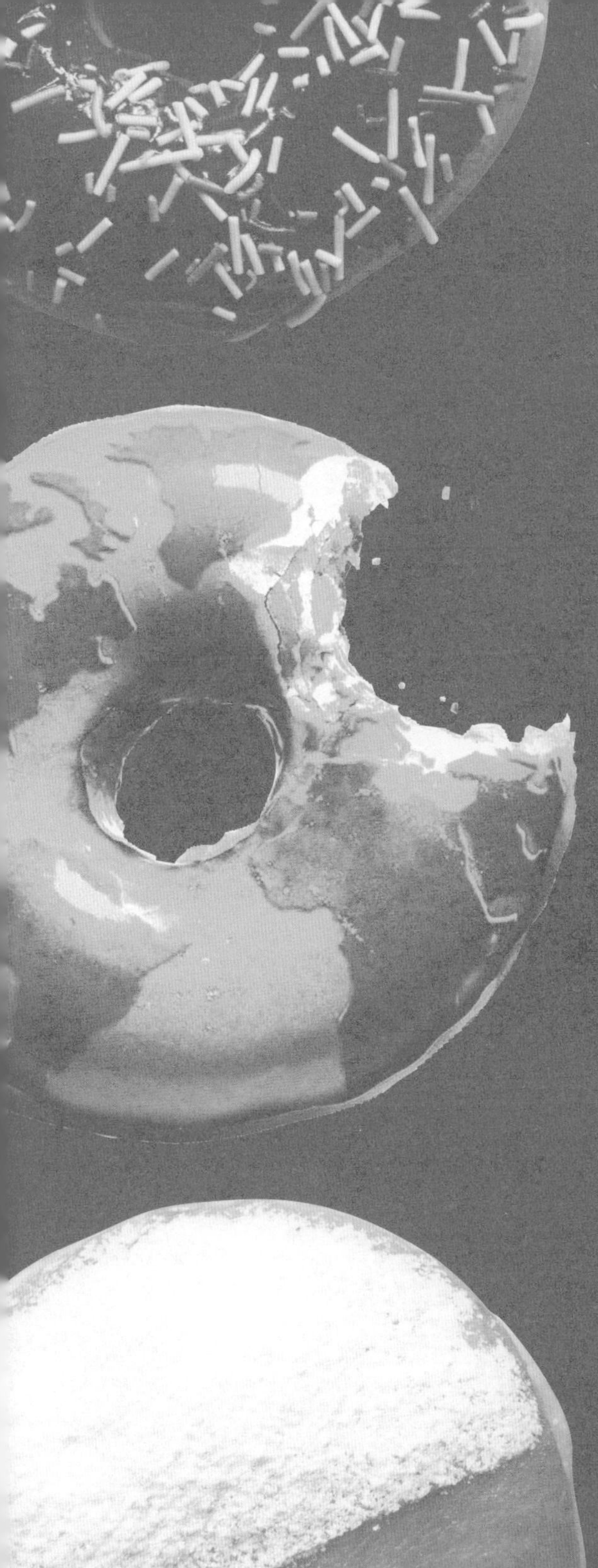

1부

우리의 몸

1장 기적이자 재앙

**과거 식량 시스템의 위기를 해결한 방법이
어떻게 지금의 위기를 낳았을까?**

현재 우리가 갖춘 식량 시스템은 기적이자 재앙이다. 기적이 재앙을 낳았다고도 볼 수 있다. 이 기적의 중심에는 노먼 볼로그^{Norman Borlaug}라는 식물학자가 있었다. 그의 삶을 다룬 영화가 있었다면, 볼로그 역은 그와 외모가 흡사한 지미 스튜어트^{Jimmy Stewart}가 맡았을 것이다. 1914년 미국 아이오와주에서 태어난 볼로그는 긴 얼굴에 다부진 턱선, 하얗고 가지런한 치아를 지녔고, 체격도 호리호리했다. 그러나 그의 일대기를 다룬 영화는 없었다. 농업이나 학술 분야를 벗어나면 볼로그는 무명에 가까웠다. 그렇지만 그가 개발한 농업 시스템이 없었다면, 지구상의 인구 3명 중 2명 이상은 먹지 못했을 것이다. 실제로 우리 주변 사람 중 3분의 2는 존재하지 않았을지도 모른다.

기근을 멈춘 사람

70년 전, 전 세계가 식량 부족으로 곧 위기에 처할 것이라는 우려가 널리 퍼져 있었다. 당시 세계 인구가 급증하고 있었고, 의학 발전과 위생 개선으로 다음 세기에는 인구가 25억 명에서 90억 명으로 증가할 것으로 예상됐다. 그렇다면 이 많은 인구를 어떻게 먹여 살려야 할까?

역사를 통틀어 식량 생산을 눈에 띄게 늘리는 방법은 단 하나였다. 땅을 더 많이 일구는 것이다. 이는 2차 세계대전 때 영국 농민들이 해야 했던 일이다. 당시 식량안보가 긴급한 사안으로 떠올랐기 때문이다. 전쟁 초반 영국은 소비 식량의 30퍼센트만 생산했다. 나머지는 대영제국의 그 외 지역에서 수입했다(그래도 여전히 많은 땅을, 그것도 본토에서 멀리 떨어진 땅을 일구어야 했다).[1]

독일군은 영국이 식량 수입에 의존한다는 약점을 재빨리 파고들었다. 나치는 유보트로 식량을 나르는 상선을 침몰시켜 영국인을 굶주리게 해서 항복을 받아내려고 했다. 1943년 5월까지, 매달 북대서양에서 유보트에 격침당한 상선이 새로 건조된 상선보다 많았다. 당시 영국 총리였던 윈스턴 처칠은 훗날 2차 세계대전 때 가장 두려웠던 것이 '유보트의 위협'이었다고 회고했다.[2] 이런 상황에서 농민들은 관목지를 대거 농경지로 전환해 돌파구를 마련했다. 이들은 정부의 명령에 따라 야생화를 뽑고 울타리를 철거해 소중한 땅을 한 뼘이라도 더 경작하려고 했다. 30퍼센트에 머물렀던 영국의 식량 자급률은 전쟁이 끝날 무렵 75퍼센트로 증가했다.

이러한 상관관계, 즉 먹여 살려야 할 인구수, 식량 생산량, 경작에 쓰이는 토지는 인류 역사를 통틀어 일정 비율을 유지했다. 다음 쪽 그래프에서 3개의 직선은 시간의 흐름에 따른 이들 세 변수를 나

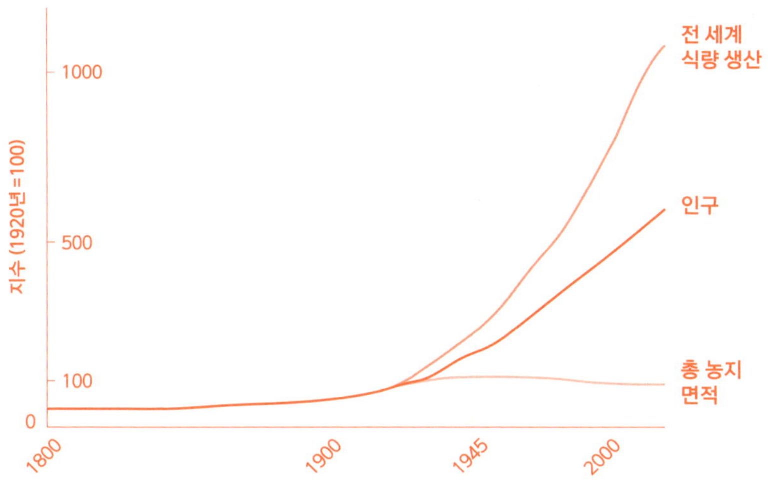

현재 전 세계적으로 우리는 1945년에 비해 조금 더 줄어든 농지에서 1인당 1.7배 많은 칼로리를 생산한다. 이른바 녹색혁명의 성과 덕분에 대폭 늘어난 인구에 상응하는 토지를 파헤치지 않고도 우리는 먹고 살 수 있게 됐다.

타낸다. 19세기에 접어든 순간부터 20세기 초까지 세 변수 모두 거의 같은 비율로 서서히 증가했다.

그러나 전쟁이 끝날 무렵, 전 세계에서 쓸 만한 농지는 대부분 경작된 상태였다. 인구가 계속 급증하는 상황에서 식량이 더 필요했지만, 이를 생산할 땅이 부족했다. 대량 기아는 불가피해 보였다.

이런 상황에서 노먼 볼로그가 등장했다.[3] 대공황 시기 작은 농가에서 자란 볼로그는 굶주린 사람들이 거리에서 음식을 구걸하고 식량 때문에 난동 피우는 모습을 보았다. 이를 지켜보며 그는 굶주림과 싸우겠다는 사명감을 키웠다. 식물병리학을 공부한 그는 생산성이 더 높은 밀 품종을 개발하겠다는 포부를 안고 1944년에 멕시코로 향했다. 기아에 시달리던 현지 주민들의 삶은 그가 어린 시절 목격했던 장면보다 훨씬 더 열악했다. 그는 아내 마거릿에게 편지를 썼다. "이곳의 상황을 보고 있자니 가슴이 아려온다오. 대지에 생명력이 너무 부족해 작물은 그저 생존하려고 버틸 뿐이오. 도통 자라나질 못하고 살아남으려 안간힘을 쓸 뿐이지. 토양은 영양분이 너무 적어 밀알이 겨우 몇 개만 여물고 있소. … 우리가 어떻게 도와야 할지 모르겠지만, 뭐라도 해야겠지."

볼로그는 수확량이 많고, 멕시코의 환경에서도 잘 자라며, 한 해 농사를 망칠 수 있는 곰팡이병인 밀녹병에도 강한 품종을 길러내는 일에 착수했다. 그는 멕시코 품종과 밀녹병에 저항력 있는 미국 품종을 교배하기 시작했다. 그 결과 나온 작물은 수확량이 훨씬 많았지만, 줄기가 너무 가늘어 이삭의 무게를 지탱하지 못했다. 강풍이라도 불면 농작물이 대거 쓰러져(이를 도복倒伏 현상이라고 한다) 수확을 망칠 수 있었다.

볼로그는 줄기가 짧은 '앉은뱅이' 밀이 일본에서 자란다는 이야기를 들었다. 그는 자신이 개발한 다수확 품종을 줄기가 굵고 억세고 짧게 개량하면 도복 문제가 해결될 것이라고 생각했다. 귀중한 수입 종자를 어렵사리 손에 넣은 그는 처음부터 다시 시작했다. 초반에는 결과가 신통치 않았다. 일본 밀의 왜소증은 여러 열성 유전자의 영향을 받은 것으로, 그중 다수 유전자가 바람직하지 않은 특성을 드러냈다. 그럼에도 볼로그는 이 품종의 잠재력에 매료되어 연구를 거듭했다.

그는 뙤약볕이 내리쬐는 들판에서 심혈을 기울여 작물을 교배

20세기 녹색혁명의 아버지인 노먼 볼로그가 자신이 개발한
새로운 밀 품종을 보여주고 있다.

하느라 여러 날을 보냈다. 핀셋으로 수술을 떼어냈고, 수십만 개의
밀 이삭에 작은 덮개를 하나하나 씌웠으며, 꽃잎을 자르고 손으로 암
술머리에 꽃가루를 묻혔다. 작업에 몰두하느라 오두막 연구실의 흙
바닥에서 잠이 들기 일쑤였다. 멕시코 농장 일꾼들은 그를 정신 나간
사람으로 여겼다.

그렇지만 그의 노력은 결실을 맺었다. 볼로그는 밀녹병에 저항
력이 있으며, 줄기가 짧고, 놀라운 수확량을 자랑하는 밀 품종을 가
까스로 길러냈다. 수확량이 같은 면적에서 3배가 넘었다. 그는 지역
농민들의 의구심을 없애기 위해 몇몇 농가에 신품종 씨앗을 소량 나
누어주었다. 이 씨앗이 풍성한 수확을 올리면 이를 부러워한 이웃 농

가들이 자연스럽게 재배에 나서리라 기대했다.

볼로그가 처음 도착했을 때, 멕시코는 밀 소비량의 60퍼센트를 수입에 의존했다. 1960년대 무렵에는 볼로그가 개발한 신품종 덕분에 밀에서 완전한 자급자족을 이루었다.[4] 이 기적은 인도와 파키스탄에서도 이어졌고, 이후 전 세계로 퍼져나갔다. 더 강하고 수확량이 많은 밀·쌀·옥수수 품종이 현대식 관개 시설, 산업용 비료 및 농약과 결합해 고생산성 집약농업이라는 새로운 시대를 열었다.

예상대로 세계 인구가 급증했다. 1950년에는 전 세계 평균 기대 수명이 46세였지만, 현재는 73세에 이른다.[5] 오늘날 지구에는 그 어느 때보다 많은 80억 명의 인구가 살고 있지만, 대량 기아의 위협은 줄어들었다. 현재 전 세계는 인구 1인당 필요한 열량보다 1.5배 더 많이 생산한다(가축에게 먹이는 사료 작물을 모두 포함하면 훨씬 더 많아진다).[6] 어느 한 지역이 수확에 실패해도, 식량 공급망을 통해 다른 지역에서 식량을 조달할 수 있다. 이번 세기에는 전쟁이나 부패로 인한 공급망 중단을 제외하면 기근이 발생하지 않았다.[*7]

---

*   기근에 처한 국가란 최소 20퍼센트의 가구가 극심한 식량 부족을 겪고, 최소 30퍼센트의 아동이 급성 영양실조에 시달리며, 인구 1만 명당 2명이 매일 극심한 기아로, 또는 영양실조와 질병의 상호작용으로 사망하는 경우를 말한다. 21세기 들어 현재까지, 안정적인 정치체제를 갖춘 국가들은 자연재해가 발생해도 기근을 피해 갔다. 일례로 아프리카 중서부에 위치한 니제르는 2005년 가뭄과 메뚜기 떼의 피해를 동시에 입었지만, 구호 활동 덕분에 사망률의 급증을 막아냈다. 이 글을 쓰고 있는 현재 케냐와 소말리아는 40년 만에 겪는 최악의 가뭄으로 심각한 고통에 시달리고 있다. 그렇지만 케냐는 아직 기근 상태에 이르지 않은 반면, 소말리아는 정부가 살라피 계열 지하디스트 단체인 알샤바브와 불안정한 내전을 치르면서 기근에 직면했다.

역사상 처음으로 식량 생산량 및 1인당 수확 열량의 증가가 경지 면적의 증가를 크게 앞질렀다. 이 변화를 그래프에서 확인할 수 있다(35쪽 그래프 참조). 세계 인구가 급증하는 가운데 그래프의 세 직선이 서로 멀어졌지만, 볼로그의 혁명 덕분에 같은 면적의 농지에서 더 많은 식량을 얻는다. 전 세계적으로 보면, 현재 우리는 1960년대와 거의 비슷한 면적의 농지에서 3배 더 많은 식량을 생산한다. 영국은 20세기 초 헥타르당 2톤이었던 평균 밀 수확량이 현재 헥타르당 9톤으로 늘어났다.[8]

그렇다고 황무지를 농지로 개간하는 일이 이제 사라졌다는 뜻은 아니다. 세계 일부 지역, 특히 열대지방에서는 야자수 농장, 대두밭, 소 방목지를 만들기 위해 산림 파괴가 맹렬한 속도로 진행되고 있다. 그렇지만 통계상으로 보면, 전 세계에서 사용 중인 농지의 총면적은 정체상태이거나 오히려 약간 줄어들었다. 이는 지난 반세기 동안 방대한 농지가 사용되지 않았기 때문이다. 예를 들어 러시아에서는 1990년 이후 농지 면적이 35퍼센트 감소했는데, 이는 주로 소비에트 집단농장의 폐지와 고르바초프가 추진한 사유재산 합법화 때문이었다.[9] 그 결과 생산성이 가장 떨어지는 농지가 다시 야생으로 돌아갔다. 그 면적은 42만 6000제곱킬로미터로, 영국인에게 친숙한 비유를 들면 웨일스 면적의 20배 크기였다.

녹색혁명의 이면

농민들은 더 생산적인 볼로그 방식을 채택해 수십억 명을 기아에서 구해냈다. 이것이 바로 '녹색혁명Green Revolution'으로 알려진 혁신적 변화이지만, 지금은 아이러니하게도 씁쓸한 명칭이 되었다. 이제 우리는 볼로그가 몰랐던 사실을 알게 되었기 때문이다.

식량 생산은 매 단계에서 탄소 위기를 악화한다. 작물을 심느라 벌채된 숲, 에너지를 많이 소모하는 비료 제조, 황폐해진 토양에서 배출되는 탄소, 논과 가축에서 발생하는 메탄(나중에 더 자세히 다룬다), 제조 공장과 소매점에서 사용하는 에너지, 공급망에서 차량을 운전할 때 쓰는 연료가 그 요인이다. 전반적으로 식량 시스템은 전 세계 온실가스 배출량의 25~30퍼센트를 차지하는 것으로 추정된다.[10]

현대의 집약농업은 단일 작물 재배와 농약 및 인공비료에 대한 심한 의존 때문에, 전 세계에서 생물 다양성 붕괴도 초래했다. 일정한 면적의 땅에서 생산되는 식량이 증가하면서, 그 땅에 살던 다른 생명체의 수가 감소했다. 국토의 70퍼센트가 농지인 영국의 경우, 집약농업으로 많은 야생동물과 곤충의 서식지가 파괴됐다.[11]

1930년 이래 영국은 야생화 초원의 97퍼센트, 고대 숲의 50퍼센트, 황야의 56퍼센트, 저지대 연못의 90퍼센트를 잃었다. 1970년부터 지금까지 영국의 밀 수확량은 2배로 증가했지만, 그 땅에 살던 조류 수는 54퍼센트나 감소했다. 현재 영국은 '유럽 농경지 조류지수European farmland bird index'(유럽의 농경지에서 서식하는 새들의 개체 수 변화를 추적하고 측정하는 지표—옮긴이)에서 최하위를 차지한다.[12] 더 넓게는 다음 쪽 도표에서 알 수 있듯이, 영국의 우선 보호종이 1970년 이후 60퍼센트 감소했고, 2011년 이후로는 22퍼센트 감소했다.

인간의 건강에 끼친 영향은 양면적이다. 한편으로는 볼로그의 기적 덕분에 굶주림에서 벗어나 그 어느 때보다 많은 인구가 살고 있

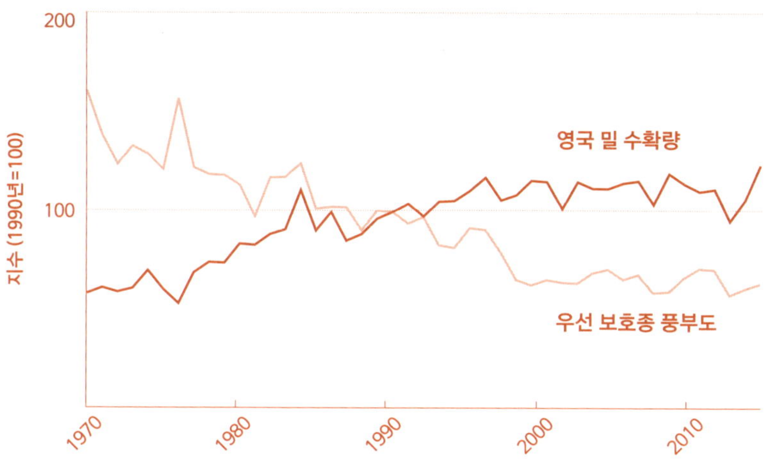

농업 생산이 집약화되면서, 생물 다양성이 감소했다. 이 그래프는 영국의 '우선 보호종'(멸종위기에 처한 것으로 간주하는 종) 224종의 지난 반세기에 걸친 개체 수 변화를 보여준다. 여기에는 조류 103종, 나비 24종, 포유류 13송, 나방 84종이 있다. 이 자료는 자연보호에 관한 정부 자문기관인 공동자연보전위원회Joint Nature Conservation Committee에서 수집한 것이다.

다. 다른 한편으로는, 그 부작용으로 사람들이 심각한 질병에 시달리고 있다. 현재 영국 성인 3명 중 1명은 임상적으로 비만이다.[13] 현대의 식량 생산이 우리를 정크푸드 악순환에 빠뜨린 과정은 나중에 더 자세히 다룬다. 지금은 우리가 저렴하고 건강에 해로우며 뿌리치기 힘든 가공식품의 홍수 속에 살고 있다는 점만 언급하겠다. 기이하지만 상업적으로 당연한 사실은 영국에서 구입 가능한 초코바 킷캣이 28종류나 된다는 점이다. 이 제품은 케일보다도 잘 팔린다.[14]

현대의 식량 시스템은 이렇게 세워졌다. 인류는 생존 문제, 즉 대량 기아를 피하려면 식량을 충분히 생산해야 하는 현실과 마주했고, 이를 놀라운 성과를 거두며 해결했다. 그렇지만 우리가 만든 식량 시스템은 질보다 양을 앞세운다. 우리는 이 시스템에 맞춰 식단을 바꿨고, 그 식단이 현재 우리와 지구 모두를 병들게 하고 있다.

2장 채워지지 않는 허기

우리는 어쩌다 이렇게 살이 쪘을까?

어느 날 아침 우리 집 막내가 나를 깨웠다. "아빠?" 아이는 호기심 가득한 얼굴로 나를 내려다보며 이렇게 물었다. "아빠는 어릴 때도 이렇게 통통했어?" 아침부터 한 방 먹은 기분이었다. 뭔가 대답해보려 했지만 쉽게 떠오르지 않았다.

내 몸무게는 평생을 요동쳤다. NHS가 규정한 정상체중의 상한선과 비만의 하한선 사이를 때로는 완만하게 때로는 격렬하게 오르내렸다. 이 롤러코스터에서 벗어나려고 운동을 하고 식단도 건강식으로 바꿔보았다. 마라톤을 했고, 아쿠아슬론 대회에도 나갔다. 한동안은 우리 아이들이 갖고 노는 위핏 콘솔 게임기로 운동 프로그램을 따라 했다. 운동이 한차례 끝날 때마다 밸런스보드에 올라가 몸무게를 재야 했다. 그러면 내 아바타가 주먹을 치켜들며 환호했고, 화면 가득 색종이 가루가 뿌려지면서 아리송한 칭찬을 하는 로봇 음성이 흘러나왔다. '조금 덜 비만.'

나에게 '건강한' 체중 유지는 늘 힘든 과제이자 수수께끼였다. 나는 모든 끼니를 직접 요리하고, 과일과 채소를 하루에 다섯 접시 이상 먹으며, 사탕이나 푸딩, 즉석식품은 거의 입에 대지 않는다. 반면에 식탐이 강하다. 너무 빨리 먹고, 포도주를 마시며, 스트레스를 받으면 양파피클 맛 몬스터 먼치를 뜯는다. 이는 유전일지도 모른다. 할아버지도 나처럼 통통한 체형이었다. 아니면 평생 요요현상을 반복하다 보니 신진대사가 손상된 것일 수도 있다.

인간은 복잡한 존재인 만큼 체중을 통제하는 요인도 복잡하다. 성장 환경, 문화, 경제 여건, 감정 상태 등 이 모두가 무엇을 어떻게 먹는지에 영향을 준다. 나와 비슷한 다이어트 이력이 있는 경우, 이는 미래의 비만을 예측하는 지표가 된다. 그렇지만 개인 사이에 가장 중요한 차이는 유전적 요소일 것이다.[1]

우리는 부모와 조부모로부터 몸을 물려받는다. 발 크기나 머리 색깔뿐 아니라 체중도 물려받는다. 태어나자마자 서로 다른 가정으로 입양된 쌍둥이에 관한 연구를 보면, 유전자가 체중 증가 경향의 40~70퍼센트를 차지한다고 한다. 흔히 생각하듯 태어날 때부터 신진대사가 달라서가 아니다. 이는 주로 식욕과 관련이 있다.

남들보다 더 배고픈 사람들

1999년에 과학자들은 체중 증가와 강한 상관관계가 있는 유전자를 발견했다. 이를 뚱보(FATSO: 'fat mass and obesity associated[지방의 양과 비만의 연관성]'의 줄임말) 유전자라고 불렀다. 당시에는 이런 표현이 용납됐지만, 요즘은 정중하게 FTO 유전자라고 부른다. 이 유전자는 신체에서 공복 호르몬의 분비를 조절하는 것으로 보인다(이에 대해서는 다음 장에서 더 자세히 다룬다). 다시 말해, 어떤 사람들은 남들보다 배고픔을 더 강하게 느끼도록 유전적으로 프로그램되어 있다(현재 과학자들은 비만을 초래하는 유전자 변이를 적어도 1000가지 이상 밝혀냈다. 각 유전자 변이가 끼치는 영향은 미미하지만 이를 모두 합치면 상당한 영향력을 발휘한다).

이는 현대인에게는 저주처럼(또는 변명처럼) 들리겠지만, 진화적 관점에서 보면 축복이었다. 튼튼하고 살집이 있는 사람은 식량이 부족한 시기에 더 잘 견뎠기 때문이다.

유전적 요인이 있다고 해서 살이 찔 운명을 타고났다는 뜻은 아니다. 단지 본능적으로 남들보다 식탐이 강하도록 설계되었다는 뜻이다. 주변에 먹을 것이 부족했던 시절에는 강한 식욕을 채우는 게 힘든 일이었다. 지금은 그때와 상황이 정반대다. 매우 저렴한 고열량 식품이 어디에나 있어서 이 유혹을 뿌리치는 게 힘들다. 식탐 유전자를 가진 사람은 강한 식욕을 떨치기 위해 특히 더 애써야 한다.

고열량 음식이 상대적으로 적게 공급되던 1950년에는, 식욕의 유전적 차이에 따른 영국인의 체중 분포가 다음 쪽 그림처럼 전형적인 종 모양의 곡선을 그렸다. 그림에서 실선으로 표시한 수직선은 BMI(체질량지수, 정의는 54쪽 참고) 25를 나타낸다. 오늘날에는 BMI 25 이상을 과체중으로 규정한다. 점선으로 된 수직선은 BMI 30을 나타내며, 이를 넘어서면 비만으로 본다. 그림에서 알 수 있듯이 1950년에는 BMI 평균이 약 20이었다. 요즘 기준으로 보면 '이상적인' BMI 수치(즉 최적의 건강 상태와 관련된 수치)보다 약간 낮다. 그

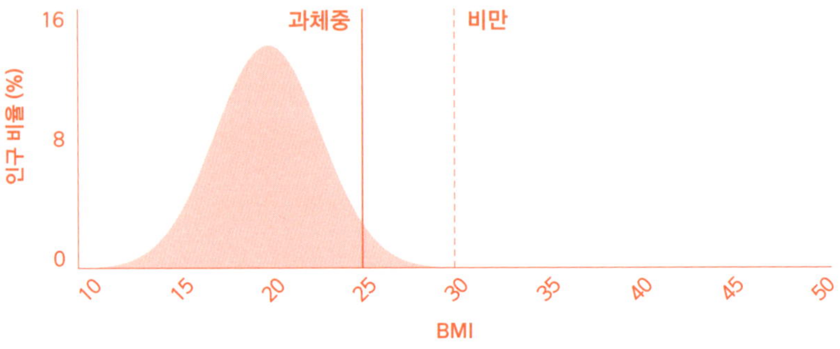

1950년 영국인의 체중 분포. 비만인 사람이 매우 드물고, BMI가 18.5 미만인 사람이 상당수였다. 오늘날에는 18.5 미만을 저체중으로 규정한다.

양쪽으로는 저체중 집단과 과체중 집단이 고르게 분포했다. 그렇지만 비만인 사람은 거의 없었다.

이제 시계를 1980년대로 돌려보자(다음 쪽 첫 번째 도표 참고). 이 시기에는 대량 생산한 고열량 식품이 훨씬 저렴해지고 더 널리 보급됐다. 이런 식품을 많이 소비하면서 사람들의 몸도 무거워졌다. 선천적으로 날씬한 사람을 포함해 모든 이의 체중이 약간 늘었지만, 지방을 축적하는 유전적 소인이 있는 사람들은 비만으로 넘어가기 시작했다. 이들은 종 모양 곡선의 오른쪽 꼬리 부분에 해당하며, BMI 30을 넘어섰다.

다시 시계를 앞으로 돌려 현재를 살펴보자(다음 쪽 두 번째 도표 참고). 식욕의 유전적 차이는 여전히 보이지만, 이제 인구 중 소수만 '이상적인' 체중 이하에 해당한다. 한편 분포곡선에서 비만에 해당하는 부분이 훨씬 길고 두꺼워졌으며, BMI 40을 표시한 점선을 넘어섰다. 이제 상당수의 인구가 고도비만이다.

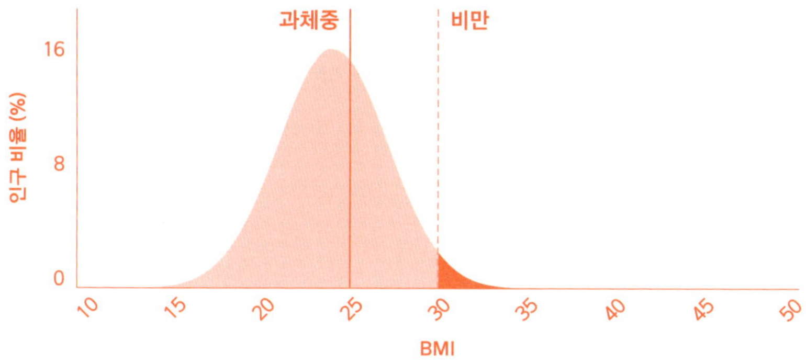

1980년대에 이르러 영국인의 평균 체중이 증가하면서 종 모양 곡선이 오른쪽으로 이동했다.

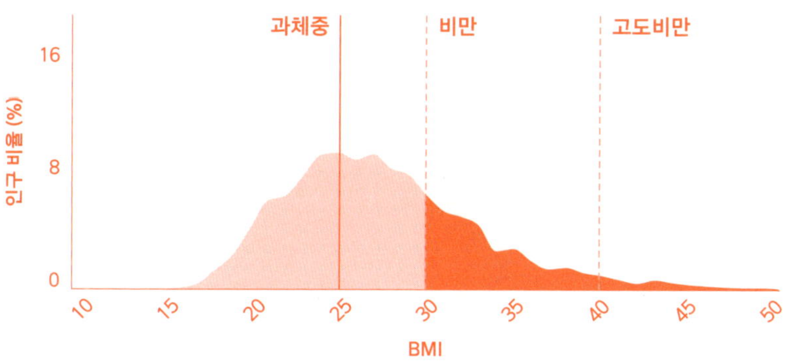

오늘날의 상황. 영국 성인 3명 중 1명 정도는 비만이거나 고도비만이다.

종합해보면, 이 도표들은 이른바 '비만 유행병'의 추세를 보여준다. 이는 갑작스러운 재앙이 아니라 서서히 진행된 산사태에 가깝다.

비만 산사태를 만들어낸 정크푸드 악순환

단지 음식이 풍족해져서 이러한 산사태가 일어난 게 아니다. 음식의 특성도 중요한 요인이다. 생물학적으로 우리 몸은 여전히 수렵 채집인이다. 뭐든 먹을 것을 찾아야 할 때, 음식을 구하는 데 소모한 칼로리보다 음식에서 얻는 칼로리가 더 많아야 합리적이다. 예를 들어 꿀은 같은 무게의 베리류보다 열량이 6배 더 많다. 꿀을 먹으면 우리의 미뢰는 강렬한 쾌감을 느낀다. 이는 풍부한 에너지원을 찾아낸 것을 보상해주는 자연스러운 피드백 메커니즘이다.

초콜릿 아이스크림도 마찬가지다. 초콜릿 아이스크림은 같은 무게의 브로콜리에 비해 열량이 6배 높아서, 우리의 입맛도 그만큼 강하게 반응한다. 이 갈망은 지방과 설탕이 1:2의 비율로 결합할 때 가장 강렬해지는데, 이는 바로 모유에서 발견되는 비율이다.[2] 제조업체는 우리가 이 갈망을 쉽게 거부하지 못한다는 것을 알고, 아이스크림이나 밀크 초콜릿, 비스킷 같은 제품에 같은 공식을 적용한다. 짭짤한 간편식 같은 제품도 보통 설탕과 지방을 많이 넣어서 '더 먹고 싶은' 맛을 낸다.

가공식품은 수분과 불용성 식이섬유의 함량이 낮은 편이다. 이런 식품은 배부른 느낌을 주는 인체의 포만감 신호를 늦추기 때문에 그만큼 더 먹게 된다. 게다가 한입 먹었을 때 브로콜리 한입보다 칼로리가 높아서, 조금만 더 먹어도 결국 섭취한 칼로리가 많아진다.

이런 종류의 음식은 대량으로 판매하기 쉬울 뿐만 아니라, 생산 비용도 저렴하다. 녹색혁명으로 설탕, 밀가루, 식물성 기름이 풍부해졌다. 따라서 기업은 상업적인 이유로 이를 주재료로 만든 식품을 연구·개발·홍보하는 데 많은 자금을 투자한다. 이러한 연구는 단지 시장 점유율을 높이기 위한 것이 아니라, 시장 자체를 키우기 위한 것이다.

젊은 마케팅 담당자들은 '소비 효과'에 대해 교육받는다. 이는 집에 음식이 많을수록 소비자가 더 많이 먹는다는 뜻이다. 이를테면 원 플러스 원 같은 판촉 행사는 고객이 장을 보러 나설 때 계획한 것보다 더 많이 구매하도록 설계한다.[3] 영국 공중보건청Public Health England의 연구에 따르면, 원 플러스 원 같은 대량 판촉 행사를 하면 제품 구매량이 평균 15퍼센트 증가한다고 한다.

마케팅 담당자들은 소비 촉진 가능성이 가장 높은 판촉 전략을 찾아 학술 논문까지 샅샅이 살핀다. 예를 들어 초콜릿은 '소비 확대 가능성'이 93퍼센트다.[4] 이는 원 플러스 원 행사로 초콜릿을 판매하면, 행사가 없을 때보다 소비량이 거의 2배 가까이 승가한다는 뜻이다.

시스템적 관점에서 보면 소비자는 강화 피드백 루프, 즉 악순환에 갇혀 있다. 이를 정크푸드 악순환이라고 부르겠다. 우리는 고열량 식품을 선호하고, 식품회사는 이를 만드는 데 시간과 돈을 더 많이 투자한다. 이에 따라 우리는 이런 식품을 더 많이 사 먹고, 시장이 확대되고, 이는 다시 투자를 늘리고, 우리는 다시 더 많이 먹는다.

현재 영국인은 1972년보다 감자칩을 평균 5배 더 소비한다. 아침 식사용 시리얼도 1.5배 더 먹는다(시리얼의 설탕 함량도 훨씬 많아졌다). 이와 비슷한 변화가 영국인의 식단 전반에서 되풀이되었다. 1980년에는 가계지출의 57퍼센트를 집에서 요리하는 신선한 식재료를 구입하는 데 썼다. 지금은 이 비율이 35퍼센트로 줄었다. 현재 영국인은 총 칼로리의 55퍼센트를 초가공식품에서 얻는다(이에 대해

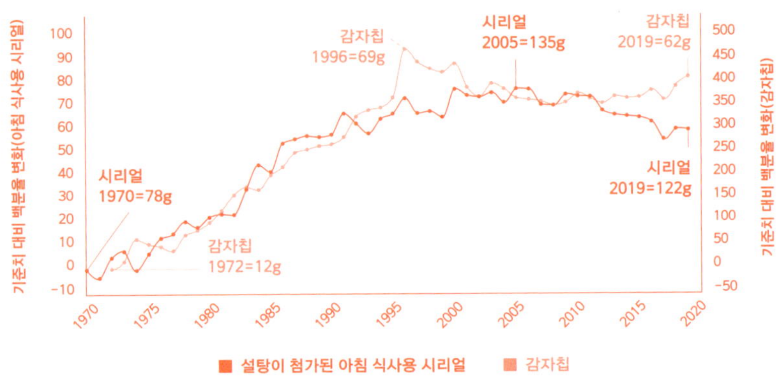

1970~2020년 영국인 1인당 감자칩과 아침 식사용 시리얼의 소비량 변화율

서는 5장에서 더 자세히 다룬다).[5]

동네 슈퍼마켓만 둘러봐도 소비 환경이 어떻게 변했는지 알 수 있다. 가공식품과 포장식품이 가득 쌓인 거대한 땅덩이 주변으로 신선식품이 가느다란 해안선을 이루고 있다. 현재 영국의 청과물 시장 규모는 연간 22억 파운드(약 4조 2500억 원)에 불과한 반면, 가공식품 시장은 그 일부인 제과류만 해도 39억 파운드(약 7조 5300억 원)에 달한다.[6]

세계보건기구는 제품이 건강에 어느 정도 유익하고 해로운지를 수치로 보여줄 수 있는 '영양성분모델Nutrient Profile Model'을 만들었다.[7] 이는 어린이에게 광고해서는 안 되는 제품의 기준을 제시한다. 주요 식음료 회사 18곳의 제품군을 평가해보면, 85퍼센트의 제품이 이 기준에 못 미친다. 이 업체들은 거의 모든 수익을 아이스크림, 사탕, 설탕 음료, 감자칩, 비스킷, 케이크 그리고 설탕과 지방 범벅인 고열량 간편식 및 소스에서 얻고 있다.

식품회사들도 소비자와 마찬가지로 이 악순환에 갇혀버렸다. 그렇다면 회사 경영진은 어떻게 해야 할까? 건강에 해로운 식품의 생산과 판매를 중단하면, 다른 누군가가 그 일을 대신할 것이다. 그러면 회사는 경쟁력을 잃어버린다. 몇몇 회사 경영진은 사석에서 정부가 정크푸드 판매를 줄이는 법안을 도입하면 자신들은 환영할 것이라고 내게 말했다. 이들은 자사가 판매하는 식품이 고객에게 해롭다는 사실을 알고 있으며, 이런 행동을 바로잡고 싶어한다. 그러려면 이들에게 공정한 경쟁의 장이 필요하다. 이들은 혼자서는 행동하지 못한다. 자신이 아는 사실을 공개적으로 밝히지도 못한다. 정부가 정크푸드를 엄격히 규제해야 한다고 요구하는 CEO가 있다면, 그는 바로 해임될 것이다.

왜 국가가 개인의 선택을 책임져야 하는가

자유주의 성향이 강한 독자라면 이렇게 생각할지도 모른다. "이게 왜 문제인가? 자본주의는 원래 그렇게 작동하는 것 아닌가? 기업의 목적은 돈을 버는 것이고, 기업은 고객이 원하는 것을 제공해야 성공한다. 어떤 사람이 힘들게 번 돈으로 정크푸드를 사 먹는다면, 계속 이것만 먹다 병에 걸리더라도, 결국 본인의 선택 아닌가?" 그러나 비만이나 식이성 질환으로 고통받는 사람 중에 자신의 처지에 만족하는 이는 극히 드물다.[8] 혹여 만족한다 해도, 국가가 그 비용을 계속 감당할 수는 없다.

현재 영국 성인 중 60퍼센트가 과체중이거나 비만이며, 2060년이 되면 그 비율이 80퍼센트에 이를 것으로 예상된다. 이로 인한 경제적 부담은 결코 적지 않다. OECD(경제협력개발기구)에 따르면, 높은 BMI와 관련된 질병으로 영국 경제는 이미 노동 생산성 손실, 수명 단축, NHS 비용 증가 등 매년 740억 파운드(약 143조 원)의 손실을 보고 있다.[9]

예방 가능한 질환 중 비만만큼 수명을 단축하는 것도 없다. 흡연조차 비만에 미치지 못한다. 게다가 비만은 죽기 직전까지 비참하게 살아야 한다. 그 부작용으로는 우울증, 불안, 불임, 고혈압, 관절통증, 호흡곤란, 불면증이 있다. 이는 시작에 불과하며 암, 치매, 심부전, 제2형 당뇨병 같은 더 심각한 질환으로 이어질 수 있다. 특히 제2형 당뇨병은 실명, 말초신경병증, 사지 절단 같은 위험을 동반한다.

정말 놀라운 사실은 상황이 이렇게 심각한데도 대중이 분노하지 않는다는 점이다. 신종 바이러스로 이렇게 많은 사람이 죽고, 장애가 생기고, 그 끝이 보이지도 않는다면 어떻게 될까? 굳이 상상할 필요도 없다. 그런 위협에 맞서 정치인과 대중이 얼마나 노력할지는 이미 경험으로 알고 있다.

그러나 코로나 사태와 달리, 식이성 질환이라는 위기는 우리 곁에 은밀하게 다가왔고, '선택'이라는 매혹적인 가면을 쓰고 있다. 우리는 '냄비 속 개구리' 같은 함정에 빠진 것 같다. 시스템이 서서히 무너지는데도, 다들 아무런 위기감을 못 느끼고 있다. 아무리 심각한 뉴스가 보도되어도, 영국 대중과 정치권은 이에 걸맞은 경각심을 보여주지 못하고 있다. 대신 무관심과 무력감을 보이거나 통계적 정보 과부하(지나치게 많은 데이터에 노출되어 그 의미를 제대로 파악하지 못하는 상태―옮긴이)에 빠져 있고, 흔히 '상식'으로 여기는 익숙한 해결책

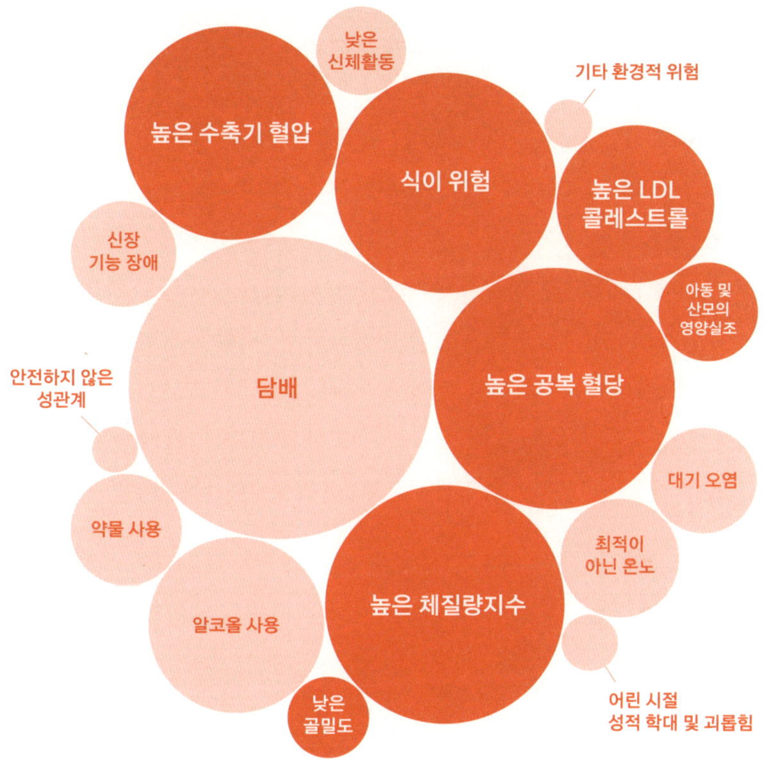

예방 가능한 질병 및 사망으로 손실된 수명을 원인별로 분류한 것. 나쁜 식습관(짙은 색 원들)은 현재 영국에서 예방 가능한 질병의 가장 큰 원인이다. 코로나 대유행 기간에 영국 최고 의료 책임자인 크리스 휘티Chris Whitty가 〈비만이 증가하는 시대에 우리가 할 수 있는 일은 무엇인가〉라는 제목의 온라인 강연을 진행한 이유도 바로 이 때문일 것이다.

에 본능적으로 기댈 뿐이다. 그렇지만 이러한 해결책은 잘못됐을 뿐만 아니라, 오히려 역효과를 낳는다.

BMI 계산 방법

BMI는 체중(kg)을 키의 제곱(m^2)으로 나눠서 계산한다(kg/m^2). 개인 수준에서 BMI는 다소 부정확한 지표라서, 체지방량을 정확히 반영하지 않을 수도 있다. 예를 들어 근육질 운동선수는 체지방이 거의 없는데도 BMI가 높게 나올 수 있다. 그렇지만 인구 차원에서 보면 BMI는 유용한 지표로, 식이성 질환의 위험성과 밀접한 상관관계를 보인다. BMI가 35를 넘는 18세 청소년은 평균적으로 평생 당뇨병에 걸릴 확률이 70퍼센트다. 또한 BMI가 40인 중년 여성은 BMI가 22인 경우보다 평균적으로 NHS에 2배 많은 비용 부담을 준다.

3장 운동의 진짜 목적

비만은 운동으로 극복할 수 없다

영국인은 (과체중인 60퍼센트를 포함해) 대다수가 습관을 개신해주는 간단한 공식이 있다고 믿는다. 바로 지식, 운동, 의지다. 그래서 정부가 공중보건 캠페인과 식품 영양 표시 의무화로 정보를 제공하고, 국민에게 운동을 권장하며, 나머지는 개인의 자제력에 맡겨야 한다고 생각한다.

이는 '느낌상' 맞는 말 같다. 어쨌든 몸은 각자의 것이기 때문이다. 우리 몸은 내가 무엇을 넣어주느냐에 따라 커지거나 작아진다. 이러한 개인의 경험을 바탕으로, 우리는 국가적인 비만 문제를 '시스템' 탓으로 돌리는 견해에 선뜻 동의하지 못한다. 각자 먹은 음식에 대한 책임은 당연히 개인에게 있다고 보기 때문이다.

일간지 〈더 선The Sun〉은 한 사설에서 특유의 강경한 어조로 이와 같은 주장을 펼치며, 저녁 9시 이전 정크푸드 광고 금지 제안을 비판했다. 이 신문은 이런 금지 조치가 아이들의 하루 섭취 열량 중 겨우

2칼로리 줄일 뿐이라는 결함 있는 데이터를 인용하면서(더 자세한 내용은 8장에서 다룬다), 청량음료 산업세Soft Drinks Industry Levy 등 다른 '유모 국가'적 개입 조치를 조롱했다(사실 이 세금은 꽤 성공을 거뒀다).* 그러면서 정부는 그런 '터무니없는' 조치를 중단하고 '상식적인' 해결책을 추진해야 한다고 주장했다. 그 해결책이란 '바람직한 식습관 교육과 운동'이었다.

이 주장의 밑바탕에는 우리가 게을러서 운동을 안 하고 올바른 식습관을 모르기 때문에 살이 찌고 아프다는 인식이 깔려 있다. 건강한 식습관을 배우고 무거운 몸을 의식적으로 움직인다면, 비만 위기는 자연스럽게 사라진다고 보는 것이다.

그러나 이 두 가지 가정은 명백히 틀렸다. 수많은 연구가 보여주듯이 영국 대중은 건강한 식단이 무엇인지 잘 알고 있다. 영국인 중 90퍼센트 이상이 지방, 설탕, 소금 함량이 높은 식품(HFSS)의 섭취를 제한해야 한다는 점을 알고 있으며, 99퍼센트가 '하루 다섯 번' 과일과 채소를 먹어야 한다는 것도 알고 있다.[1] 물론 요리 실력의 편차가 크기 때문에, 집에서 직접 해 먹으려면 학교에서 더 나은 요리 수업을 해야 한다. 그렇지만 건강한 식습관에 대한 설교는 더 이상 필요하지 않다.

문제는 정보가 아니라 실천이다. 왜 의지가 더 이상 효과가 없는

---

* 청량음료 산업세는 2016년에 발표하고 2018년에 시행했다. 100밀리리터당 설탕이 8그램 이상 들어간 음료(고당도 음료)는 리터당 24펜스(약 460원)의 세금을 부과하고, 100밀리리터당 설탕이 5~8그램 사이인 음료(저당도 음료)는 리터당 0.18펜스(약 3.5원)의 세금을 부과한다. 설탕이 100밀리리터당 5그램 미만인 음료는 세금을 부과하지 않는다.

지에 대해서는 다음 장에서 자세히 살펴볼 것이다(스포일러 주의: 의지는 원래 효과가 없었다).

운동은 어떨까? 비만이 증가한 주요 원인 중 하나로 신체 활동의 급감을 꼽는 것은 분명 타당해 보인다. 20세기 초 영국인의 28퍼센트는 주로 육체노동을 하는 제조업에, 11퍼센트는 농업에 종사했다.[2] 이들은 하루 종일 일하는 것만으로도 엄청난 칼로리를 소모했을 것이다. 영국 재정연구소Institute for Fiscal Studies의 계산에 따르면, 현대의 사무직 노동자가 과거의 탄광 노동자만큼 열량을 소모하려면 일주일에 10시간 이상 조깅을 해야 한다.[3]

20세기 말에 이르러 노동 형태가 극적으로 달라졌다. 육체노동에 종사하는 영국인의 비율이 10명 중 4명에서 2명으로 절반이 줄었다. 실내에서도 좌식 생활이 많아졌다. 세탁기와 진공청소기 같은 노동 절감 기기가 등장해 집안일로 소모하는 열량이 감소했고, 자동차 덕분에 이동이 훨씬 수월해졌다. 1970년대 중반 영국인이 연평균 410킬로미터를 걸었다면, 2010년에는 288킬로미터로 줄어들었다.[4] 디지털 시대가 열리면서 집 밖으로 나가지 않고도 일하고, 놀고, 사회 활동을 하는 사람이 많아졌다.

이 모든 변화는 인간이 세상과 교류하는 방식이 근본적으로 달라졌음을 뜻한다. 예전에는 근력을 써서 교류했다면 이제는 기계로 한다. 그렇다면 우리가 살이 찌는 이유는 분명해 보인다. 단순히 이전 세대보다 칼로리 소모가 줄어든 탓이다. 기술 발전으로 칼로리 섭취와 소모 사이의 섬세한 대사 균형이 깨진 것이다. 그런데 놀랍게도 이는 사실이 아니라는 게 밝혀졌다.

삶의 방식이 달라져도 칼로리 소비량은 같다

일반 성인 남성은 하루에 약 3000칼로리를 태우고, 일반 성인 여성은 약 2400칼로리를 태운다. 체중과 유전적 구성 등 여러 요인에 따라 조금씩 차이가 있지만, 이는 평균값이다.

대체로 우리는 두 가지 상태에서 칼로리를 소모한다. 활동할 때, 그리고 '휴식'할 때다. 후자는 보통 전체 칼로리 소비량의 약 60퍼센트를 차지하므로 '휴식'이라는 표현은 다소 부정확하다. 소파에 늘어져 있을 때 별다른 활동을 하지 않는 것 같아도, 우리 몸은 항상 분주하게 움직인다. 숨을 쉬고, 피를 돌리고, 소화하고, 필수 장기를 움직이고, 생각하거나 꿈을 꾼다(뇌는 체중의 2퍼센트에 불과하지만, 총 칼로리 소비량의 약 20퍼센트를 차지한다). 어떤 기능은 지속적이고 어떤 기능은 간헐적이다. 땀을 흘리거나 몸을 떠는 체온 조절, 면역계 작동, 성장이나 월경은 후자에 해당한다.

우리 몸은 에너지가 필요하면 혈액 속 포도당을 '태운다.' 이때 생기는 이산화탄소는 호흡으로 배출한다. 과거에는 칼로리 소비량을 측정할 때, 호흡으로 내뱉는 이산화탄소의 비율을 측정한 다음 이를 주변 공기의 이산화탄소 농도와 비교했다. 그렇지만 이 방식은 실험 대상자가 중세 이단자처럼 공기 차단 후드와 마스크를 착용하고 밀폐된 공간에 있어야 하므로, 실험실 환경에서만 측정이 가능했다.

따라서 일상생활에서 배출하는 이산화탄소량은 측정이 불가능했지만, 1980년대에 이중표식수법이 개발되면서 측정이 가능해졌다. 실험 대상자에게 수소와 산소의 안정 동위원소가 포함된 '표식수labelled water'를 마시게 한 다음 소변에서 해당 동위원소의 농도 변화를 측정하면, 하루 동안 호흡으로 배출한 이산화탄소의 양을 정확히 계산할 수 있다.

처음 이 기법을 사용했을 때, 과학자들은 각 개인이 '휴식'할 때는 예측 가능한 칼로리를 소비하고, 활동할 때는 움직임의 강도에 따라 가변적인 칼로리를 소비할 것으로 예상했다. 또 총 에너지 소비량은 이 두 부분의 단순 합이라고 생각했다.

이 이론을 가산 총 에너지 소비 모델Additive Total Energy Expenditure Model이라고 하며(다음 쪽 도표 참고), 우리가 일상에서 하루 칼로리 소비량을 계산하는 방식도 이와 같다. 즉 운동을 많이 할수록 칼로리를 더 많이 소모한다고 보는 것이다. 그런데 과학자들이 이중표식수법을 이용해 측정해보니, 뜻밖에도 직관에 반하는 양상이 나타났다. 신체 활동이 매우 활발한 집단의 하루 총 에너지 소비량이 좌식 생활을 하는 산업화된 집단과 거의 비슷했다.

예를 들어 수렵채집을 하는 탄자니아의 하드자 부족은 하루 평균 칼로리 소비량이 도시에 사는 미국인과 같았다. 또 다른 연구에서 에콰도르 아마존 지역에 사는 슈아르 부족의 아이들은, 도시로 이주해 좌식 생활을 하건 부모처럼 채집 농업을 하며 살건, 칼로리 소비량이 동일했다. 나이지리아의 농촌 지역 여성들은 시카고의 대도시 여성들과 칼로리 소비량이 비슷하다는 연구도 있다. 전 세계를 대상으로 한 메타 연구(개별 연구를 통합해 분석하는 연구 방법―옮긴이)에서도, 신체 활동이 활발한 개발도상국 인구와 좌식 생활을 하는 부유국 인구 사이에 하루 총 에너지 소비량은 차이가 없는 것으로 나타났다.

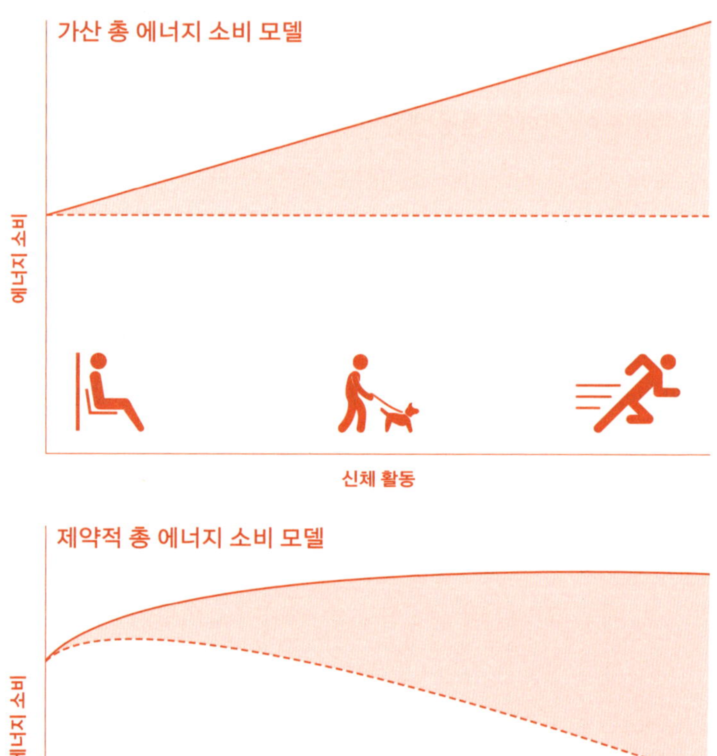

가산 총 에너지 소비 모델(위쪽)은 대부분의 사람들이 직관적으로 떠올리는 인체의 작동 원리다. 즉 '휴식' 대사량이 일정하게 유지되고, 운동을 많이 할수록 '활동' 대사량이 늘어난다고 보는 것이다. 실제로는 아래쪽 모델이 맞다. 이는 제약적 총 에너지 소비 모델Constrained Total Energy Expenditure Model이다. 신체 활동이 늘어나면 몸은 이에 대응해 휴식대사에 소모하는 에너지를 줄인다. 이런 이유로 운동만으로는 살을 빼기가 어렵다.

어떻게 이런 일이 가능할까? 이 질문에 답하려면, 다른 더 심오한 질문에 답해야 한다. 우리는 무엇을 위해 존재할까?

한 가지 답은, 낭만적인 사람에게는 설득력이 없겠지만, 인간은 모든 종과 마찬가지로 에너지를 전환해 자신의 복제본을 만드는 기계에 불과하다는 것이다. 진화인류학자 허먼 폰처Herman Pontzer는 《운동의 역설Burn》에서 이렇게 말했다. "파리는 결국 무엇이겠는가? 썩은 고기에서 새끼 파리를 만들어내는 작은 기계일 뿐이다."[5] 어떤 종이든 성공의 열쇠는 이 에너지를 확보하고 전환하는 고유의 전략을 진화시키는 것이다. 다른 종보다 더 효율적으로 존재할 수 있는, 미세하게 다른 틈새를 찾아내는 것이다. 폰처는 "생존게임에서 이기는 전략은 지구상에 존재하는 종의 수만큼이나 많다"라고 말했다.

폰처는 연구 경력 초반에 과학자로서는 처음으로 이중표식수법을 다양한 유인원에게 적용했다. 첫 번째 연구 대상은 오랑우탄이었다. 그의 연구팀은 오랑우탄이 인간보다 하루 칼로리 소비량이 적다는 사실을 발견하고 깜짝 놀랐다. "그 차이는 엄청났다. 몸무게가 110킬로그램인 수컷 오랑우탄 아지Azy는 하루에 2050칼로리를 소비했는데, 이는 체중이 30킬로그램인 9세 남자아이의 칼로리 소비량과 같은 수준이다."

오랑우탄은 주로 과일을 먹고, 과일이 없으면 나무껍질을 벗겨 먹는다. 초라한 식단이지만, 느리게 움직이거나 번식에 아주 적은 에너지만 소비해서 버틴다. 오랑우탄은 보통 15세가 넘어 첫 새끼를 낳고 8년에 한 번 새끼를 얻는데, 이는 포유류 중 가장 긴 출산 주기다.

이어 폰처는 가급적 다양한 영장류의 에너지 소비량을 측정했고, 대형 유인원 4속(침팬지와 보노보, 고릴라, 오랑우탄, 인간)의 하루 에너지 소비량이 모두 다르게 진화해왔다는 사실을 발견했다. 인간은 가장 많은 에너지를 소비했다. 에너지 소비량이 침팬지와 보노보보다 20퍼센트, 고릴라보다 40퍼센트, 오랑우탄보다 60퍼센트가 많았다(체격 차이를 고려한 값이다).

이러한 고에너지 진화 전략 덕분에 우리는 지금처럼 생존에 성공했다. 일단 에너지 소모가 많은 큰 뇌가 발달하면서, 다양한 식재료를 찾아내 요리하는 법을 배웠다. 요리 덕분에 소화에 필요한 에너지가 줄었고, 그만큼 성장하는 뇌에 더 많은 에너지를 보낼 수 있었다. 이는 강화 피드백 루프였다.

또한 인간은 적어도 생물학적으로는 극한의 지구력을 갖춘 운동선수여서, 순전히 체력만으로 먹잇감을 지치게 한다. 폰처는 이렇게 설명했다. "인간은 유산소 운동 능력의 척도인 최대 산소 섭취량이 침팬지보다 적어도 4배 높다. 또한 피로에 강한 '지근slow twitch muscle'의 비율이 훨씬 높고, 활동하는 근육에 산소를 공급하는 헤모글로빈이 혈액에 많다. 게다가 지구에서 땀을 가장 많이 흘리는 맨살의 피부는 체온을 낮춰주고, 더운 환경에서 운동할 때도 과열되지 않게 보호해준다."

인간은 이러한 고에너지 전략 때문에 식이성 질환으로 고생하는 건지도 모른다. 생존을 위해 칼로리가 많이 필요하면, 식량이 부족해질 때 당연히 더 위험해진다. 따라서 우리는 기아에 대비해 지방을 축적한다. 평균적으로 인간은 다른 영장류보다 지방을 2배 많이 저장하며, 이러한 생존전략에는 상한선이 없는 듯하다. 포획된 유인원은 풍족하게 먹고 야생 유인원보다 신체 활동이 적은데도 비만해지지 않는다. 이들의 몸은 여분의 칼로리를 지방보다는 제지방 조직, 대근육, 장기로 전환한다. 잘 먹은 동물원의 유인원은 야생의 유인원보다 몸무게가 훨씬 많이 나가지만 여전히 날씬하다. 이들은 심장병이나 당뇨병은 물론, 인간처럼 좌식 생활에서 오는 질병으로 고생하지 않는다.

에너지 소비량을 동결하는 인간의 몸

인간은 고에너지 생존 전략을 유지하기 위해, 에너지 섭취(식욕)와 소비(신진대사)를 모두 제어하는 복잡한 생물학적 피드백 루프 시스템을 발전시켰다.

먼저 에너지 소비를 살펴보자. 앉아서 일하는 사무직 노동자와 수렵채집인의 하루 평균 칼로리 소비량이 비슷한 이유는 무엇일까? 분명히 우리의 생물학적 피드백 루프는 에너지 사용을 좁은 범위 내에서 유지하기 위해 열심히 작동하고 있다. 마치 칼로리 소비에 대한 예산을 정해놓은 것처럼 움직인다.

체중 감량을 기대하며 운동할 때, 우리는 무의식적으로 가산 총에너지 소비 모델을 사용한다. 우리는 '휴식' 상태에서는 에너지 소비를 늘릴 수 없으므로, 소파에서 벌떡 일어나 10킬로미터를 달려서 전체 에너지 소비량을 늘리려고 한다. 처음에는 실제로 그렇게 된다. 2015년에 연구진이 이중표식수법을 이용해 미국 대륙 횡단 마라톤 대회에 참가한 선수들의 하루 에너지 소비량을 측정했다. 선수들은

20주 동안 4957킬로미터를 달리는 코스에 등록했는데, 이는 하루 한 번, 주 6일씩 마라톤을 하는 거리였다.

처음 며칠 동안 선수들의 하루 에너지 소비량은 우리의 예상대로였다. 휴식대사량(연구진이 미리 측정했다)과 매일 마라톤을 하며 생긴 엄청난 에너지 소비량을 합친 값이었다. 그런데 일주일이 지나자, 선수들의 신진대사에 저항의 징후가 나타났다. 여전히 매일 달리는데도 총 에너지 소비량이 다시 떨어지기 시작했다. 대회가 끝날 무렵, 선수들의 총 에너지 소비량은 대회 초반의 최고치보다 600칼로리가 감소했다. 계속 달리는 와중에도 이들의 몸은 어떻게든 에너지 소비량을 제한할 방법을 찾아냈다.

이러한 대사 균형은 두 가지 이론으로 설명할 수 있다. 첫 번째는 우리 몸이 늘어난 운동량을 단순하게 보상한다는 설명이다. 우리는 밖에 나가 달리는 등 의식적으로 운동량을 늘리면, 나머지 시간은 무의식적으로 신체 활동을 줄이게 된다. 덜 꼼지락거리거나, 걸어갈 거리를 차를 타고 가는 식이다.

두 번째 이론은 폰처와 다른 연구자들이 제안한 것으로, 활동 에너지의 소비량 변화에 맞춰 휴식대사의 여러 기능에 할당하는 에너지를 조절해 전체 에너지 소비량을 일정하게 유지한다는 것이다.

폰처는 진화적 관점에서 볼 때 우리 몸은 여전히 수렵채집인의 예측 불가능한 삶에 맞춰져 있다고 주장한다. 따라서 더 빨리 더 오래 움직여야 할 때, 휴식대사에서 에너지를 '훔쳐' 사용하는 것이 합리적이다. 그렇지만 평온한 시기에는 여분의 칼로리를 휴식대사 기능에, 특히 생식계와 면역계에 투자하는 것이 합리적이다. 생물학적 존재는 짝을 만날 때까지 건강을 유지해야 할 의무가 있기 때문이다. 빠르게 살고, 유전자를 남기고, 사냥 중 사고로 죽는 것, 그것이 우리 몸의 생존 방식이다.

폰처는 유방암, 크론병, 과민성대장증후군과 같은 면역계 및 생식계 질환이 선진 사회에서 흔해진 이유를 이 이론으로 설명할 수 있다고 주장한다. 움직임이 너무 적다 보니, 우리 몸은 총 에너지 소비량을 일정하게 유지하기 위해 휴식대사가 조절하는 시스템에 과도한 에너지를 투입한다. 그 결과 산업화 사회에서 만성 염증, 스트레스, 생식기 암이 발생한다는 것이다.

물론 두 가지 설명 모두 참일 수 있다. 우리 몸은 에너지를 보존히는 방법을 여러 가지로 진화시켜왔을 테니 말이다.

운동은 살을 빼기 위한 수단이 아니다

연구가 거듭될수록 분명해지는 사실이 하나 있다. 운동이 체중 감량에 좋은 방법은 아니라는 것이다. 운동량이 늘어나면 우리 몸은 점차 에너지 소비량을 조절해간다. 처음에는 예전보다 칼로리를 좀 더 소비하겠지만 그 효과는 곧 기대에 훨씬 못 미칠 것이다. 게다가 그 효과마저 늘어난 식욕으로 인해 사라질 가능성이 있다. 우리 몸의 피드백 메커니즘은 살이 빠지지 않도록 부지런히 움직인다(다음 장에서 더 자세히 살핀다). 한 메타 분석에서 운동만으로 체중 감량을 시도하는 프로그램을 살펴보았더니, 참가자들은 1년 후 평균 겨우 2킬로그램을 감량한 것으로 나타났다.

운동이 체중 감량에 좋다는 생각은 잘못됐을 뿐 아니라 오히려 해롭기까지 하다. 매해 1월이면 사람들은 체중 감량을 기대하며 헬스장에 몰려가 등록한다. 체중계 숫자가 꿈쩍도 안 하면, 사람들은 실망하고 포기한다. 그렇지만 운동은 다른 많은 이점이 있다. 운동을 하면 자세가 좋아지고 근육이 선명해지며 외모가 돋보인다. 또 혈압이 떨어지고, 암이나 당뇨, 골다공증의 위험이 줄어들고, 면역계가 강화되며, 정신건강에 아주 좋다. 근육이 생기면 혈당이 안정화되고, 뼈의 강도가 개선되며, 심장병을 예방하는 효과도 있다.

또한 과학자들이 아직 그 원리를 완전히 밝혀내지는 못했지만, 운동은 체중 감량 후 건강한 BMI를 유지하는 데에도 매우 효과적이다(아래 상자 참고).

운동은 체중과 상관없이 모두에게 이롭다. 운동이 처방약처럼 쓰일 수 있다면, 이는 가장 강력하고도 다방면에 유용한 약물이 될 것이다. 그렇지만 대중의 인식에서 운동은 거의 전적으로 체중 감량과 연관된다. 운동은 그런 목적에는 별로 효과가 없어서 기대가 깨지면 사람들은 곧 포기한다. 운동에서 얻을 수 있는 놀라운 효과들이 운동에서 얻을 수 없는 한 가지로 인해 묻혀버린다.

빠진 체중 유지하기

운동은 체중 감량에는 별로 효과가 없지만, 감량된 체중을 유지하는 데에는 유용한 것으로 보인다. 1989년에 보스턴대학 의료센터 연구진은 비만인 보스턴 경찰관 160명을 대상으로 실험을 진행했다.

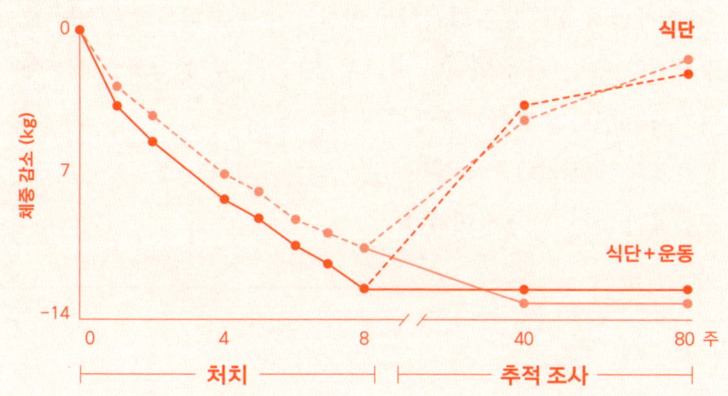

8주 동안 모든 경찰관에게 1000칼로리 식단을 제공했다. 참가자 중 절반은 일주일에 세 번 90분짜리 운동 프로그램에 참여했고, 나머지 절반은 별도의 운동 없이 평소처럼 지냈다. 체중 감량이 끝나고 6개월과 18개월 후에, 연구진은 다시 실험 참가자에게 연락해 체중을 측정하고 현재의 식습관과 운동 습관에 대해 물었다.

운동 처방을 받은 경찰관들은 체중이 아주 조금 줄어 있었다. 그렇지만 체중 감량이 끝난 후에도 계속 운동을 한 덕분에 빠진 체중을 훨씬 더 성공적으로 유지했다. 운동을 지속하지 않은 이들은 원래 체중으로 돌아갔다.

우리는 아직 이에 대한 정확한 원리를 모른다. 다만 최근에 체중을 감량한 사람들은 몸이 안전한 대사 균형을 회복하려고 애쓰기 때문에 휴식 에너지 소비량이 감소하는 것으로 알려져 있다. 이중표식수법을 활용한 2018년의 한 연구는, 운동량이 늘어나도 몸

의 총 에너지 소비량은 다이어트 이전 수준으로 돌아갈 수 있다고
주장했다. 몸은 이를 안전한 에너지 소비량으로 인식하기 때문에
여기서 벗어나려고 하지 않는다.

정확한 메커니즘이 무엇이든, 이는 규칙적인 운동을 일상에
포함해야 하는 또 다른 이유다.

4장 식욕의 비밀

다이어트 실패는 고대의 인체가
현대 식품 환경에 적응하지 못한 결과다

1972년, 칠레 럭비 선수단과 가족, 응원단을 태운 비행기가 안데스 산맥에 추락했다. 생존자는 29명뿐이었다. 이들은 비행기 잔해에서 뭐든 먹을 수 있는 것을 찾아냈다. 홍합 통조림, 아몬드 1통, 잼 3병, 대추야자 조금, 사탕과 말린 자두, 초콜릿 바 8개, 포도주 몇 병 등이었다. 부족한 식량을 최대한 아껴 먹었지만, 일주일도 안 되어 바닥이 났다. 비행기의 일부, 즉 좌석의 가죽과 덮개라도 먹으려 했지만, 몸에 탈이 날 뿐이었다.

죽음이 거의 확실해지자, 이들은 다 같이 시체를 먹기로 했다. 비행기 앞유리창의 파편으로 얼어붙은 시체에서 살을 잘라낸 다음, 햇볕에 말려 날것으로 삼켰다. 처음에는 피부, 근육, 지방만 먹다가 먹을 수 있는 부위가 줄어들자 심장, 폐, 뇌로 넘어갔다. 생존자 중 13명이 굶주림(일부는 인육 먹기를 거부했다)과 저체온, 눈사태로 사망했다. 그렇지만 남은 16명은 구조대가 도착할 때까지 72일 동안 버텼다. 이들은 친구와 가족의 시체를 먹기로 결심한 덕분에 살아남았다.[1] 강한 식욕이 이들을 구했다.

식욕이란 본질적으로 이런 것이다. 어떻게든 음식을 찾게 하는 생물학적 시스템이다. 단순한 탐욕이 아니다. 물론 탐욕이 식욕의 부산물일 수는 있지만, 식욕은 생존 메커니즘으로 우리의 신경계에 깊이 장착돼 있다.

극한 상황에서 식욕에 지배당하면 우리는 뭐든 하려고 한다. 우리 몸은 무엇보다도 충분한 물과 음식을 확보하려고 한다. 둘 중 하나라도 부족하면, 다른 주요 본능은 빠르게 사라진다. 갑작스러운 위협에 대한 경계심이 약해지고, 모든 종의 주요 목적인 번식에도 흥미를 잃는다. 식욕은 인간 행동을 좌우하는 가장 강력한 원동력으로, 잘못 작동해서는 안 되는 시스템이다.

식욕을 조절하는 네 가지 호르몬

이 시스템은 어떻게 작동할까?

우리 몸에서 식욕 조절의 중심은 뇌에서 완두콩 크기만 한 부위인 시상하부다.[2] 이는 뇌에서 가장 오래된 영역 중 하나로, 그 진화적 기원은 벌레처럼 생긴 원시 해양 생물로까지 거슬러 올라간다. 시상하부는 가장 기본적이고 본능적인 기능을 통제한다. 시상하부 바깥쪽은 음식을 먹도록 하고, 안쪽은 그만 먹도록 유도한다. 시상하부 바깥쪽이 손상된 쥐는 입맛을 완전히 잃어, 바로 눈앞에 유혹적인 음식이 있어도 먹지 않는다. 반면 시상하부 안쪽이 손상된 쥐는 끊임없이 배를 채워 비만해진다.

시상하부의 활동은 몸 전체에서 오는 피드백 신호로 결정된다. 이 신호를 자극하는 것은 감각(뜨끈한 찌개 냄새를 맡거나 윤기 흐르는 아이스크림을 봤을 때), 외부 사건(위험에 처하면 먹을 겨를이 없으므로 아드레날린이 식욕을 차단한다), 내부 메커니즘(혈당이 낮으면 배가 고파지는 경우) 등이다.

온갖 다양한 호르몬이 이러한 피드백을 시상하부에 전달하지만, 식욕 조절에는 네 가지 호르몬이 주된 역할을 하는 것으로 보인다. 바로 렙틴, 펩티드 티로신 티로신(PYY), 글루카곤 유사 펩티드-1(GLP-1), 그렐린이다.* 각각의 호르몬은 조금씩 다른 역할을 하고, 동시에 여러 기능을 수행한다는 점에 주목할 필요가 있다. 예를 들어 렙틴은 번식과 성장에 소비하는 에너지의 양을 소설하는 역할도 하는 것으로 보인다. 그렐린은 기억력과 수면 주기에 영향을 준다. GLP-1은 특히 활발한 호르몬으로, 뇌·심장·혀·근육·뼈·신장·간·폐의 활동을 조절하는 데 도움을 준다. 우리의 호르몬 피드백 루프는 무작위 돌연변이와 자연선택을 통해 진화했다. 이들은 인체에 복잡한 방식으로 작용한다. 따라서 호르몬 치료 같은 의학적 개입을 할 때 부작용을 피하기가 어렵다.

렙틴이라는 이름은 '얇다, 마르다'를 뜻하는 고대 그리스어 렙토스^{leptos}에서 유래했다. 1994년에 처음 발견된 렙틴의 주요 기능은 몸

---

* 식욕에 영향을 주는 다른 호르몬으로 콜레키스토키닌, 인슐린, 아밀린, 코르티솔, 멜라토닌, 포도당 의존성 인슐린 자극 폴리펩티드, 췌장 폴리펩티드 등이 있다. 우리는 이 복잡한 시스템을 이제야 이해하기 시작했다.

에 저장하는 지방의 양을 조절하는 것이다. 지방은 놀라운 물질이다. 가볍고, 많은 에너지를 저장하며, 우리 몸을 따뜻하게 해준다. 연료 탱크이자 단열재 역할을 한다. 우리 몸에는 지방이 어느 정도 필요하다. 그렇지만 너무 많으면 움직임이 둔해지고, 과열되기 쉬우며, 여러 신체적 기능에 문제가 생길 수 있다.

렙틴은 주로 지방세포에서 분비된다. 지방세포가 많을수록 렙틴을 많이 생성한다. 신체 기능이 원활하면, 렙틴은 식욕을 자연스럽게 억제하는 기능을 한다. 일단 신체에 적정량의 지방세포가 쌓이면, 지방세포에서 렙틴이 충분히 분비되어 공복감이 전반적으로 줄어든다.

1997년에 한때 렙틴 주사가 비만을 치료할지 모른다는 희망이 있었다. 당시 케임브리지 병원에서 병적 비만인 두 아이가 치료를 받고 있었다. 체중이 86킬로그램인 8세 여아와 29킬로그램인 2세 남아로, 둘은 사촌지간이었다. 이들은 희귀유전병을 앓고 있어 렙틴을 생성하지 못했다. 그러다 보니 아무리 살이 쪄도 시상하부는 늘 연료탱크가 비었다고 인식했다. 두 아이는 영아기부터 끊임없이 배고파하며 음식을 달라고 졸랐다. 여아는 이동성을 개선하기 위해 이미 사지교정술과 지방흡입술을 받은 상태였다.

두 아이는 렙틴 대체주사를 맞은 뒤 곧바로 식욕이 정상으로 돌아왔고 살도 빠지기 시작했다. 이러한 변화에 고무된 연구진은 자원자를 모집해 렙틴을 투여하는 임상시험을 진행했다. 그러나 유전병이 없는 비만인에게는 주사 효과가 전혀 없었다. 렙틴은 이미 몸에서 충분히 생성됐지만, 제 기능을 하지 못하고 있었다. 자원자들은 비만해지는 과정에서 일종의 렙틴 저항성이 생긴 듯했다.

렙틴이 장기적인 식욕 억제제라면, PYY와 GLP-1은 단기적인 식욕 억제제다. 이 호르몬들은 식후에 포만감을 느끼게 한다. 두 호르몬 모두 음식이 장을 통과할 때 장 세포에서 분비되며, 배가 찼다는 신호를 시상하부로 보내 배고픔을 줄이게 한다. 지방과 단백질은 특히 PYY가 많이 나오도록 자극한다. 짭짤한 간식을 계속 찾는 이유 중 하나로, 이런 간식이 보통 고단백 요리에 들어 있는 모노소디움 글루타메이트(MSG)로 코팅되어 있기 때문이라는 이론이 있다. 혀의 '감칠맛' 수용체가 감지하는 MSG는 마치 단백질이 풍부한 음식을 먹은 것처럼 착각하게 만든다(미뢰는 다섯 가지 주요 맛을 감지할 수 있다. 짠맛, 단맛, 신맛, 쓴맛, 그리고 '감칠맛'이다. 감칠맛은 조리한 고기, 버섯, 치즈, 간장 같은 음식에서 느껴지는 풍미다). 우리 몸은 많은 양의 단백실을 원하므로 이러한 간식을 마구 먹는다. 그렇지만 간식이 위에 도달해도 기대한 만큼 PYY가 나오지 않는다. 그래서 우리는 단백질 섭취가 주는 만족감을 기대하며 계속 먹는다. 한번 먹기 시작하면 멈추기가 어렵다.

식욕과 관련된 네 번째 주요 호르몬은 그렐린으로 일명 '공복 호르몬'이다. 주로 위가 비었을 때 분비된다. 그렐린은 시상하부를 자극해 배고픔을 느끼게 할 뿐만 아니라, 뇌의 쾌감 영역을 흥분시켜 음식이 더 맛있게 느껴지게 한다. 또한 음식을 찾으려는 욕구와 음식을 찾았을 때 얻는 만족감을 모두 증가시킨다. 다들 경험으로 알겠지만, 그렐린은 폭군처럼 굴기도 한다. 뇌가 그렐린으로 가득 차면, 음식 말고는 아무런 생각이 떠오르지 않는다. '배고파 미치겠다'라는 표현이 결코 과장이 아니다.*

수년 동안 의사들은 과체중인 사람들이 배고픔을 견디게 하는 극단적인 방법을 고안했다. 비만 수술 전문의 앤드루 젠킨슨Andrew Jenkinson은《식욕의 과학Why We Eat (Too Much)》에서 그중 몇 가지를 소개했다. 잔인해 보이는 턱 고정술은 위아래 치아에 금속 브래킷을 부착한 다음 브래킷의 나사를 조여 입을 닫게 하는 수술로, 소량의 음식을 밀어 넣을 수 있게 작은 틈만 남긴다. 더 최근에 나온 방법으로는 위의 윗부분에 플라스틱 링을 끼워 음식 섭취 속도를 제한하는 위밴드수술과, 위 안쪽에 풍선을 넣어 위의 용량을 줄이는 위풍선수술이 있다.

이 모든 수술법은 장기적으로 결과가 좋지 않다고 밝혀졌고, 대부분의 환자가 결국 원래 체중으로 돌아갔다. 그 과정에서 이들은 심리적 고문에 가까운 고통을 겪었다. 음식 섭취를 극단적으로 줄이면 그렐린 수치가 치솟는다. 체중 감량이 절실해 극단적인 수술까지 받았음에도, 결국 이러한 호르몬 피드백 앞에 무릎을 꿇게 된다. 턱이 고정된 환자는 허기를 달래려고 설탕이 듬뿍 든 밀크셰이크를 빨대로 마신다. 위에 밴드를 끼거나 풍선을 넣은 환자는 크기는 작지만 고칼로리인 간식을 왕창 먹는다. 초콜릿케이크 한 조각은 그렐린의 스위치를 (잠시나마) 끌 수 있는 칼로리를 공급하면서도, 제대로 된 고섬유질 식사보다 위의 용량을 적게 차지한다.

---

*   거식증 환자가 어떻게 배고픔을 견디며 살아가는지에 대해 여전히 많은 논쟁이 있다. 연구자들이 알아낸 한 가지 사실은 체중이 일정 수준 이하로 내려가면 호르몬에 이상이 생긴다는 것이다. 그중 하나가 그렐린 수치의 억제다. 거식증 환자가 다시 체중을 늘리려고 하면 렙틴이 예상보다 빨리, 더 많이 분비된다. 그러면 금세 포만감이 생겨서 계속 먹기가 힘들어진다.

환자들은 이것이 '몸을 속이는 행위'라는 것을 알고 있으며, 이런 자신의 행동 때문에 괴로워한다. 내가 나를 망치고 있고, 자신을 도와준 사람들을 실망시켰다고 생각한다. 이들은 NHS로부터 수술비를 지원받은 사실에 죄책감을 느끼고, '의지가 너무 약해' 음식을 참지 못했다며 자책한다.**

어떤 형태든 급격한 다이어트는 극심한 허기를 유발한다. 이는 체중 감량기에만 느끼는 게 아니다. 다시 정상적인 식사를 해도 그렐린 수치가 올라가 있다. 이후 몇 달 동안 그렐린 수치가 높게 유지되므로, 체중을 줄이기 전보다 더 심한 배고픔을 느낀다.

미네소타 기아 실험

1944년 11월, 미국의 생리학자 안셀 키즈Ancel Keyes는 미네소타 대학에서 자원자 36명을 모아 기아의 심리적·생리적 효과를 연구했다.[3] 이 실험은 훗날 이 분야에서 상징적인 연구로 남게 된다. 그의 연구는 선한 동기에서 시작되었다. 전쟁으로 황폐해진 유럽 전역에서 사람들이 굶주리고 있었고, 키즈는 이들의 회복을 도울 최선의 방법을 찾고 싶었다. 자원자는 400명의 양심적 병역 거부자 중에서 선발했고, 이들은 이 연구를 더 나은 미래를 위해 평화적으로 기여할 기회로 여겼다. 실험에 참여한 26세의 퀘이커교도 마셜 서턴Marshall Sutton은 나중에 이렇게 회상했다. "당시 저는 세상의 고통에 공감하고 싶

** 더 최근에 나온 비만 수술은 식욕과 관련된 호르몬을 교란하기 때문에 훨씬 더 효과적이고 관리하기 쉬운 것으로 입증됐다. 더 자세한 내용은 9장에서 다룬다.

었습니다. 사회를 위해 뭔가를 하고 싶었고, 조금이나마 위험을 감수하고 싶었어요.”

키즈는 연구를 세 단계로 나누었다. 첫 번째는 석 달 동안 진행된 ‘식단 통제’ 단계였다. 참가자들은 정상적인 식사를 했고(하루 약 3200칼로리), 규칙적으로 운동을 했으며, 동시에 6명까지 뛸 수 있는 거대한 트레드밀에서 매주 체력 검사를 받았다.

두 번째는 ‘기아’ 단계로 여섯 달 동안 이어졌다. 참가자들은 하루에 1500칼로리를 섭취했다. 식단은 전쟁 생존자가 억지로 먹었을 법한 묽고 밍밍한 음식들로 구성됐다. 묽은 수프, 순무, 스웨덴 순무, 감자, 마카로니 등이었고, 고기는 없었다. 이 기간에 참가자들은 매주 35킬로미터를 걸어야 했고, 트레드밀 체력 검사도 매주 받았다.

마지막으로 석 달 동안 진행된 ‘회복’ 단계에서는 식사량을 점차 늘렸고, 나중에는 원하는 대로 먹게 했다.

예상대로 기아 단계에서 참가자의 생리적 변화가 두드러졌다. 평균적으로 체중이 25퍼센트 줄었으며, 체중 감소를 늦추고 적은 에너지를 아끼려는 생리적인 반응으로 휴식대사율이 40퍼센트 감소했다. 서턴은 음식 생각을 떨치려고 최선을 다했다. 식당에 머무는 시간도 최소한으로 줄였다. 그는 당시를 떠올리며 이렇게 말했다. “저는 음식을 3분 만에 먹고 나와버렸어요. 식당에 더 있고 싶지 않았죠. 실험 참가자 중에는 식사를 20분 동안 천천히 하는 사람도 있었고, 요리책을 하루 종일 들여다보는 사람도 있었어요.”

또 다른 참가자인 해럴드 블리켄스타프Harold Blickenstaff는 이렇게 말했다. “음식이 제 삶의 중심이자 유일한 관심사가 돼버렸어요. 영

미네소타 기아 실험 참가자들이 햇볕을 쬐며 쉬고 있다. 왼쪽부터 제럴드 윌스낵 Gerald Wilsnack, 마셜 서턴, 재스퍼 가너Jasper Garner다.

화를 봐도 사랑 장면에 눈길이 가지 않았어요. 먹는 장면이 나올 때만, 뭘 먹는지만 눈에 들어왔죠."

다시 음식을 마음껏 먹게 되자, 참가자의 체중은 원래 무게로 빠르게 돌아왔고, 그 이상으로 늘어났다. 체중이 굶기 전보다 평균 10퍼센트 늘었고, 근육 대비 지방 비율이 훨씬 높아졌다. 한번 음식 공급이 끊겼던 몸은 지방을 더 비축해야 한다고 판단한 듯했다.

연구가 끝나고 수년이 지났어도, 대부분의 참가자가 실험 전보다 체중이 더 나갔고, 체지방률도 여전히 높았다. 참가자 중 3명은 평생 과체중으로 살았다.

여러 다른 연구에서도 같은 현상이 보고되고 있다. 우리 몸은 음식을 적게 섭취하면 비상 대책을 가동한다. 먼저 에너지 소비를 대폭 낮춘 다음 식욕을 늘려, 다시 음식이 들어왔을 때 체중이 더욱 늘어나게 한다. 미래의 기아에 대비한 완충장치다.

사실 극심한 칼로리 제한이 미치는 생리적 영향은 다음 세대로 이어질 수 있다. 1944년부터 1945년 겨울까지, 독일군의 봉쇄로 네덜란드에 기근이 발생했다. 우리가 네덜란드 대기근으로 알고 있는 이 사건을 네덜란드인은 '굶주린 겨울Hongerwinter'이라고 부른다.[4] 당시 의료 시스템이 유지된 덕분에, 이 시기에 배고픔을 겪은 태아들이 어떤 영향을 받았는지 추적이 가능했다. 굶주린 겨울에 태어난 아이들은 나중에 비만이 될 확률이 30퍼센트 더 높았다. 기근 전후에 태어난 형제자매는 이러한 영향을 받지 않았다.

다이어트가 실패하는 이유

여기서 우리는 신진대사와 식욕이 칼로리 공급 환경에 적응하기 위해 서로 협력하는 모습을 볼 수 있다. 음식 공급이 줄어들면, 우리 몸은 에너지 소비를 줄이고 음식에 집착한다. 다시 음식이 풍족해지면, 증가한 식욕으로 충분한 지방을 저장해 이후의 기근에 대비한다.

이는 생존 메커니즘으로서 매우 합리적이다. 그렇지만 체중 감량을 원하는 사람들이 악순환에 빠지는 요인이기도 하다. 이들은 체중 조절을 결심하고, 다이어트에 돌입한다. 하루이틀은 그럭저럭 괜찮다. 간에 저장된 글리코겐을 사용하므로 배고픔을 크게 못 느낀다. 체중을 재보면 몇 그램이 빠져 있다. 진행이 순조롭다. 그런데 다이어트를 계속하면, 몸이 저항하면서 그렐린 수치가 올라가고 휴식대사율이 낮아진다. 감량 속도가 느려진다. 그래도 단호하게 밀어붙이면 힘겹게 목표 체중에 도달할 것이다.

그렇지만 1년도 지나지 않아 체중이 회복될 뿐 아니라 오히려 더 증가한다. 또 다른 다이어트를 해보지만, 살이 더 찔 뿐이다. 결국 다이어트를 전혀 하지 않았을 때보다 더 과체중인 상태로 평생을 살아간다.

이 실패의 악순환에서 생기는 한 가지 아이러니는 신종 다이어트법과 다이어트 제품을 위한 거대한 시장이 형성된다는 점이다. 다이어트에 효과를 보지 못했다는 것은 곧 체중 감량 수단을 찾는 소비자가 항상 넘친다는 뜻이다.

식품 제조업체는 이러한 수요에 맞춰 '건강한' 제품이나 '날씬해지는' 제품을 내놓지만, 사실 전혀 아닌 경우가 많다. 식품 포장지에는 거짓말은 아니어도 의도적으로 오해를 부르는 문구가 가득하다. '저지방' 제품은 설탕이나 전분이 많은 편이지만, 그런 언급이 전혀 없다. '무첨가'라는 표현은 맥락 없이 여기저기 뿌려져 있다. 농축 과당으로 지나치게 달콤한 간식도 '무가당'이라는 표현을 건강한 척 내세운다. 열량, 나트륨, 당분 등의 영양 정보는 '1인분'을 기준으로 표시하지만, 그 1인분이 실제 제품 중량과는 크게 다를 수 있다.

소비자는 쉽게 혼란에 빠진다. 그 이유 중 하나는 시중에 나온 식품이 상당 부분 이해하기 어렵기 때문이다. 어디서 들어보지 못한, 보거나 만져본 적은 더욱 없는 첨가물과 식재료가 들어 있어서, 대체 어떤 식품인지 선뜻 파악이 안 된다. 이런 식품은 진짜 음식과는 닮은 점이 거의 없다.

5장 에그마요샌드위치 탐구

같은 영양분도 초가공식품으로 섭취했을 때 더 해롭다

잉글랜드 북서부 레이크 디스트릭트에서 린던으로 가는 기차에서, 나는 식당 칸에 들러 에그마요샌드위치를 하나 샀다. 포장지 앞면에 '수제'라는 문구가 자랑스럽게 적혀 있었다. 나는 반신반의하며 포장지를 뒤집어 뭐가 들어 있는지 살폈다.

1. 밀가루

2. 맥아밀

3. 밀 글루텐

4. 구운 밀

5. 덱스트로스

6. 설탕

7. 지방산 모노글리세리드

8. 디아세틸 타르타르산

2. 물

4. 효모

6. 보리맥아 밀가루

8. 소금

10. 대두분말

12. 메밀가루

14. 지방산 디글리세리드

16. 지방산 모노글리세리드 에스테르

17. 지방산 디글리세리드 에스테르　18. 프로피온산 칼슘

19. 식물성 기름　20. 식물성 지방

21. L-아스코르브산　22. 달걀

23. 카놀라유　24. 저온 살균 달걀노른자

25. 주정 식초　26. 겨자

27. 잔탄검　28. 흑후추

29. 유청분말　30. 소르브산 칼륨

31. 구연산　32. 카로틴

'수제'라는 단어는 건강한 가정식 이미지를 떠올리게 한다. 숙련된 요리사가 친숙한 주방에서 익숙한 재료로 만든 신선한 음식이 바로 수제다. 물론 내가 산 샌드위치는 어느 정도는 '수제'였을 것이다. 샌드위치를 만들 때 일부 작업은 말 그대로 사람 손이 했을 테니 말이다. 지금도 로봇이 할 수 있는 일에는 한계가 있다. 그렇지만 사실 그 샌드위치는 누가 만든 게 아니었다. 그냥 가공한 식품이었다. 샌드위치뿐 아니라 그 안에 든 모든 재료가 가공된 것이었다.

카놀라유가 만들어지는 과정

재료 목록에서 자연에 가까운 원료처럼 보이는 카놀라유를 살펴보자.[1] 이 기름은 매해 봄 영국 시골을 화려하게 물들이는 샛노란 유채꽃의 작고 검은 씨앗에서 얻는다. 카놀라유는 간단하게 씨앗을 눌러서 짜낼 수 있다. 그런데 냉압착으로 얻은 카놀라유는 노란빛을 띠고 특유의 향이 난다. 내 코에는 비릿한데 양배추 냄새라고 하는

사람도 있다. 이런 향은 대규모 상업적 용도에는 적합하지 않아서, 카놀라유는 대부분 광범위한 산업적 가공을 거친다.

가공 과정을 살펴보면, 먼저 유채씨를 거대한 진동체에 넣어 이물질을 제거하는 것으로 시작된다. 남은 부스러기는 소 사료로 판매한다. 이후 씨앗을 강력한 전자석에 통과시켜 미세한 금속조각을 제거한 다음, 강철 롤러로 으깨 얇은 조각으로 만든다. 이 조각들을 증기로 '조리'해 세포벽을 파괴한 다음, 스크루 프레스를 이용해 고압으로 누르면 약 75퍼센트의 기름이 추출된다.

씨앗을 압착하고 남은 찌꺼기인 단단한 '케이크'에는 아직 기름이 남아 있다. 이를 빼내기 위해, 케이크를 가열된 챔버에 넣고 헥산에 녹인다. 원유를 정제할 때 부산물로 얻는 헥산은 서렴한 산업용 용매다. 헥산은 다른 분야에서는 접착제의 용매로, 인쇄업에서는 산업용 탈지제로 쓰인다. 케이크 속 기름이 헥산에 녹으면 미셸라^{miscella}라는 용액이 생성된다. 이 미셸라를 다시 케이크와 분리한다(케이크는 동물 사료로 팔린다). 마지막으로 증기로 미셸라에서 헥산을 증류한 다음, 여기서 얻은 기름을 처음에 짜낸 기름과 합쳐 강철 사일로^{silo}(원통형 저장고—옮긴이)에 저장한다.

방금 '마지막으로'라고 표현했지만, 실은 첫 번째 단계가 끝난 것에 불과하다. 이제 기름은 '정제' 단계에 들어간다. 공장마다 방식이 다르지만, 보통 가성소다(수산화나트륨)로 20분간 증기 세척부터 한다. 이때 기름 속 지방산이 가성소다와 반응해 비누가 된다. 이 작업은 원심분리기 속에서 이루어지며, 고속 회전을 통해 비누와 기타 불순물이 분리된다. 이렇게 만들어진 비누는 비누 제조업체에 판매

된다.

그렇지만 기름은 여전히 노란빛이고 천연왁스가 섞여 있어 탁해 보인다. 그래서 다음 단계로 기름을 섭씨 5도로 냉각하면(이 과정을 동결화라고도 한다), 왁스가 굳어 걸러낼 수 있다. 이 왁스는 식물성 쇼트닝을 생산하는 데 쓰인다.

이어 물과 유기산을 이용해 기름에 있는 지질, 검질, 유리 지방산, 미세한 가루 입자를 제거한다. 그런 다음 기름을 점토와 합성 실리카의 혼합물(1차 세계대전 당시 방독면에 사용한 필터와 유사한 물질)에 통과시켜 '표백'한 후 약 섭씨 100도로 가열한다. 이 과정이 끝나면 기름에서 노란빛이 사라진다. 마지막으로 특유의 냄새를 없애기 위해, 트레이에 담긴 기름 층 사이로 증기를 통과시키고, 이를 다시 고압 보일러에서 섭씨 180~240도로 가열한다.

이 모든 가공 과정을 거쳐 나온 제품을 카놀라유라고 부르지만, 화학적으로 보면 노랗고 향이 강한 냉압착 기름과 완전히 다르다. 이는 에그마요샌드위치에 들어가는 거의 모든 재료에도 해당하는 이야기다.

내가 먹는 음식의 정체를 잘 몰랐다는 사실을 알고 나면 기분이 꺼림칙해진다. 식품에 표기된 재료를 유심히 살펴봐도 진정한 출처와 성분은 알기 어렵다. 현대의 식품 가공 산업은 최첨단 기술을 사용하고 여러 복잡한 공정을 거치기 때문에 거의 모든 사람에게 신비롭게 다가온다. 그런데 이것이 정말 문제가 될까? 생명을 구하는 의약품을 비롯해 수많은 현대의 발명품은 과학적으로 너무 복잡해서 일반인이 이해하기 어렵다. 음식이 맛있고 안전하기만 하다면, 어떻게 만들건 상관없는 것 아닐까?

산업적으로 제조한 식품이 본질적으로 나쁘다는 견해는 새롭지 않다. 내가 어렸을 때는 'E-번호'(유럽연합에서 새로 분류한 화학 식품첨가물 번호)를 우려하는 목소리가 있었다. 그 우려는 일정 부분 타당했다. 식용 색소를 포함한 몇몇 E-번호가 과잉행동이나 빈혈 같은 문제를 일으킨다고 밝혀지면서 이후 사용이 금지되었기 때문이다.

요즘 논쟁의 초점은 '초가공식품'이다. 이 용어는 브라질의 의사 카를로스 몬테이로^{Carlos Monteiro}가 만든 것으로, 그는 평생 다양한 제조법이 음식에 미치는 영향을 연구했다. 2009년에 몬테이로는 새로운 식품 분류 체계를 발표했다. NOVA라고 하는 이 식품 분류 체계는 시판되는 모든 식용제품을 네 가지 범주로 구분했다.

1. **가공하지 않았거나 최소한으로 가공한 식품.** 토마토부터 민트 한 묶음, 돼지갈비, 호두 등이 여기에 포함된다. 이런 식품은 식물이나 동물에서 직접 얻으며, 세척이나 냉동 같은 최소한의 가공을 거쳐 우리 집 주방으로 온다.

2. **가공된 식재료.** 버터, 설탕, 꿀 등이 여기에 속한다. 이런 식품은 압착, 분쇄, 파쇄, 분말화, 정제 등의 가공을 거쳐 자연에서 추출한다. 보통 다른 음식의 맛을 끌어올리기 위해 소량 사용한다.

3. **가공식품.** 제조업체가 1번 범주 또는 2번 범주의 성분을 염장이나 발효, 절임 처리해서 가공한 제품들이다. 베이컨, 치즈, 과일 및 채소 통조림, 훈제 연어, 전통 방식으로 만든 빵이 여기에 포함된다.

4. **초가공식품.** 이는 다른 범주와는 사뭇 다르다. 2번 범주에 속하는

설탕, 기름, 전분이 여기에 포함되긴 하지만, 이런 재료가 소량 쓰이는 게 아니라 요리의 주를 이룬다. 가정 주방에서 보기 힘든 분리대두단백이나 덱스트로스 같은 재료도 초가공식품에 해당한다. 색소, 유화제, 향료 및 기타 첨가물을 식품에 넣으면 보기 좋고, 맛있어지고, 안정적이며, 오래간다. 이렇게 만든 식품은 자꾸 '더 먹고 싶은' 맛, 몬테이로의 표현을 빌리자면 '지나치게 자극적인' 맛을 낸다. 이 범주에 속하는 식품으로는 대부분의 가게에서 파는 비스킷과 케이크, 대량 생산된 빵, 재가공된 육류 제품, 대량 생산된 디저트류, 일부 채식 소시지와 버거, 많은 종류의 간편식 등이 있다.

이 정의에 따르면, 영국은 다른 유럽 국가들보다 초가공식품을 더 많이 소비한다.[2] 〈영국의학저널British Medical Journal〉에 따르면 초가공식품이 영국인의 식단에서 차지하는 비중은 57퍼센트다. 이에 비해 독일은 46퍼센트, 프랑스는 14퍼센트, 이탈리아는 13퍼센트다.[3] 그렇다면 이러한 초가공식품 위주의 식단은 우리 몸에 어떤 영향을 미칠까?

먹을수록 배고파지는 초가공식품

쥐와 생쥐는 대사적 특성이 인간과 매우 비슷하다. 일부 쥐들도 렙틴을 생성하지 못하는 장애를 갖고 태어난다. 72쪽에서 언급한 아이들처럼, 이런 쥐들은 심각한 비만이어도 끊임없이 배고파한다. 그런데 연구자들은 렙틴을 정상적으로 생산하는 쥐들도 가공식품에 이상한 반응을 보인다는 사실을 발견했다. 이 쥐들은 렙틴 저항성이 생겨 비만이 된 것으로 보인다. 일단 자연식으로 식단을 바꾸면, 체중이 다시 줄어들었다.

몬테이로는 인간에게도 이와 비슷한 현상이 일어난다고 주장한다. 초가공식품은 같은 재료로 직접 만든 음식에 비해 체중과 건강에 미치는 영향이 상대적으로 크다고 알려져 있다. 연구에 따르면, 개인의 식단에서 초가공식품의 비율이 10퍼센트 증가할 때마다 암 발생률이 12퍼센트, 우울증 증상이 21퍼센트, 심혈관 질환의 위험이 12퍼센트 증가하는 것으로 나타났다.

회의론자들, 즉 일부 저명한 학자와 대형 식품 제조업체들은 몬테이로가 허구적 개념을 만들었다고 주장한다. 이들의 말에 따르면, '초가공식품'은 그저 새로 만든 용어일 뿐이다. 실은 딜거나 짜거나 기름진 음식 또는 셋 다 갖춘 음식을 칭하는 것에 지나지 않는다는 것이다. 이런 성분을 지나치게 많이 섭취하면 몸에 해롭다는 사실은 다들 알고 있다. 그런데 왜 식품의 성분이 아닌 가공 정도를 문제 삼는 것일까?

케빈 홀Kevin Hall 박사도 처음에는 회의론자 중 한 명이었다. 그는 미국 국립 당뇨병 소화기 및 신장 질환 연구소US National Institute of Diabetes and Digestive and Kidney Diseases의 선임 연구원으로, 2019년에 이 논쟁을 확실히 매듭짓기 위해 통제된 조건에서 임상시험을 진행했다.[4] 홀 박사는 워싱턴 D.C. 외곽에 있는 한 클리닉에서 남녀 각각 10명씩을 모집했다. 참가자들은 4주 동안 클리닉에 머물며 통제된 환경에서 두 가지 다른 식단을 제공받았다. 첫 2주 동안은 튀르키예식 샌드위치, 감자칩 같은 초가공식품을 주로 먹었고, 다음 2주 동안은 시금치 오플렛과 고구마 해시 같은 가공하지 않은 식품을 주로 먹었다. 연구진은 두 식단의 지방, 당분, 칼로리, 섬유질 함량을 동일하게 맞췄고, 두 식단 모두 참가자의 입맛에 맞게 신경 써서 준비했다. 참가자에게 음식 만족도를 물었을 때, 두 식단 사이에 큰 차이가 없었다.

혈액 검사 결과, 참가자들은 가공 식단보다 비가공 식단으로 먹었을 때 식욕 억제 호르몬인 PYY 수치가 증가한 반면, 공복 호르몬인 그렐린 수치는 감소했다. 다시 말해 참가자들은 갓 요리한 비가공식품을 먹었을 때 배고픔을 덜 느끼고 포만감을 더 쉽게 느꼈다. 예상대로 체중도 줄어, 평균 0.9킬로그램이 감소했다.

반면 참가자들은 초가공 식단으로 먹었을 때, 비가공 식단으로 먹을 때보다 하루 평균 500칼로리를 더 섭취했고, 체중도 평균 0.9킬로그램이 증가했다. 이는 큰 차이로, 인구 전체의 상당한 체중 증가를 설명하기에 충분한 수치다.

초가공식품이 식욕에 왜 이런 영향을 미치는지는 아직 정확히 밝혀내지 못했다. 케빈 홀은 후속 연구를 진행 중이며, 현재까지는 두 가지 요인이 서로 연관된 것으로 보고 있다. 하나는 칼로리 밀도이고, 다른 하나는 '지나치게 자극적인 맛'이다. 후자는 우리가 특별히 맛있다고 인식하는 음식을 표현할 때 사용하며, 이런 음식은 지방과 소금, 지방과 설탕, 소금과 탄수화물 같은 성분이 비가공식품에서는 찾아볼 수 없는 비율로 섞여 있다. 홀 박사의 실험 결과, 사람들은 '지나치게 자극적인' 음식을 먹을 때 양 조절을 훨씬 어려워하는 것으로 나타났다.

영양소 간 상호작용의 비밀

시카고에서 활동하는 물리학자 앨버트-라슬로 바라바시[Albert-László Barabási]는 초가공식품에 대한 자신만의 이론을 제시했다.[5] 바라바시는 '복잡계' 분야의 선구자로, 저서인《링크[Linked]》에서 지금까지 과학자들은 자연을 분해해서 이해하려 했다고 주장한다. 예를 들면 물질을 원소로 나눈 다음 다시 전자, 중성자, 양성자로 세분화해서 접근했다는 것이다. 영양학도 주로 식품의 구성 요소인 비타민, 미네랄, 단백질, 섬유질 등을 연구하는 데 집중했고, 다양한 구성 요소가 어떻게 상호작용하는지는 거의 다루지 않았다고 지적한다.

그에 따르면 이는 복잡계의 작동 방식을 근본적으로 오해한 것이다. 인터넷부터 먹이사슬까지, 모든 네트워크는 중심축[hub]과 바큇살[spoke]의 배열 방식에 따라 서로 다른 효과를 낼 수 있고, 네트워크 지형에 아주 작은 변화만 생겨도 작동 방식이 완전히 달라질 수 있다. 바라바시는 이렇게 설명했다. "복잡계에서는 구성 요소가 매우 다양하게 결합할 수 있어서, 그 모든 조합을 시도하려면 수십억 년은 걸릴 것이다. 그렇지만 자연은 수백만 년 동안 정교하게 다듬은 우아함과 정밀함으로 그 조각들을 맞춰나간다."

이미 인간 세포 내 다양한 단백질 간의 복잡한 반응을 분석해 지도로 그려낸 바라바시는 이제 관심사를 식품으로 돌렸다. 그는 과학자들이 인간이 섭취하는 모든 식품에서 2만 6000개가 넘는 독특한 생화학물질을 밝혀냈다고 지적한다.* 그렇지만 대부분의 영양학 연

---

* 최근에는 5만 개를 넘어선 것으로 추정한다.

구는 미국 농무부에서 추적하고 분류한 150개의 주요 영양성분에 주목한다. 이 중에는 칼로리, 당, 지방, 비타민, 기타 영양소의 역할에 대한 우리의 이해를 혁신적으로 바꿔놓은 매우 중요한 연구들도 있다. 그러나 특정 식품에 포함된 수천 가지 미량영양소가 어떻게 상호작용하는지를 밝혀내지 않으면 이들이 건강에 미치는 영향을 제대로 이해할 수 없다.

지중해 식단의 핵심 재료인 마늘을 살펴보자. 미국 농무부는 생마늘의 영양성분을 67개로 나열하지만, 사실 마늘 한 쪽에는 최소 2306개의 고유한 화학성분이 들어 있다. 그 두 가지 예로, 갓 다진 마늘의 독특한 향을 내는 유기화합물인 알리신allicin과 심혈관 질환에 예방효과가 있다고 보고된 무색의 결정성 화합물인 루테올린luteolin이 있다.

바라바시는 실험실 연구에서, 다양한 초가공식품의 화학성분을 비슷한 종류의 가정식 요리와 비교했다. 그 결과 탄수화물, 단백질, 지방 등 대량영양소의 구성 비율이 비슷해 보이는 경우라도, 미량영양소의 함량과 종류는 서로 달랐다. 왜 이런 차이가 나는지는 아직 밝혀지지 않았다. 가공 자체가 차이를 낳는지, 조리법이 달라서인지, 아니면 초가공식품에 들어가는 특정 재료들이 서로 반응해 이런 결과가 나타나는지 아직은 모른다.

바라바시는 현재 전 세계 모든 나라에서 모든 언어로 작성된 학술 논문을 전부 검색하고 활용할 수 있는 기계학습machine learning 도구를 개발했다. 이를 통해 그는 모든 영양 생화학물질과 이에 대한 기존의 모든 연구를 디지털 목록에 담아, 물질들이 서로 어떻게 반응하고 또 우리 몸에 어떤 작용을 해서 건강을 해치거나 개선하는지 더 깊이 이해하고자 한다. 그는 이를 '영양학의 암흑물질' 연구라고 부른다.

우리는 '영양'을 모른다

바라바시의 연구는 우리가 아직 모르는 분야가 얼마나 많은지를 보여준다. 식품에 든 수많은 생화학물질뿐 아니라, 이들이 서로 어떻게 작용하는지도 잘 모른다. 영양학은 의학 연구에서 오랫동안 주목받지 못한 신데렐라였다. 그 영향력이 매우 광범위한데도, 어쩌면 너무 광범위해서 홀대했는지도 모른다.

영국의 과학자 팀 스펙터Tim Spector는 한 가지 실험으로 이 사실을 간결하게 입증했다. 유전역학자로 쌍둥이 연구 전문가인 스펙터는 본성과 양육이 다양한 질병에 미치는 영향을 밝히는 데 연구 경력 대부분을 바쳤다. 이 과정에서 영양학에 관심을 갖게 되었고, 지금은 장내 미생물군 연구에 집중하고 있다.

스펙터 연구팀은 저명한 연구기관의 영양학 교수 13명에게 설문지를 보내, 다양한 일상 식품 105가지에 대해 건강에 얼마나 좋은지 평가해달라고 요청했다. 조사 결과, 그중 절반은 교수들의 의견이 대체로 일치했다. 과일과 채소는 대부분 유익하다고 보았고, 가공식품과 짭짤한 간식, 설탕이 든 음식이나 음료, 저렴한 튀긴 음식은 유익하지 않다고 보았다. 그렇지만 유제품, 살코기, 인공감미료가 든 음료, 말린 과일 등 나머지 절반의 식품에 대해서는 의견이 갈렸다.[6]

스펙터는 바라바시와 마찬가지로 영양학 분야가 인체의 내재적 복잡성이나 식품에 대한 인체의 반응을 파악하는 데 여전히 어려움을 겪고 있다고 주장한다. 전 세계 사람들은 평균적으로 평생 35톤의 음식을 먹는다. 미국인은 이보다 2배 넘게 먹으며, 영국인도 이에 못지않게 많이 먹는다. 이 엄청난 양의 음식은 내 몸을 단순히 통과하는 게 아니라 내 몸의 일부가 된다. 음식은 세포, 혈액, 조직, 뼈를 새로 만드는 데 쓰이기 때문이다.

우리의 장내 미생물에 해당하는 사실은 세포에도 그대로 적용된다. 우리가 적절한 연료를 투입하지 않으면, 세포는 제대로 기능하지 못한다. 이는 여러 질병으로 드러난다. 당뇨병, 관상동맥 심장질환뿐 아니라 뇌졸중, 암, 우울증, 관절염으로도 나타난다. 이런 의미에서 우리가 먹는 음식이 곧 우리가 된다.

우리 몸에는 약 37조 개의 세포가 있고, 이 모든 세포는 우리가 먹는 음식에서 에너지를 얻는다. 그런데 우리 장에는 이 세포와 같은 음식을 먹으면서 그 수는 조금 더 많은 40조 개의 박테리아, 즉 미생물군*이 있다. 우리는 이 박테리아들이 인체 기능에 얼마나 중요한지를 이제 막 이해하기 시작했다. 스펙터는 저서 《생명을 위한 음식 Food for Life》에서 이들 외래 미생물군을 '작은 화학공장이나 약국'으로 생각하면 가장 적절하다고 말했다. 장벽 세포는 음식을 소화하기 위해 약 20개의 효소를 생산하는 반면, 미생물군은 소화에 관여하는 수천 개의 화학물질을 생산할 수 있다. 이는 미생물군이 제공하는 서비

---

*   미생물군은 특정 환경에 서식하는 미세한 유기체(박테리아, 곰팡이, 바이러스 등)의 군집을 말하며, 여기서는 우리의 장내 미생물군을 가리킨다.

스 중 하나에 불과하다. 미생물군은 질병을 일으키는 다른 박테리아를 막아내고, B₆ 같은 비타민을 생성하며, 면역계와도 밀접한 관련이 있다. 장내 미생물이 전혀 없거나 미생물에 노출되지 않은 실험실의 쥐는 면역계가 제대로 기능하지 못한다.**

또한 일란성 쌍둥이라도 서식하는 박테리아의 종류와 수가 다르면 미생물이 크게 달라지고, 이러한 차이는 식단과 관련이 있다. 예를 들어 우리가 채소를 다양하게 먹을수록, 미생물도 더욱 다양해진다.

식품이 인체라는 복잡계에 미치는 영향을 이해하는 일은 과학자와 의사에게 최우선 과제여야 한다. 지금처럼 식이성 질환이라는 산사태에 휩쓸려 보건 서비스가 명백히 무너지는 상황에서는 더욱 그렇다. 그런데 최근 영국 의사와 의대생을 대상으로 한 설문조사를 보면, 응답자의 70퍼센트가 의대 시절 영양학 교육을 두 시간도 받지 않았다고 답했다.[7] 케이시 민스Casey Means 박사는 "의료 분야에서 영양학적 치료만큼 하찮게 여기는 것도 없다"라고 지적했다.[8] 미국 의사인 민스는 환자들이 각기 다른 증상으로 병원을 찾아왔지만, 그 질병이 거의 다 잘못된 식습관에서 비롯된 것임을 깨닫고는 절망감에 휩싸여 진료를 포기했다.

현재 개인의 혈당 관리를 돕는 기술회사를 운영하는 민스는 대

** 현재 연구의 초점은 박테리아에 맞춰져 있지만, 우리의 장에는 곰팡이, 기생충, 바이러스도 가득하다. 영국 성인의 25퍼센트(미국 성인은 4퍼센트)는 몸에 블라스토시스티스 blastocystis라는 기생충이 살고 있는데, 스펙터는 최근에 자신도 그중 한 명이라는 사실을 알았다. 이 기생충이 있는 숙주들은 대체로 더 날씬하고 체내지방이 적게 생성된다.

형 식품 제조업체들이 제품을 더 많이 팔기 위해 과학 연구에 막대한 자금을 쏟아붓는다고 지적했다. 일례로 '식품 기술자'는 '식감', 즉 입 안에서 음식이 바삭거리거나 녹아내리거나 부드럽게 퍼지는 느낌을 개선하는 기술을 개발하고 정교화하며, 배부름을 더 늦게 느끼도록 포만감 호르몬을 교란할 방법을 적극적으로 찾는다.

'식품 디자이너'는 제품의 모양, 색상, 질감이 포장 안팎에서 식욕을 자극하게 만드는 역할을 한다. 식품 화학자, 감각 전문가, 식품 컨설턴트, 식품 마케터 등도 모두 가공식품을 더 매력적으로 만들기 위해 고용된 사람들이다. 그렇지만 건강 연구 분야에서 영양 의학은 여전히 만성적으로 자금이 부족하며, 의사들도 영양학적 치료법에 대해 잘 모른다.

바라바시는 "좋아하는 장난감을 분해하는 어린아이처럼, 우리는 자연을 분해하는 데 수조 달러의 연구비를 쏟았다"라며 이렇게 덧붙였다. "이제 우리는 자연의 조각에 대해 거의 모든 것을 알게 됐지만, 자연을 전체로 이해하는 것과는 그 어느 때보다 멀어졌다."

6장 불평등한 식탁

경제적 수준은 건강한 식사와 어떻게 연결되는가

TV쇼 진행자 앤드루 마^{Andrew Marr}는 젊은 시절 열렬한 마르크스주의자였다. 케임브리지대학 동기들이 '레드 앤디^{Red Andy}'로 부를 정도였다. 훗날 어느 도서전에서 이에 대해 묻자, 마는 나이가 들면서 자유시장의 힘을 인정하게 되었다고 답했다. 그렇지만 몇 가지 우려할 점이 있다고 덧붙였다. "우리는 항상 시장 속에서 살아갑니다. 시장은 우리가 헤엄치는 물과 같고, 우리가 일상에서 당연히 여기는 모든 것을 제공합니다. 시장은 창의성과 독창성을 키워주는 훌륭한 장치이지만, 매우 심각한 두 가지 문제를 안고 있습니다. 하나는 오염입니다. 시장은 오물과 공해를 만들어냅니다. 두 번째는 시장이 용납하기 어려운 거대한 불평등을 낳는다는 점입니다. 제가 생각하는 정치의 역할은 오염을 없애고, 불평등을 줄이는 것입니다."

이 책은 주로 식량 시스템이 만들어낸 '오염'에 대해, 경제학 용어로 말하자면 외부효과에 대해 다루고 있다. 그렇지만 이 장에서는 불평등에 초점을 맞추고자 한다.

불평등을 초래하는 것은 자본주의만이 아니다. 인류사를 통틀어 불평등은 인간 종의 결정적 특징으로, 우리를 지배하는 정치체제와는 무관했다. 스탠퍼드대학교의 역사학과 교수 발터 샤이델^{Walter Scheidel}은 《불평등의 역사^{The Great Leveler}》에서, 석기시대부터 오늘날까지 불평등은 시간이 지남에 따라 항상 증가했고, 공산주의 독재국가와 자본주의 민주국가 양쪽 모두에서 번성했음을 보여주었다. 오직 사회적 평준화를 이루는 '네 기사^{Four Horsemen}'만이 불평등을 눈에 띄게 줄여줬을 뿐이다. 그것은 바로 대중 동원 전쟁, 변혁적 혁명, 국가 붕괴, 재앙적인 전염병이었다. 그리고 그 과정은 결코 평화롭지 않았다.

식탁에 스며든 가난

현대 영국에서 식습관은 불평등을 보여주는 가장 뚜렷한 지표 중 하나다. 이는 눈으로도 확인할 수 있는 사실이다. 값싼 정크푸드로 구성된 식단은 특이하게도 과체중과 영양 결핍을 동시에 초래한다. 영국에서 가장 가난한 지역에 사는 10~11세 아이들은 가장 부유한 지역에 사는 또래 아이들보다 더 뚱뚱하고 키도 눈에 띄게 작다(이는 국제적으로도 문제가 될 만큼 심각하다. 영국의 5세 아동은 거의 모든 고소득 국가의 또래보다 평균 키가 작다).

최근 몇 년 동안 영국에서 가장 빈곤한 지역의 일반의들은 구루병과 괴혈병처럼 주로 영양 결핍으로 발생하는 '빅토리아 시대'(1837~1901)의 질병이 놀랍게도 다시 발생했다고 보고했다.[1] 정부

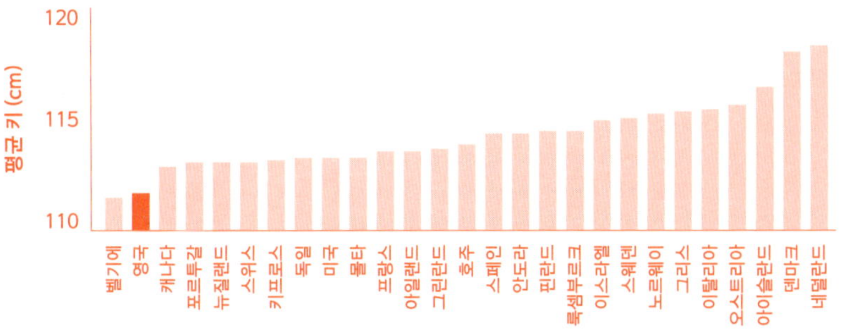

2019년 서구 고소득 국가들의 5세 여아 평균 신장. 부유한 국가 중에서 영국의 5세 여아는 두 번째로 키가 작고, 영국의 5세 남아는 가장 작다.

연례 보고서인 〈국민 식생활 및 영양 조사〉의 분석에 따르면, 소득 하위 20퍼센트 가정의 아이들은 소득 상위 20퍼센트 가정의 아이들보다 과일과 채소는 3분의 1, 등 푸른 생선은 4분의 3, 섬유질은 5분의 1 적게 섭취하는 것으로 나타났다(다음 쪽 그래프 참조).

이 결과는 심각한 통계로 드러난다. 소득 하위 10퍼센트 가정의 아이들은 소득 상위 10퍼센트 가정의 아이들보다 5세 때 충치가 생길 확률이 3배 더 높고, 11세 때 과체중이거나 비만이 될 확률이 2배 가까이 높다. 이 아이들의 부모는 식이성 질환으로 사망할 확률이 거의 2배 더 높다. 또한 이 부모들은 예방 가능한 심혈관 질환으로 사망할 확률이 평균 2.1배 더 높고, 예방 가능한 암(주로 환경이나 생활습관 때문에 생기는 암)으로 사망할 확률도 1.7배 높다.

코로나 대유행이 절정에 달했을 때, 가장 빈곤한 지역 주민들이 코로나로 사망할 확률이 2배 높았던 이유도 주로 식생활 문제였다. 그렇지만 그 이전부터 영국인의 기대수명 증가세는 주춤했고, 일부

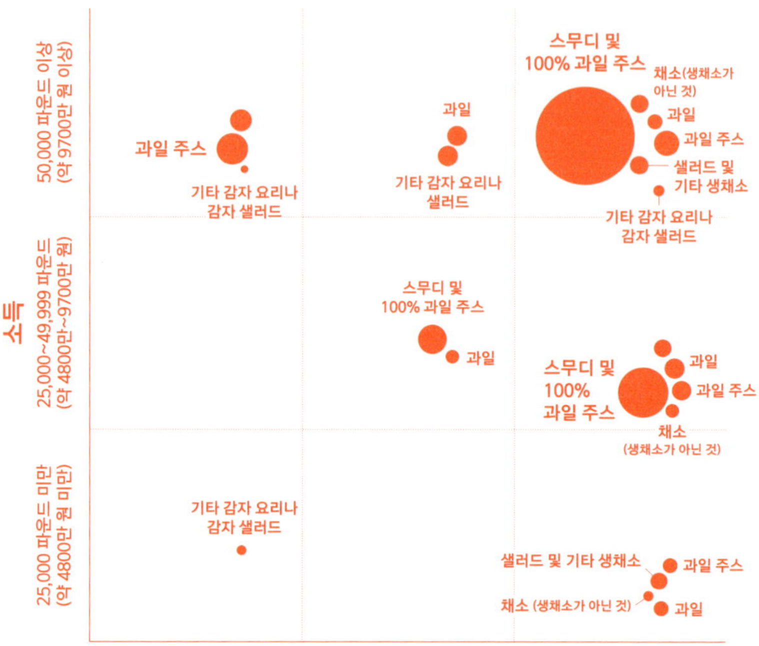

소득, 교육수준, 과일 및 채소 소비 사이에는 강한 상관관계가 있다. 도표에 있는 원은 각 집단이 인구 평균보다 더 많이 소비하는 식품을 나타낸다. 이는 해당 경제집단의 전체 식단이 아닌, 통계적으로 두드러지는 식품을 보여준다. 원의 크기는 해당 인구집단과 전체 인구 간의 소비 차이를 나타낸다(GCSE는 영국에서 중등 교육과정을 수료한 학생들이 받는 자격증을, A-레벨은 고등교육을 마친 후 대학 진학 자격을 얻기 위해 이수하는 자격증을 뜻한다 —옮긴이).

지역에서는 오히려 역전됐다.[2] 현재 영국에서 소득 하위 10퍼센트 지역에 사는 여성들은 2010년에 비해 3.6개월 일찍 사망한다. 이들의 기대수명은 가장 부유한 지역에 사는 여성들보다 7.7년 짧다. 남성의

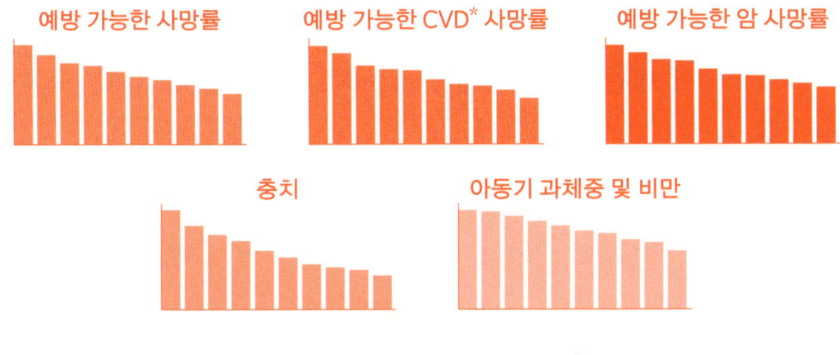

저소득층일수록 식이성 질환으로 고통받거나 사망할 확률이 더 높다. 각 도표의 막대는 각 질병에 걸릴 상대적 위험도를 보여주며, 가장 빈곤한 하위 10퍼센트 지역부터 가장 부유한 지역까지 왼쪽에서 오른쪽으로 나열했다.

경우 두 지역 간 기대수명의 차이가 9.5년이다. '건강 기대수명', 즉 건강하게 살아가는 기간은 더욱 큰 차이를 보여, 부유층과 빈곤층의 건강수명 격차가 19년이다.

잘 먹지 못하는 가정은 음식을 아예 먹지 못하는 상황에 처하기도 한다. 영국 노동연금부가 2019년에 수집한 자료에 따르면(코로나 대유행 또는 생계비 위기가 발생하기 이전으로, 이 두 가지는 더 많은 가정을 빈곤으로 내몰았다), 영국 가정 중 4퍼센트는 경제적 자원 부족으로 식사량을 줄여야 했다(영국 정부는 이를 '식량 안정성이 매우 낮은 상태'라고 부른다). 유니버셜 크레딧Universal Credit(저소득층을 위한 영국의 소득 지원 제도—옮긴이) 수급 가정의 경우 이 비율이 26퍼센트에 달했다.[3]

어느 경제학자에게 보내는 편지

이쯤에서 개인의 책임은 없는 것이냐고 불만을 드러내는 독자가 있을지 모른다. 전쟁을 겪은 세대는 부족한 살림에도 아껴 쓰며 살았다. 또 렌틸콩처럼 저렴한 식재료도 찾아보면 있다. 그렇다면 엉망인 식습관은 단순히 가난해서가 아니라 게을러서, 좋게 보더라도 무능해서가 아닐까?

나는 〈국가식량전략〉을 작성하던 중, 저명한 경제학자와 이 문제를 두고 이메일로 논쟁한 적이 있다. 나는 옥스퍼드대학 연구자들이 쓴 논문을 그에게 보냈는데, 이 논문에 따르면 잇웰 플레이트Eatwell Plate(영국 정부가 권장하는 균형 잡힌 식단 지침)를 실천하는 데 드는 비용은 하루에 5.99파운드(약 1만 1600원)였다. 이는 영국 시민의 하루 평균 식비와 비슷했지만, 소득 하위 10퍼센트 계층의 하루 평균 지출액 3.6파운드(약 7000원)보다는 훨씬 높았다. 그 경제학자가 나에게 보낸 답장은 다음과 같다.

몸에 나쁜 음식이 몸에 좋은 음식보다 더 저렴하다는 주장은 여전히 동의하기 어렵습니다. 이 주장을 뒷받침할 만한 증거가 무엇인가요? 채소는 매우 저렴합니다. 아스다(영국의 대형 마트—옮긴이)에 가면 완두콩을 킬로그램당 68펜스(약 1300원)에 파는데, 이는 아스다에서 가장 저렴한 가공식품인 오븐 감자칩보다도 쌉니다.

오늘 아스다에서는 치즈 토마토 피자를 특별할인해 70펜스에 판매했습니다. 이는 간편식 중에서도 최저가 수준입니다. 70펜스로 구운 감자(200그램에 13펜스), 버터 10그램(5펜스), 닭다리 1개(총 중량

125그램, 순중량 72그램, 23펜스), 완두콩 80그램(5펜스), 그리고 브로콜리·당근·콜리플라워가 혼합된 채소 묶음 240그램(24펜스)을 살 수 있습니다.

이 재료들로 식사를 준비하면 훨씬 더 든든하게 먹을 수 있습니다. 치즈 토마토 피자가 중량 330그램, 열량이 391칼로리라면, 제가 만든 끼니는 중량 600그램, 열량은 488칼로리입니다. 채소보다 더 저렴한 먹을거리는 정말 찾기 힘듭니다.

저는 한때 가난했지만, 그건 아주 오래 전의 일입니다. 학교에서 크로스컨트리 경주를 마치고 집으로 돌아오다가 새로 산 신발을 잃어버렸을 때, 어머니가 울음을 참느라 애쓰던 모습이 기억납니다. 어머니는 끝내 눈물을 보이진 않았어도, 감정을 억누르는 모습은 감추지 못했습니다. 가난은 정말 힘겹습니다. 늘 지쳐 있지요. 그래서 감자튀김의 유혹을 뿌리치기 힘듭니다. 그렇지만 제 생각에 문제는 가난과 피로이지, 빵이나 요거트, 채소의 가격이 아닙니다.

이 경제학자의 말에도 일리가 있다. 실제로 70펜스로 건강한 식사를 준비하는 것은 가능하다. 그렇지만 현실은 그렇게 간단치 않다. 그 과정을 하나씩 짚어보자.

일단 식재료부터 구입해야 한다. 가난할수록 장보기가 어렵다. 부유한 지역은 번화가에 정육점과 생선가게는 물론 채소가게까지 있고, 편의점과 작은 슈퍼마켓에도 물건이 가득하다. 그렇지만 저소득층 지역은 패스트푸드 매장이 거리를 장악하고 있다. 영국에서 가장 빈곤한 지역은 가장 부유한 지역보다 패스트푸드 매장이 2배 가

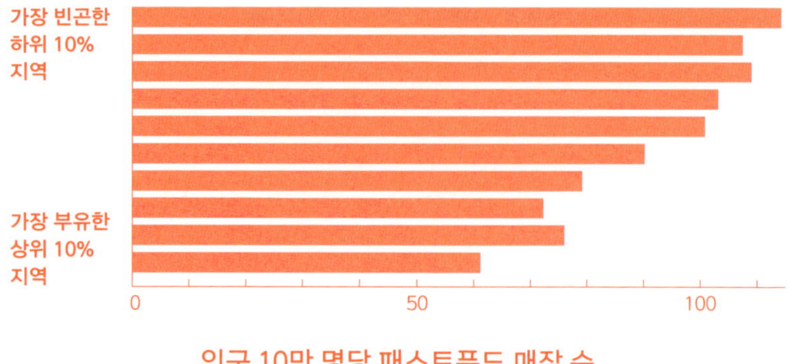

인구 10만 명당 패스트푸드 매장 수

가난할수록 주변에 패스트푸드 매장이 많다. 영국에서 가장 빈곤한 지역은 가장 부유한 지역에 비해 1인당 패스트푸드 매장 수가 거의 2배나 많다.

까이 많다(위 도표 참고). 인구 10만 명당 패스트푸드 매장 수를 살펴보면, 북서부의 한 지역은 230개로, 영국 전체 평균인 96개를 훨씬 웃돈다.

이른바 '식품 늪food swamp'(건강에 해로운 가공식품 매장이 밀집한 지역—옮긴이)에서 비가공식품을 찾는 일은 불가능에 가깝다. 영국인 중 330만 명이, 대중교통으로 15분 거리에 신선한 식재료를 파는 매장이 없는 곳에 산다. 최저소득 가구의 40퍼센트는 자동차가 없다. 이는 영국 전체 평균의 거의 2배에 달하는 수치로, 이들에게 '건강한' 장보기는 현실적으로 어렵다.[4] 장시간 버스를 타고 슈퍼마켓에 가려면 시간과 에너지, 교통비가 있어야 하고, 돌아오는 길에도 무거운 장바구니를 들고 와야 한다.

일단 슈퍼마켓에 도착해도, 예산이 빠듯하면 경제적으로 장보기가 어렵다. 경제학자가 제안한 대로 슈퍼마켓에서 닭다리 한 개,

완두콩 한 줌, 버터 한 조각만 구입하는 것은 불가능하다. 닭다리는 한 팩, 냉동 완두콩은 한 봉지, 버터는 한 덩어리로 사야 하고, 이렇게 장을 보고 나면 70펜스는 금방 넘어간다.

어떻게든 돈을 마련해 식재료를 구입했다면, 대량으로 조리한 다음 남은 음식은 보관했다가 나중에 먹으면 된다. 단, 공간이 넉넉한 냉동고가, 아니 냉동고 자체가 있어야 한다. 요리 실력이 초보여도 기본적인 장비는 필요하다. 현재 영국에서는 190만 명이 가스레인지가 없이 살며, 280만 명은 냉동고가, 90만 명은 냉장고 없이 생활한다.[5] 또 이보다 더 많은 가정이 주방용 가전제품을 갖추고는 있지만, 전기요금이 부담돼서 선뜻 활용하지 못한다.

이제 마지막 장애물이, 어쩌면 가장 큰 장애물이 남았다. 음식을 직접 요리하려면 시간과 지식, 자신감이 필요하다. 간편식이 널리 보급되면서 모든 사회 계층의 요리 실력이 퇴보했다. 이제 여러 세대가 요리를 전혀 하지 않는 가정에서 자란다. 이들은 부모가 고기를 삶아 저렴하게 육수를 우려내는 모습은커녕 달걀을 휘젓거나 감자껍질을 깎는 모습도 본 적이 없다. 집에서 요리를 해보지도, 요리하는 모습을 보지도 못한 세대가 늘어나면서, 전 국민의 요리 실력이 계속 떨어지고 있다(이는 강화 피드백 루프의 또 다른 예다).

예산이 빠듯하면 작은 실수도 용납되지 않는다. 일단 해보고 실수하면서 요리법을 익힐 여유가 없다. 아동 빈곤 전문가로 1999년에 슈어 스타트^{Sure Start}(저소득층 가정의 아동을 지원하는 복지 프로그램— 옮긴이)를 출범시킨 나오미 아이젠스타트^{Naomi Eisenstadt}는 내게 이렇게 말했다. "나와 함께 일한 여성들은 건강한 식단이 무엇인지 알고 있었어요. 그렇지만 아이에게 '이거 한번 먹어봐. 먹기 싫으면 다른 걸 먹어도 돼'라고 말할 형편이 안 됐죠. 그래서 경제적으로 어려운 엄마들은 건강에는 별로이지만 아이들이 확실히 좋아할 음식을 먹였어요."

건강에 해로운 가공식품이 신선식품보다 칼로리당 가격이 더 저렴한 것은 명백한 사실이다. 여기에 장보기와 요리에 드는 귀중한 시간, 서툰 요리 솜씨로 식재료를 낭비할 위험까지 고려하면, 가공식품은 더욱 경제적으로 느껴진다. 피곤하고 시간이 부족하면, 특히 요리에 자신이 없으면, 가스레인지 앞에서 힘들게 요리하는 것보다 치킨과 감자튀김을 사다 먹는 것이 합리적인 선택이다.

나는 켄트주 타넷 지역의 푸드뱅크에서 어린 두 딸을 키우는 싱글맘인 데이지 스템플Daisy Stemple을 만났다. 스템플은 이후 국가식량 전략 자문단에 참여했고, 방학 동안 아이들에게 따뜻한 식사와 여러 체험 활동을 제공하기 위해 정부 지원금을 요청하는 일에도 함께 했다(이를 '방학 활동 및 급식Holiday Activities and Food' 프로그램이라고 하며, 지금은 영국의 모든 학교에서 시행한다). 아래에는 데이지가 지원금 요청 활동에서 한 증언을 그대로 실었다. 이는 내 경제학자 친구에게 나보다 더 설득력 있는 답변을 하고 있다.

사람들이 꼭 알았으면 하는 중요한 사실이 하나 있습니다. 가난할수록 식비 예산이 유연해야 한다는 점입니다. 식비를 항상 최우선에 둘 수가 없습니다. 우리 딸들은 발에 맞지 않는 신발을 신거나 추운 날 외투 없이 지내는 것은 못 참아도, 콩이나 달걀을 얹은 토스트를 일주일에 여러 번 먹는 건 괜찮다고 말합니다. 그래서 신발처럼 예기치 못한 비용이 생기거나 난방비가 평소보다 많이 나오면, 저는 식비 예산을 가장 먼저 줄입니다.

그래서 학교 급식이 저에게는 아주 중요합니다. 아이가 학교에서 건강하게 양껏 먹고 오면, 집에서는 그만큼 부담이 줄거든요. 그렇다 보니 방학 때는 식비가 부쩍 늘어납니다. 이번 여름방학에는 정말 운 좋게도 딸아이 학교에서 여름 급식 프로그램이 있었습니다. 일주일에 세 번 학교 구내식당에 가서 무료로 저녁을 먹을 수 있었고, 가끔 과일이나 채소, 통조림을 집에 챙겨올 수도 있었습니다. 이는 우리 식구에게 큰 도움이 되었고, 또 학교 운동장에 스포츠 장비와 공예 도구가 마련되어 있어서 아이들이 무척 좋아했습니다.

9월에 저는 유니버셜 크레딧을 신청했고, 지원금이 나올 때까지 5주 동안 수입이 전혀 없었습니다.* 그래도 8월의 여름 급식 프로그램 덕분에 최대한 절약해서 9월에 대비할 수 있었습니다. 9월에는 교복 두 벌을 사야 했거든요!

또 하나 말씀드리고 싶은 것은, 덜 건강한 음식이 더 저렴하고 준비하기도 쉽다는 점입니다. 저는 세 가지 일을 하고 있어서 일하는 틈틈이 요리해놓기가 정말 쉽지 않습니다. 또 주방이 좁아 대량으로 구매하거나 한꺼번에 조리해놓기도 어렵습니다. 정말 만족했던 헬

---

* 유니버셜 크레딧이 처음 도입됐을 때 이러한 문제가 흔히 발생했다. 데이지는 다른 많은 수급자처럼 5주 대기 기간에 선지급금을 신청하지 않았다. 선지급금은 상환을 해야 해서, 나중에 빚이 생길까 봐 걱정했기 때문이다.

시 스타트 바우처Healthy Start voucher(저소득층 가정을 위한 식비 지원 프로그램―옮긴이)는 딸들이 각각 네 살이 되면서 종료됐기 때문에 신선한 과일과 채소에 쓸 예산이 부족하고, 냉동식품을 사고 싶어도 냉동실 공간이 부족합니다. 그렇지만 이 모두가 저의 선택인 것도 사실입니다. 제가 매일 정성을 쏟아부으면 직접 요리해 먹일 수 있으니까요(실제로 그렇게 하고 있습니다). 다만 여유 있는 사람들보다 더 많이 노력해야겠지요.

과일과 채소만 그런 게 아닙니다. 몇 가지 예를 들어 설명해보겠습니다. 팜유와 설탕이 첨가된 땅콩버터는 땅콩만 들어간 좋은 제품보다 가격이 3분의 1이나 저렴합니다. 감미료가 들어간 요거트는 유기농 무설탕 요거트 가격의 4분의 1 수준입니다. 화학성분이 잔뜩 들어간 흰 빵은 매장에서 구운 통밀빵 가격의 4분의 1입니다. 농축 주스는 착즙 주스보다 저렴합니다. 이런 예는 끝이 없습니다.

아이들에게 영양가 있는 음식을 먹이는 것은 저와 같은 처지인 대다수 엄마에게 무엇보다도 중요한 일입니다. 아이들에게 더 좋은 음식을 먹일 수 있다면 난방을 끄고 하루 세 끼를 굶어도 상관없지만, 이보다 더 나은 방법이 있어야 한다고 생각합니다. 저는 농장과 바다로 둘러싸인 지역에 살고 있는데, 왜 질 좋은 지역 농산물보다 으깬 감자 분말이나 고기 함량이 겨우 5퍼센트인 소시지를 가족에게 먹이는 편이 더 싸고 쉬운 걸까요? (우리 집은 채식을 하지만, 친구의 장바구니에서 이렇게 고기 함량이 낮은 제품을 발견하고 깜짝 놀랐습니다.) 지역 농산물 가게에서 파는 감자 한 자루가 저렴하고 품질도 좋다는 것은 알지만, 차 없이는 갈 수 없기 때문입니다.

마지막으로 강조하고 싶은 것은 제 나이대 여성 중 상당수가 요리를 전혀 할 줄 모른다는 점입니다. 제가 사는 곳은 가난이 대물림되는 지역입니다. 어릴 때 실업수당을 받지 않는 어른이 주변에 없었고, 제 또래 대부분이 형편없거나 아주 단순한 음식을 먹고 자랐습니다. 우리는 할머니 세대의 요리 솜씨를 잃어버렸습니다. 저 같은 여성들은 이제 토드인더홀^{toad in the hole}(밀가루, 달걀, 우유를 섞은 요크셔 푸딩 반죽에 소시지를 넣어 구운 영국의 가정식 요리—옮긴이)을 만들지 않습니다. 요크셔 푸딩으로 저렴하게 저녁을 해결할 수 있으니까요. 우리 가족은 아이슬란드(슈퍼마켓 체인점—옮긴이)에서 1파운드에 파는 안트베시(냉동식품 브랜드—옮긴이) 제품을 사다 먹습니다. 제가 남들과 조금 다른 점이 있다면 어머니가 히피였기 때문에 요리하는 법을 배웠다는 것입니다.

7장 모두를 위한 식사

국가가 우리의 식단을 책임져야 할까?

핀란드의 외딴 지방인 노스카렐리아는 건강 위기와 거리가 먼 곳처럼 보인다. 울창하게 우거진 숲과 2000개가 넘는 반짝이는 호수를 자랑하는 이곳은 요즘 야외활동을 즐기는 사람들에게 인기 있는 휴양지다. 그렇지만 50년 전만 해도 노스카렐리아 남성들은 40대나 50대에 생을 마감했다. 이곳의 심부전 사망률은 세계 어느 지역보다도 높았고, 지중해 국가의 같은 연령대 남성들보다 30퍼센트나 높았다.

이 때문에 노스카렐리아는 씁쓸한 명성을 얻었다. "연구자들이 해마다 이곳에 찾아와 우리에게 이것저것 묻고, 바늘로 찔러가며 검사하더니, 우리더러 세상에서 제일 건강하지 못한 사람들이라고 했어요." 당시 이 지역 행정 책임자를 지낸 에사 티모넨^{Esa Timonen}이 회상했다. "어느 순간 지역 주민들이 '이대로는 안 된다'라며 한목소리를 냈죠." 그리하여 1972년, 티모넨은 한 젊은 의사에게 공중보건 프로젝트를 맡겼다. 사회과학 석사학위를 딴 27세의 의사 페카 푸스카[Pekka Puska]였다.[1] 일설에 따르면, 그가 발탁된 이유는 특별히 눈에 띄는 경력이 있어서가 아니라, 단순히 젊어서였다. 노스카렐리아 사람들의 건강 문제는 워낙 심각하고 뿌리 깊어서, 이를 해결하려면 오랜 시간이 걸리기 때문이었다.

결과적으로 푸스카는 탁월한 선택이었다. 이후 30년 동안 푸스카는 지역 보건 프로그램을 기획하고 이끌면서, 노스카렐리아 남성들의 심장병 발생률을 80퍼센트나 낮췄다. 그의 업적은 공중보건의 가능성을 한 차원 끌어올렸다.

건강한 삶은 쉬워야 한다

2차 세계대전 이전만 해도, 노스카렐리아 주민들은 꽤 건강했다. 남성들은 대부분 벌목꾼이어서 신체 활동이 많았고, 그러다 보니 심장병을 예방하는 데 도움이 됐다. 이 지역의 전통 식단은 주로 베리류와 생선, 사슴고기 같은 사냥감으로 구성되었다. 전쟁이 끝난 후 참전용사들은 보상책의 일환으로 작은 농지를 받았다. 그렇지만 농사 기술이 부족했기 때문에 대부분 그 땅에 소와 돼지를 길렀다. 그 결과 주민들의 식단에 붉은 고기와 동물성 지방의 양이 급증했다.

전쟁으로 식량 부족을 겪은 사람들에게 이처럼 풍족한 고단백·고지방 식품은 하늘이 내려준 양식처럼 보였을 것이다. 버터가 모든 요리에 들어갔다. 끼니마다 버터로 구운 돼지고기나 소고기가 밥상에 올라왔고, 여기에 우유 한 잔과 버터 바른 빵 한 조각을 곁들였다. 동물성 지방이 심혈관 건강에 특히 해로운지는 과학자들 사이에 여전히 뜨거운 논쟁거리다. 그렇지만 노스카렐리아 주민들의 식단에 지방, 소금, 그리고 소시지와 베이컨 같은 가공육이 지나치게 많았던 것은 분명하며, 이런 식품들은 뇌졸중과 심장마비의 위험을 높인다고 알려져 있다. 결정적으로 식단에 채소가 매우 부족했는데, 당시 채소는 동물의 먹이로 여겼기 때문이다. 노스카렐리아 주민들이 흔히 먹는 스튜의 주재료도 물, 기름진 돼지고기, 소금 이렇게 세 가지였다.

이러한 식단의 변화와 함께, 전쟁 중 군인들의 몸에 밴 습관이 하나 있었다. 푸스카가 노스카렐리아에 처음 왔을 때, 이 지역 남성의 60퍼센트가 담배를 피웠다.

기존의 공중보건 정책은 문제의 규모에 비해 미흡했다. 의사들은 심부전 직전인 환자에게 약을 처방할 수 있었지만, 애초에 병을 예방하지는 못했다. 푸스카는 당장 위험한 사람들뿐 아니라 전체 주민의 습관을 바로잡아야 한다는 것을 곧 깨달았다. 그리고 건강한 삶은 쉬워야 한다는 원칙을 내세웠다.

푸스카는 내게 이렇게 말했다. "모든 환경을 바꿔야 했어요. 식품산업, 음식점, 구내식당, 슈퍼마켓 등 전부 다요. 우리는 건강한 선택이 쉬운 선택이 되도록 신경 써야 했어요." 어떤 개입이 가장 효과적인지 명확한 근거가 부족했으므로, 푸스카는 모든 방법을 써보기로 했다. "우리는 효과가 있다면 동시에 다 해보기로 했어요. 적극적으로 뛰어들어야 했죠. 진흙 깊숙이 발을 담그는 전략이었어요."

푸스카는 소규모 팀을 꾸려 다양한 정책을 세웠다. 모든 정책은 건강한 행동을 가로막는 의식적·무의식적 장애물을 제거하는 데 중

점을 뒀다. 정책팀은 보행로의 눈을 치우고, 자전거 도로를 새로 깔고, 겨울철에도 노인들이 걸을 수 있도록 신발에 부착하는 미끄럼 방지 클램프를 무료로 나눠주었다. 또한 지방정부를 설득해 담배 광고를 금지하고 금연 사무실을 장려하게 했다. 사시사철 과일 소비를 늘리기 위해 여름에 수확한 베리류를 얼렸다가 겨울에 유통하는 협동조합을 만들었다. 전통 요리에 채소를 더한 요리책을 만들어 노스카렐리아 주부들에게 배포했다(그중 전통 육류 요리에 스웨덴 순무, 당근, 감자를 추가한 요리가 '푸스카 스튜'라는 이름으로 널리 알려졌다).

푸스카 팀은 식품회사에도 지방과 소금의 함량을 낮춘 제품을 만들어달라고 로비했다. 이들은 지역 소시지 제조업체를 설득해 버섯을 추가한 소시지 제품을 출시하게 했는데, 매출이 오를 만큼 반응이 좋았다. 또한 학교와 협력해 급식의 질을 높였다(핀란드는 오래전부터 모든 학생에게 무료로 급식을 제공해왔다). 푸스카는 내게 이렇게 말했다. "학교 무상급식은 필수였습니다. 전 국민의 식단을 바꾸려면, 학교부터 시작해야 했어요. 어떤 자료를 봐도 어린 시절에 건강한 식습관을 길들여야 평생 유지할 가능성이 높다고 나옵니다."

5년 만에 심장병 사망자가 눈에 띄게 감소했다. 그러자 푸스카에게 이 프로젝트를, 정확히는 여러 프로젝트 묶음을, 핀란드 전체로 확대해달라는 요청이 들어왔다. 푸스카 팀은 또 한 가지 시도를 했다. 누가 가장 건강한지 겨루는 오디션 형식의 프로그램을 제작했다. 이는 핀란드 인구의 3분의 1이 시청할 정도로 큰 인기를 끌었다.

2009년 무렵, 노스카렐리아 남성의 연간 심장병 사망률이 85퍼센트 감소했고, 핀란드 전체로는 80퍼센트 감소했다. 푸스카의 노력 덕분에 핀란드의 평균 기대수명이 남성은 7년, 여성은 6년 증가했다.

진정한 선택의 자유를 위해서

푸스카의 실험은 단순히 '넛지 이론'의 힘을 보여주는 일화가 아니다. 푸스카의 방식은 다양하고 섬세했지만, 무엇보다 인상적인 것은 그의 대담한 포부였다. 지방정부와 중앙정부가 이를 뒷받침한 방식도 빼놓을 수 없다. 일단 핀란드 정치인들은 푸스카가 추진하는 활동에 수긍이 가자, 망설임 없이 대대적으로 개입했다.

아쉽게도 영국 정부에서는 이렇게 단호한 모습을 기대하기 어렵다. 한 가지 이유는 영국이 정치철학의 근본 질문 중 하나를 아직 해결하지 못했기 때문이다. 바로 '국가가 시민의 사생활에서 어떤 역할을 해야 하는가'라는 문제다.

'유모국가'라는 말은 영국에서 나온 표현으로, 유모 손에 자란 남성 지배층이 만들었다. 이 용어는 안정감과 두려움이 뒤섞인 복합적 감정을 전달하는데, 그 옛날 권위적인 유모에게서 느낀 감정과 비슷할 것이다. 자유주의자와 국가주의자는 유모국가가 우리 삶에 어디까지 개입해야 하는지를 놓고 늘 다툰다. 아직 어느 한쪽으로 승부가 기울지 않았다.

자유시장을 옹호하는 자유주의적 성향의 싱크탱크인 경제문제연구소Institute of Economic Affairs는 2년에 한 번 〈유모국가지수Nanny State Index〉라는 보고서를 발표한다.[2] 제목부터 뭔가 비판적인 분위기를 풍긴다. 가장 최근에 나온 2023년 보고서를 보면 전체 평가 대상 30개국 중에서 핀란드는 노르웨이와 리투아니아에 이어 3위를 차지했다.

영국은 10위, 독일은 30위다.

다시 말해 영국은 완전한 자유주의 국가도, 완전한 국가주의 국가도 아니다. 유모국가 개념이 영국에서 꽤 큰 영향력을 행사하지만, 영국인은 국가 개입에 항상 순응하지는 않으며 때로 불만을 품는다. 대체로 좌파 성향인 사람은 국가 개입을 긍정적으로 받아들이는 반면, 우파 성향인 사람은 개인의 자유를 더 중시한다. 이 말은 비만 문제처럼 정치 성향과 무관해야 할 사안도, 당파성에 따라 의견이 갈린다는 뜻이다.

열렬한 자유주의자들은 내가 먹는 음식에 국가가 개입한다는 발상 자체를 불쾌해한다. 중앙정부가 식품의 제조·유통·판매 방식을 바꾸려고 하면 이를 선택의 자유, 개인의 책임, 자유시장에 대한 공격으로 받아들인다.

내가 자유주의적 입장에 공감하지 않는 것은 아니다. 나 역시 누가 나한테 참견하는 것을 좋아하지 않고, 나와 상관없는 정책 입안자들이 간섭하는 것은 특히나 싫어한다. 레옹 식당을 운영하던 시절, 나는 '테이블 및 의자 허가부Department of Tables and Chairs Licensing'에서 나온 공무원들 때문에 긴장했던 순간이 몇 차례 있었다. 국가의 개입이 유용한지는 항상 개인이나 조직에 끼칠지 모를 불편함과 비교해 평가해야 한다.[3]

그러나 식이성 질환의 경우, 자유주의적 주장은 설득력이 없다. 일단 그들의 주장에는 어떤 변화의 희망이 보이지 않는다. 자유주의자는 항상 같은 말만 지겹도록 되풀이한다. 교육! 운동! 의지력! 다들 알다시피 전혀 효과가 없는 것들이다. 1992년부터 영국 정부는

689개의 다양한 비만 방지 정책을 시도했지만, 성과를 거두지 못했다. 그 이유는 대부분의 정책이 개인의 책임에 주목해 비만 유발 환경*의 유혹을 이겨내도록 돕는 데 그쳤을 뿐, 환경 자체를 바꾸려고 하지 않았기 때문이다.

자유시장 옹호자들이 사랑하는 '선택'이라는 구호도 착각일 뿐이다. 소비자에게 실제로 얼마나 많은 선택권이 있을까? 물론 달고 기름지고 가공이 심한 수많은 간편식 중에서 고를 수 있다. 근처 편의점에 가면 이런 제품 수백 가지를 놓고 '선택'할 수 있다. 그렇지만 진짜 음식은 더 비싸고 구하기도 힘들다. 바로 앞 장에서 살펴봤듯이, 최하위 소득층에게는 제대로 먹기 위한 '선택' 자체가 몹시 힘겨운 일이다.

기업들도 자유주의자들이 생각하는 것만큼 선택의 폭이 넓지 않다. 식량 시스템에서 재정적 피드백 루프가 보상하는 사업 모델은 하나뿐이다. 바로 저렴한 재료로 저렴한 제품을 만들어 우리의 진화적 갈망을 자극하는 모델이다. 영양가 있는 음식으로 돈을 버는 것, 즉 다양하고 신선한 재료를 가지고 화학첨가물 없이 정성껏 조리한 음식으로 이윤을 얻기란 지극히 어렵다. 이는 바로 레옹 식당에서 시도했던 일이다. 식당 운영으로 손익분기점을 맞추는 데만 10년이 걸렸다. 좋은 음식을 만들려면 원재료부터 숙련된 인력까지 모든 게 비싸서 가격을 올릴 수밖에 없다. 결국 대중 시장에서 외면당하고, 줄

---

* 현재 공중보건 분야에서 널리 쓰이는 용어로, 체중 증가를 유발하는 사회적·상업적 환경을 뜻한다.

어든 이윤 폭을 감수해야 한다. 이는 많은 기업가에게 매력 있는 '선택'이 아니므로 이런 시도를 하는 경우가 드물다.

사실 우리를 현재의 곤경으로 이끈 것은 바로 선택의 부족이다. 한 종류의 식품이 소비자 시장을 장악해버렸다. 여기서 생긴 피해, 즉 질병, 조기사망, 정부의 재정 부담, 경제 전반에 끼친 비용 등은 이제 감당하기 힘든 수준에 이르렀다. 정부는 담배 소비를 줄이기 위해 성공적으로 개입한 것처럼, 이제 정크푸드 악순환을 끊기 위해 같은 조치를 해야 한다.

정부가 개입하지 않으면, 우리는 건강 악화와 생산성 저하라는 미래를 받아들여야 한다. 잉글랜드은행의 수석 경제학자를 지낸 앤디 홀데인Andy Haldane은 최근 영국인의 건강 악화가 인력 부족과 경제 둔화로 이어지고 있다며 "건강이 현재 경제 성장에 제동을 걸고 있다"라고 경고했다.[4] 몸이 아프면 노동 능력이 떨어진다. OECD의 추산에 따르면, 매해 영국에서 식이성 질환으로 발생하는 총비용은 노동 생산성 손실, 학업 성취도 저하, NHS 지출 등을 모두 합쳤을 때 740억 파운드(약 142조 원)에 달한다고 한다. 이는 영국 GDP의 3.4퍼센트에 해당한다. 이 비용을 메우려면 매년 영국 국민 1인당 평균 409파운드(약 78만 원)를 세금으로 더 내야 한다.[5]

정부가 행동에 나서야 할 때

나는 우리를 곤경에서 구해줄 확실하고 표준적인 해결책이 있는 것처럼 과장하고 싶지 않다. 식생활 건강과 정부 정책을 다룬 수많은 연구를 살펴보면, 한 가지 뚜렷한 사실이 드러난다. 바로 개입

X가 결과 Y로 이어진다고 확신하기가 극히 어렵다는 점이다. 현대인의 식생활 문제는 너무 복잡하고 다면적이어서 단순하고 일률적인 해법이 없다.

그렇다면 정부는 어떻게 변화를 끌어내야 할까? 한 가지 방법은 여러 가지 정책을 동시에 시도해 최선의 결과를 기대하는 것, 즉 '푸스카 방식'을 취하는 것이다. 다른 방법은 정책을 하나씩 시도해보고 그 효과를 살핀 뒤, 효과가 없으면 중단하는 것이다. 후자는 사회 변화가 소시지 기계처럼 작동하지 않는다는 점에서 문제가 있다. 즉 사회 변화는 투입이 곧 산출로 이어지지 않으며, 오히려 복잡한 생태계처럼 작동한다. 어떤 단일한 정책의 성공 여부는 언제 어떻게 시행했는지, 나른 정책과 어떻게 상호작용했는지에 따라 달라질 수 있다. 인간은 복잡한 존재이고 종종 예측을 벗어난 반응을 보이기 때문이다.

지난 30년 동안 '증거 기반 정책 결정'을 매우 강조하는 분위기가 있었다. 이는 대단히 합리적으로 보이며, 우리가 추구해야 할 최소한의 기준일지도 모른다. 그러나 이 흐름은 '정책 평가policy evaluation'라는 새로운 분야를 낳았고, 이는 종종 의도치 않게 정치적 회피로 이어지며 모순적 상황을 낳는다. 어떤 정책을 도입하려면 그것이 효과적이라는 증거가 있어야 한다. 그런데 그 증거를 얻으려면 일단 정책을 도입해야 한다. 정책을 뒷받침할 데이터가 없는데, 그 데이터는 정책을 시행해야 얻을 수 있는 것이라면, 이도 저도 못하는 상황에 빠지고 만다. 결국 우리는 의도치 않은 결과로 위험을 감수하느니, 아무것도 하지 않는 쪽을 선택한다.

게다가 '증거'로 받아들이는 기준을 높게 잡는 경향이 있다. 이 역시 합리적 예방책처럼 보일 수 있다. 그렇지만 시스템에 작은 변화를 주는 것만으로도 결과는 크게 달라질 수 있다. 충분한 시간을 두고 지켜보거나 다른 개입 조치와 결합할 경우 그 효과는 더 커질 수 있다.

일례로 회의론자들은 설탕음료에 매긴 세금이 영국 국민의 비만을 줄였다는 직접적인 증거가 아직 없다고 주장한다. 그렇지만 설탕음료세 덕분에 청량음료 제조법에 대대적인 변화가 있었고, 연간 청량음료 소비에서 4만 5000톤의 설탕이 줄어드는 효과가 나타났다.[6] 설탕음료세에 시간적 여유를 주고 다른 비만 방지책도 함께 시행한다면, 그 효과는 눈덩이처럼 불어나 측정 가능한 결과로 나타날 것이다.

페카 푸스카가 핀란드에서 프로젝트를 추진했을 때, 그의 접근법이 산발적이라고 비판한 학자들이 있었다. 푸스카가 여러 다양한 개입을 동시다발로 진행해서 그중 어떤 방법이 가장 효과적인지, 어떤 조합이 가장 적절한지 확실히 알 수 없다는 것이다. 그렇지만 중요한 것은 그 정책들이 실제로 효과를 발휘했다는 점이다.

확신할 수 없다는 점은 대다수 야심찬 기업에 위험 요소다. 민간 부문에서는 불확실성을 극복하기 위해 수많은 시행착오를 거친다. 가능한 한 많은 증거를 찾아내 직감대로 시도해보고, 효과가 없으면 다른 방법을 써본다. 이때 과감하게 행동해야 한다. 시간을 끌 여유가 없다.

반면 국가가 개입할 경우 더 나은 모델은 '증거 반영 정책 결정'

일 것이다. 즉 예상되는 효과가 있거나, 기존 증거를 바탕으로 해롭지 않다고 판단될 때, 정책을 도입하는 것이다. 각 개입은 그 효과를 측정할 방법도 반드시 포함해야 한다. 정책이 효과가 있는지 유심히 지켜보고, 효과가 없거나 역효과를 내면 방향을 바꿀 준비가 되어 있어야 한다.

우리는 정치인이 새로운 법을 도입하거나 세금을 집행할 때 신중하기를 바란다. 그렇지만 그런 신중함이 아무런 행동도 하지 않는 것에 대한 핑계가 되어서는 안 된다.

8장 시스템 바꾸기

정크푸드 악순환을 끊게 해줄 정책적 돌파구를 찾다

우리가 살이 찌고 아픈 이유는 살찌고 아프게 하는 먹을거리로 가득한 세상에서 살고 있기 때문이다. 우리의 생물학적 특성은 우리 손으로 만든 비만 유발 환경에 전혀 적합하지 않다. 따라서 정크푸드 악순환에서 벗어나는 데는 두 가지 선택지가 있다. 주변 환경을 바꾸거나, 아니면 우리의 생물학적 특성을 바꾸거나.

기이한 점은 첫 번째 선택지가 두 번째 선택지보다 더 힘들다는 것이다. 이는 불가능해서가 아니라 정치적 결단이 필요하기 때문이다. 절박한 개인이 의료 혁신의 도움으로 어떻게 식욕을 조절하는지에 대해서는 다음 장에서 살필 것이다. 그렇지만 약물과 수술은 항상 위험이 뒤따르고 비용도 많이 드는 편이다. 게다가 식이성 질환은 시스템적인 문제다. 그렇다면 왜 개인이 혼자서 싸워야 할까?

〈국가식량전략〉에서 내놓은 권고안은 식품 환경 내에 크고 작은 변화를 주고자 고안한 것이다. 생색내는 건 아니지만 우리 팀은 정말 열심히 일했다. 전 세계의 정책 아이디어를 연구했고, 공개적 '의견 요청'에 접수된 수백 건의 제안서를 검토했다. 우리는 이를 수십 개의 아이디어로 추린 다음, 그 잠재적 영향과 비용을 모형화하고, 자문단 외에도 여러 전문가 및 이해관계자와 상담하고, 매우 도전적인 아이디어를 좌담회 및 전국 각지에서 열린 시민과의 '심층 대화'*에서 점검하면서 면밀히 분석했다. 그 후에야 우리는 정부에 보낼 권고안을 확정했다(〈국가식량전략〉은 온라인에서 확인할 수 있으며, 각 권고 사항에 대한 자세한 근거도 살필 수 있다).

〈국가식량전략〉 보고서는 2021년 7월 15일 목요일에 발표됐다. 당시 영국 총리였던 보리스 존슨은 웨스트미들랜즈에서 '지역 균형 발전'을 주제로 중요한 연설을 할 예정이었다. 그러나 당일 아침 뉴스를 도배한 것은 우리의 권고안이었다. 특히 가공식품에 들어가는 소금과 설탕에 정부가 세금을 도입해야 한다는 제안이 주목받았다. 식품회사, 일부 신문 칼럼니스트, 자유시장을 옹호하는 싱크탱크 등 예상했던 반대 세력이 바로 이 아이디어를 비난하면서, 정작 필요한 것은 운동과 교육이라고 주장했다. 그런데 우리는 예상치 못한 곳

---

* 심층 대화는 좌담회와 비슷하지만, 더 길고 심도 있게 논의한다. 그 목표는 참석자들이 어떤 사안을 중시하는지, 이들이 향후 기대하는 바가 무엇인지, 이를 달성하기 위해 어떤 개입을 받아들일 수 있는지를 파악하는 것이다. 우리는 영국의 5개 지역에서 각 지역을 인구 통계적으로 균형 있게 대표하는 시민 180명을 모집해 5개 집단으로 나눴다. 그리고 각 집단과 여러 차례 워크숍을 열었다. 처음에는 식량 시스템에 대한 태도를 살폈고, 다음에는 전문가를 초청해 식량 시스템의 다양한 작동 방식을 설명한 다음 질문을 받았다. 마지막으로 식량 시스템을 개선할 수 있는 메커니즘에 대해 토론했다.

에서 지지를 받았다. 일간지 〈데일리 메일Daily Mail〉은 1면에 '비만 위기에 맞선 간식세 부과'라는 제목의 기사를 실었다. 이 신문사는 우리의 권고안을 지지했을 뿐 아니라, 간판 칼럼니스트인 리즈 존스Liz Jones를 거리로 내보내 뚱뚱한 분장을 하고 공공장소에서 하루를 보내게 한 뒤, 이를 '하루 동안 130킬로그램으로 살며 지옥 체험하기'라는 기사로 보도했다.

나에게 더욱 비현실적으로 다가왔던 것은, 록밴드 롤링스톤스의 믹 재거가 지지 의사를 밝힌 일이었다. 보도에 따르면, 그는 트위터에 '갈색 설탕 금지! 믹, 세금 지지를 선언하다'라는 제목 아래 다음과 같은 글을 올렸다('갈색 설탕Brown Sugar'은 롤링스톤스의 대표곡 중 하나다—옮긴이). "@food_strategy의 이번 보고서는 우리의 식량 시스템을 크게 개선하고 모두가 더 건강해지는 흥미롭고 파급력 있는 아이디어를 담고 있다. 이 계획을 정부가 채택하길 바란다."

그런 행운은 없었다. 연설을 하기 위해 코번트리에 도착한 존슨 총리는 기자들로부터 설탕세 제안을 어떻게 생각하느냐는 질문을 받았다. 그는 아직 보고서를 읽지 않았다고 대답하면서 특유의 본능적인 반응을 보였다. "열심히 일하는 사람들에게 세금을 더 걷자는 아이디어는 끌리지 않습니다."

"그건 나도 마찬가지야!" 그의 인터뷰를 듣다가 나도 모르게 라디오를 향해 소리를 질렀다.

설탕세의 연쇄 효과

우리가 제안한 '성분 개선을 위한 설탕세 및 소금세'의 취지는 가격 인상이 아니라, 명칭 그대로 식품회사들이 제조법을 변경하도록 유도하는 것이었다. 이 과세안은 식품 가공용으로 대량 구입한 설탕과 소금에만 적용될 뿐, 상점에서 판매하는 제품에는 해당하지 않았다. 사실 이는 '열심히 일하는 사람들'(또는 그렇지 않은 사람들)의 부담을 덜어주고 우리의 먹을거리를 만드는 제조업체에 그 책임을 지우려고 설계한 것이었다.

대다수 식품 제조업체는 엄청난 양의 설탕과 소금을 제품에 넣는다. 보통 집에서 요리할 때 넣는 양보다 훨씬 많이 들어간다. 설탕과 소금은 신선하고 맛있는 재료가 부족한 제품에 자극적인 맛을 더해주므로, 이게 빠지면 끔찍하게 밍밍한 맛이 난다.

수십 년에 걸쳐 엄청난 양의 소금과 설탕이 들어간 가공식품이 우리의 입맛을 길들인 탓에, 이제 우리는 모든 음식에서 그 맛을 기대한다. 영국 성인은 하루 평균 50그램의 설탕을 소비한다.[1] 이는 권장량보다 20그램 많은 양이다. 11세에서 18세 사이의 아이들은 더 많이 섭취한다. 하루 평균 소비량이 55그램이다. 이는 아이들이 하루 열량의 12퍼센트를 설탕에서 얻는다는 뜻이다. 게다가 거의 모든 설탕이 한 가지 출처에서 나온다. 바로 가공식품이다. 영국에서 판매하는 설탕의 85퍼센트, 소금의 경우 75퍼센트가 식품 제조에 사용된다.[2]

한 끼에 80펜스(약 1500원)인 간편식 또는 한 스쿱에 10펜스(약 190원)인 아이스크림을 만드는 식품회사는 재료비에 몹시 민감하다. 이들은 이윤을 줄이고 싶지 않지만, 가격을 올려 고객을 잃는 것도 원하지 않는다. 따라서 설탕 가격이 오르면, 제조업체는 설탕 사용량을 줄일 것이다.

2018년에 청량음료 산업세가 도입됐을 때 식품회사들은 바로 이렇게 대처했다. 설탕음료 제조사들은 가격을 올리기보다 시장 전체에서 설탕 함량을 29퍼센트 줄이는 식으로 제품 성분을 조정했다. 소비자는 그 차이를 전혀 눈치채지 못했다.

모두 알다시피 세금은 효력이 있다. 휘발유 가격이 오르면, 사람들은 자가용 이용을 줄이고 연비가 더 좋은 차량을 산다. 담배 가격이 오르면 소비를 줄인다. 가공식품에 첨가된 설탕에 세금을 부과하는 것도 이와 마찬가지다. 우리는 설탕세가 열량 소비에 미치는 영향을 모형화했을 때, 1인당 하루 평균 열량 섭취가 15~38칼로리 정도 줄어든다는 결과를 얻었디.[3] 별 차이가 없어 보이지만, 사실 꽤 큰 차이다. 영국의 열량 조절 전문가 집단의 계산에 따르면, 1인당 하루 평균 24칼로리만 줄여도 영국 인구 전체의 체중 증가가 완전히 멈춘다고 한다.[4] 다시 말해, 매년 영국인의 몸에 11만 8000톤의 지방이 쌓이는 것을 막을 수 있다는 뜻이다.

이는 분명 국가의 전반적인 건강과 경제에 큰 도움이 될 것이다. 동시에 꼭 필요한 세수원을 제공할 것이다. 성분 개선을 위한 설탕세 및 소금세가 도입되면 재무부는 연간 29억 파운드(약 5조 5700억 원)에서 34억 파운드(약 6조 5300억 원)의 세금을 거둘 수 있다. 이 중 일부는 건강한 식생활이 힘든 계층을 돕는 데 사용할 수 있다. 우리의 권고안에는 다음과 같은 내용이 담겨 있다.

1. 학교 무상급식 대상자 확대(이 글을 쓰는 시점에 자격 기준은 복지혜택을

제외한 가구소득이 연 7400파운드(약 1400만 원) 미만인 가구다).

2. **학교에서 방학 활동 및 급식 프로그램을 실시.** 방학 동안 아이들에게 따뜻한 식사와 요리 수업, 스포츠 및 다양한 활동을 제공한다.

3. **헬시 스타트 프로그램 확대.** 저소득층 임산부와 빈곤 가정의 부모가 우유, 비타민, 과일과 채소 등 건강한 음식을 구입할 수 있도록 보조금을 지급한다.

뒤의 두 가지 권고안은 현재 정부에서 시행 중이며, 축구선수 마커스 래시포드Marcus Rashford의 무상급식 지원 활동이 큰 역할을 했다. 그런데 정부는 무상급식 대상자를 확대할 여력이 없다고 말한다. 그러면서도 국민 건강 개선은 물론, 무상급식 전면 확대에 드는 비용을 충당할 수 있는 세금의 도입을 아예 고려하지 않는다.

왜 정치인은 이러한 윈-윈 전략을 받아들이지 않을까? 가장 큰 이유는 지나치게 신중한 태도 때문이다. 이번 권고안은 이전의 비만 방지 조치에 비하면 변화의 폭이 크다. 그러다 보니 정치인은 식습관 같은 개인적인 문제에 간섭하는 것처럼 보일까 봐 부담스러워한다. 특히 서민의 즐거움(빈곤층은 부유층보다 설탕 소비가 많다)에 세금을 매긴다고 비난받는 것을 두려워한다. 성분 개선이 이뤄지면 빈곤층에게 돌아가는 건강상의 혜택이 가장 큰데도 말이다. 또한 정치인은 국내 식품회사의 경쟁력을 떨어뜨리거나 경제 성장에 지장을 줄 수 있는 그 어떤 행동도 하지 않으려 한다. 물론 충분히 우려할 만한 일이다. 그렇지만 이 말인즉슨 식품산업 로비스트들의 과장된 주장에 쉽게 흔들린다는 뜻이기도 하다. 로비스트들은 수십억 파운드 규모의 식품 시스템을 지금처럼 유지하려고 치열하게 싸우는 세력이다.

아이들에게 정크푸드를 광고할 권리?

우리가 〈국가식량전략〉 보고서에서 제시하지 않은 권고안 중 하나는 유해 식품의 매장 내 판촉 활동 제한과 어린이를 겨냥한 정크푸드 광고 금지였다. 이미 확정된 사안이라고 생각했기 때문이다. 2020년에 영국 정부는 관련 법안을 도입하기로 합의한 상태였다. 이 법안은 정크푸드 광고를 저녁 9시 이후로 제한하고, 온라인 광고를 금지하며, 정크푸드의 원 플러스 원 행사를 금지하는 내용을 담고 있었다.

그때 나는 일이 너무 쉽게 풀린다고 의심했어야 했다. 〈국가식량전략〉 작성에 착수한 후 초반에 영국 최대 민영 방송사인 ITV 경영진과 만나 회의를 한 적이 있었다. 그들은 정크푸드의 TV 광고 제한에 반대하는 논리를 폈다. 이는 장관들이 끊임없이 겪는 전형적인 로비 활동이었다. 허위 주장과 혼란스러운 설명, 의혹 제기가 난무했다.

그 모임은 데프라 청사 내 작은 유리벽 회의실에서 열렸다. ITV 경영진은 세 가지 주장을 했다.

1. 광고 제한은 ITV의 중요한 수익원을 차단해 공공서비스를 제공하는 방송사를 위태롭게 한다.
2. 광고 제한을 하면 정크푸드 광고가 규제가 덜한 온라인 플랫폼으로 옮겨갈 것이다.

3. 광고 제한을 해도 사람들의 식습관에 큰 변화가 없을 것이다.

이 주장들은 하나씩 따져보면 모두 허술하다.[5] 현재 밤 9시 이전에 나오는 HFSS(고지방, 고당, 고염분) 식품 광고에 매해 약 2억 1500만 파운드(약 4100억 원)라는 엄청난 광고비가 쓰이는 것은 사실이다. 그러나 밤 9시 이전 광고를 금지한다고 해서 이러한 수익원이 완전히 사라지지는 않는다. 이 규제가 도입되면 많은 기업이 광고 시간대를 늦추거나, 밤 9시 이전에 다른 제품을 광고하거나, 가장 이상적으로는 제품 성분을 조정해 광고 시간 제한에 걸리는 일이 없도록 할 것이다. 2007년에도 어린이 TV 프로그램에서 중간광고로 정크푸드가 나오는 것을 금지했다. 그럼에도 정크푸드 광고가 전체 TV 광고에서 차지하는 비율은 변함이 없었다. 식품회사들은 광고 시간대만 옮겼을 뿐이다.

광고 시간대 제한에 반대하는 두 번째 근거, 즉 정크푸드 광고를 규제하기 더 힘든 온라인 플랫폼으로 밀어낸다는 주장도 설득력이 없다. 이는 단지 정크푸드 광고를 온라인에서도 금지하고 온라인 규제를 강화해야 한다는 의미일 뿐이다. 이는 아무런 조치를 하지 않아야 할 근거가 될 수 없다.

마지막 근거, 즉 정크푸드 광고가 아이들이 먹는 음식에 사실상 영향을 주지 않는다는 것은 가장 이상한 주장이다. 광고가 효력이 없다면 식품회사들은 왜 그렇게 많은 돈을 광고에 쏟아붓는 걸까? 광고가 소비자의 행동을 바꾸지 않는다면 광고(와 광고 기획자)는 대체 왜 있는 걸까?

이 황당한 논리를 내세우는 이들은 UCL 그레이트 오몬드 스트리트 아동건강연구소UCL Great Ormond Street Institute of Child Health가 2018년에 발표한 연구를 근거로 든다.[6] 이 연구는 25개의 연구실험을 포함해 다양한 출처의 데이터를 분석했다. 연구 결과, TV와 온라인 게임에서 HFSS 광고에 노출된 아동은 광고를 보지 않은 아동에 비해 광고를 1분 시청할 때마다 평균 13.6칼로리(작은 바둑알 모양의 초콜릿 스마티즈 3개 정도)를 더 섭취하는 것으로 나타났다. 이미 비만인 아동은 광고를 1분 볼 때마다 1.5배 더 많은 20.9칼로리(스마티즈 4개 정도)를 섭취했다. 이는 장기적으로 체중에 상당한 영향을 줄 수 있는 양이다.

그런데 일부 아동은 화면을 보는 시간이 훨씬 길다. 밤 9시 이전 광고 제한이 얼마나 많은 칼로리를 줄일 수 있는지 알아보기 위해, 정부 통계청은 전체 아동 인구가 HFSS 광고를 시청하는 평균 분수를 계산한 다음, 비교적 적은 그 수치를 이용해 평균 칼로리 증가량을 추정했다. 그 결과 총 칼로리 증가량은 하루에 고작 2.28칼로리, 스마티즈 반 개에 불과했다.

이것이 바로 평균의 희석효과다. 광고가 일부 아동에게, 특히 체중 증가 위험이 높은 아동에게 상당한 영향을 준다는 사실을 평균값으로 가리는 것이다. 결국 이 연구는 광고 제한의 효과가 없다고 주장하는 이들에게 조그만 스마티즈 반 개라는 완벽한 시각적 이미지를 제공한 셈이다.

정치인이나 논평가 중에 스마티즈 반 개가 도출된 과정이나 그 방법론에 의문을 제기하는 사람은 거의 없을 것이다. 반면 부모들은 실제로 광고 효과가 있다는 것을 아주 잘 안다. 바로 이런 이유로 영국 대중의 83퍼센트가 정부의 정크푸드 광고 제한을 바라는 것이다. 그렇지만 식품회사와 광고업체, 자유시장 이론가의 압력 때문에, 정부는 선뜻 나서지 못하는 것 같다. 정크푸드 광고 및 매장 내 판촉 행사에 관한 법안이 세 차례나 연기되었고, 여전히 표류하고 있다.

이는 익숙한 패턴이다. 정치인은 올바른 일에 나섰다가도 불가피한 저항의 벽에 부딪히면 주저하고 만다. 광고계의 거장이자 광고대행사 바틀 보글 헤가티의 설립자인 존 헤가티John Hegarty는 나에게 광고업계는 항상 새로운 법안에 맞서 싸울 준비를 하지만, 정작 변화가 일어나면 재빨리 적응한다고 말했다. "처음에는 담배를 규제했고, 그다음은 시가, 술, 도박, 기타 다른 품목이었어요. 광고업계는 규제로 생긴 빈자리를 항상 새로운 범주로 채우며, 더욱 역동적인 시장을 만들어갑니다."

헤가티는 광고 시간 제한 논쟁을 보며 실망감을 감추지 못했다. 그에게 이는 양심의 문제였다. 그는 이렇게 말했다. "아이들에게 정크푸드를 광고하는 것은 그냥 넘어갈 일이 아닙니다. 이윤 추구 자체에 반대할 사람은 없지만, 질병과 고통을 이용해 이윤을 얻는 것은 지속 가능한 사업 모델이 아닙니다. 상업적 관점에서 보더라도 광고업계는 올바르게 행동해야 합니다."

9장 몸을 교정하기

수십만 년에 걸친 진화를 되돌릴 수 있나면 어떻게 될까? 우리의 식욕이 작동하는 방식을 바꿔서 음식이 지금처럼 맛있지도 끌리지도 않는다면 어떤 변화가 일어날까? 그렇게 되면 정부가 온갖 번거로운 규제를 하지 않고도 정크푸드의 악순환을 끊어낼 수 있을 것이다.

얼마 전 오랜 친구(편의상 루시라고 부르자)가 저녁을 먹으러 우리 집에 왔다. 오랜만에 만난 터라 처음에는 루시가 왜 그렇게 달라 보였는지—둔하게도—눈치채지 못했다. "나 위우회술 받았어!" 루시가 내 느린 반응에 눈을 말똥거리며 웃었다. "수술로 48킬로그램 뺐어!"

나는 한 번도 루시가 비만이라고 생각한 적이 없었다. 그렇지만 루시는 평생을 체중 문제로 힘들어했다. '키가 작고 뚱뚱한 조상'을 둔 탓에 왕성한 식욕을 물려받았고, 이를 억제해야 한다는 심리적 부담에 늘 시달렸다. 다이어트를 해도 오히려 살이 쪘고 그럴수록 비참해질 뿐이었다. 결국 체중이 슬금슬금 오르더니 수술 당일에는 108킬로그램까지 나갔다.

루시가 엄청난 감량을 하고서 가장 놀란 점은 신체적 변화가 아니었다(물론 전보다 훨씬 건강하다고 느꼈다). 그건 바로 심리적 가벼움이었다. 루시는 체중 감량이 이렇게 수월하다는 게 믿기지 않는다고 말했다.[1]

4장에서 언급했듯이, 초기 비만 수술은 장기적인 결과가 썩 좋지 않았다. 비만 수술은 환자가 한 번에 편안하게 섭취할 수 있는 음식의 양을 제한해주었지만, 공복감을 줄이는 데는 아무런 효과가 없었다. 최근에 나온 더 혁신적 수술인 위소매절제술과 위우회술은 식욕을 조절하는 호르몬 피드백을 방해하기 때문에 훨씬 더 효과적인 것으로 밝혀졌다. 다음 쪽에 보이는 위소매절제술(왼쪽 그림)은 위 아랫부분을 제거하는데, 이 부위에서 공복 호르몬인 그렐린이 주로 생성된다. 위우회술(오른쪽 그림)은 위를 아예 돌아서 간다. 그러면 음식물이 소장에 더 빨리 도달해 포만감 호르몬인 GLP-1과 PYY가 더 일찍 분비된다. 위우회술은 그렐린이 분비되는 부위를 잘라내지 않는데도, 아직 밝혀지지 않은 어떤 이유로 그렐린의 생성을 억제한다.

이제 루시는 위소매절제술 덕분에 공복 호르몬에 시달리지 않는다. 또 난생처음 음식에 별로 관심이 가지 않는다고 했다. "엄청난 해방감이 들고 시간적 여유가 많아졌어. 그동안 음식과 체중 때문에 전전긍긍하느라 얼마나 많은 정신적 에너지를 소모했는지 이제야 깨달았어."

몸에서 큰 장기를 거의 제거하는 것은 정크푸드 악순환에서 벗

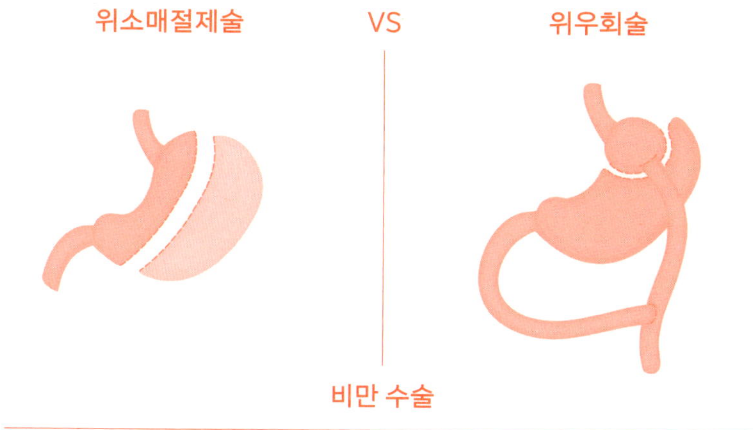

어나는 극단적인 방법이다. 그렇지만 우리가 비만 유발 환경을 바꾸
려는 사회적 행동을 하지 않거나 할 수 없다면, 우리에게 남은 선택
지는 무엇일까? 나는 점점 더 많은 사람이 우리 스스로 만든 덫에서
벗어나기 위해 과감한 의료적 개입에 의지하게 될 것이라고 본다.

배고픔이 사라지는 약

위 수술이 모든 사람에게 적합한 것은 아니다. 수술대에 오르는
일은 늘 위험이 따르며(병적 비만보다는 덜 위험하지만), 부작용으로 구
토, 영양실조, 위궤양, 장 누수가 생길 수 있다.

이보다 덜 잔인한 개입 조치를 원하는 사람에게는 약물 치료가
있다. 최근 몇 년 사이에 새로운 계열의 체중 감량 약물이 우연히 등

장했다. 가장 널리 알려진 것은 덴마크 제약회사 노보 노디스크가 만든 세마글루타이드semaglutide다. 흔히 오젬픽Ozempic이나 위고비Wegovy라는 이름으로 판매되는 이 약물은 원래 제2형 당뇨병 치료제로 개발되었다. 세마글루타이드는 식욕을 억제할 뿐 아니라, 췌장에서 인슐린을 생산하도록 자극하는 GLP-1 호르몬의 효과를 모방한다. 자연적인 GLP-1 호르몬은 그 효과가 혈액에서 몇 분밖에 지속되지 않지만, 이것의 합성 유사체(자연에 존재하는 것과 비슷하게 만든 인공물—옮긴이)는 체내에 더 오래 작용하므로 환자가 일주일에 한 번씩 주사하면 된다.

세마글루타이드를 당뇨병 환자에게 처방한 의사들은 이 약이 환자의 체중 감량에 탁월하다는 사실을 곧 알아챘다. 미국 의사들은 체중 감량을 위해 세마글루타이드를 오프 라벨off-label(허가받은 용도가 아닌 다른 목적으로 처방하는 행위—옮긴이)로 처방하기 시작했다. 곧 소셜미디어에 '포스트 오젬픽 보디post-Ozempic body'라는 표현이 여기저기 등장했다. 이용자들은 옆구리 군살에 약물을 주입하는 '복용 전' 사진과 홀쭉해진 배를 드러낸 '복용 후' 사진을 올렸다. 일론 머스크도 살을 빼려고 고용량 세마글루타이드인 위고비를 사용했다고 밝혔다.

2022년 2월, 영국 국립임상연구소National Institute for Clinical Excellence (NICE)는 NHS 소속 의사들이 BMI가 35 이상이고 체중 관련 질환이 최소 하나 이상 있는 사람에게 세마글루타이드를 처방하는 것을 허가했다. 그렇지만 사설 병원에서는 체중 문제가 그리 심각하지 않은 사람에게도 이 약을 처방할 수 있고 실제로 그렇게 하고 있다. 부유충은 항상 정크푸드 악순환에서 빠져나올 수 있는 더 나은 수단이 있었고, 이제 새로운 도구를 하나 더 얻었다. 돈만 있다면 주사 한 방으로 문제를 해결할 수 있게 된 것이다.

또 다른 친구(케이트라고 부르자)는 세마글루타이드를 3년 동안 복용하고 약 19킬로그램을 감량했다. 케이트는 매주 한 번 복부에 직접 주사를 놓으며, 자제력이 필요하지 않을 때는 투약을 건너뛴다. 이 약물은 공복 호르몬을 억제하고 혈당을 안정화해, 단 음식을 찾게 했던 혈당 기복을 완화한다. 케이트는 약값으로 한 달에 110파운드(약 21만 원)를 지출한다.

케이트는 세마글루타이드 덕분에 먹는 즐거움이 예전보다 줄었다. 이제 케이트에게 식사는 음식에 탐닉하는 시간이 아니라 에너지를 재충전하는 과정일 뿐이다. 나에게는 이것이 너무 큰 희생처럼 들린다. 나는 조리법을 떠올리고, 직접 요리해서 먹고, 사람들과 함께 음식을 나눌 때 큰 기쁨을 느끼기 때문이다. 그렇지만 케이트에게는 희생이 아니라 그만한 가치가 있는 선택이다. 세마글루타이드를 주사하기 전에 케이트는 당뇨 전 단계였고, 체중 감량이 쉽지 않아 지쳐 있었다. 케이트는 이제 평생 해온 싸움에서 해방된 기분이라고 말했다.

그렇더라도 세마글루타이드는 '기적의 약'이 아니다. 나는 완벽한 신체 이미지(잘생기고 치아가 하얀 할아버지가 젊어 보이는 아내와 골프 치는 모습)를 보여주면서 동시에 끔찍한 주의 사항을 읽어주는 미국의 제약 광고를 보면 늘 흥미롭다. 오젬픽 광고는 이런 장르의 전형이다. 건강해 보이는 미국 배우들이 등장해 체중 감량을 자축하며 화기애애하게 웃고 즐기는 동안, 내레이터가 이렇게 읊조린다. "과거 병력이나 가족력에 갑상선 수질암 또는 다발성 내분비샘 종양 2형 증후군이 있다면 오젬픽을 복용하지 마십시오. 목에 덩어리가 생기거나 목이 부풀어 오르고, 심한 복통, 가려움증, 발진, 호흡곤란이 있으면 즉시 오젬픽 복용을 중단하고 의사의 도움을 받으십시오. 췌장염을 비롯한 심각한 부작용이 생길 수도 있습니다. 당뇨망막병증이나 시력 변화가 있으면 의사에게 알리십시오. 일반적인 부작용으로는 메스꺼움, 구토, 설사, 복통, 변비가 있습니다."

이러한 신체적인 위험 말고도 더 큰 우려가 있다. 세마글루타이드는 장기적인 사회 문제를 신속하게 치료해주는 의료적 해결책이다. 약물로 비만 문제를 해결하면, 식이성 질환의 원인을 다루는 더 중요하고 어려운 과제와 멀어질 수 있다. 이는 개인적 차원은 물론 사회적 차원에도 해당한다. 과체중인 사람은 식습관에 문제가 있을 뿐 아니라, 이를 더 악화하는 다른 문제들도 겪는다. 바로 스트레스, 우울증, 빈곤 등이며, 이 중 어느 것도 세마글루타이드로 치료하지 못한다.

세마글루타이드는 새로운 약물이고 원래 비만 치료제로 개발된 게 아니기 때문에, 당뇨병 환자가 아닌 사람에게 장기적으로 어떤 영향을 미칠지 아무도 모른다. 심각한 부작용이 드물다고는 하지만, 약물 복용자가 많아지면(그럴 가능성이 높다) 그런 드문 사례가 더 자주 발생해 뉴스에도 보도될 것이다. 코로나 백신 사례에서 보았듯이, 통계적으로 아주 사소한 위험도 의약품에 대한 대중의 신뢰를 흔들 수 있다.

세마글루타이드의 한 가지 명백한 단점은 체중 감량 후 이를 유지하려면 약물을 평생 투여해야 한다는 점이다. 약물 주사를 중단하면 곧바로 예전의 식욕이 돌아온다. 이는 제약회사에 희소식이지만, 돈을 내는 고객의 입장에서는 그렇지 않다.

한편 비만 역시 비용이 많이 든다. NHS에서 세마글루타이드 처방을 폭넓게 허용하면, 많은 식이성 질환을 예방할 수 있을 것이다. 세마글루타이드는 식사량을 줄이게 할 뿐 아니라, 더 건강하고 덜 가공된 식품을 먹도록 유도하는 것으로 보인다. 이는 체중 감량을 넘어 훨씬 많은 이점을 얻을 수 있다.

그러한 의료 개입이 충분히 대규모로 이루어지면, 전체 식품 경제의 균형이 재조정될 것이다. 가공식품의 수익은 줄어들고 제약회사의 이윤은 늘어날 것이다. 규모의 경제로 세마글루타이드의 가격은 분명 낮아질 것이고, 이 경우 NHS는 식이성 질환의 치료보다는 약물 치료를 통해 의료비를 절감할 수 있을 것이다.

이것이 디스토피아적 미래처럼 들린다면, 나도 동의하는 바이다. 그렇지만 현재 상황도 크게 나을 건 없다. 정부가 식량 시스템 개선에 개입하지 않는다면, 우리의 차선책은 제약업체가 될 수도 있다. 결국 우리는 두 가지 개입 중 하나를 선택해야 할 것이다. 공공 개입 아니면 민간 개입이다. 우리는 입법 활동과 금전적 유인책을 통해 모두를 위한 더 나은 식품 환경을 조성할 수도 있고, 아니면 각자 현대 의학의 도움을 받아 자신의 생물학적 특성을 해킹할 수도 있다.

케이트는 이렇게 말했다. "난 비만 유발 환경에서 평생을 과체중인 몸으로 불행하고 불편하게 살아왔어. 그런데 왜 약으로 비만을 막으면 안 된다는 거야?" 케이트는 항우울제와 비교하며 이렇게 덧붙였다. "우울한 세상에 살면서 약의 도움으로 우울증을 달래는 사람이 많잖아. 나도 세마글루타이드 덕분에 삶이 더 나은 쪽으로 완전히 달라졌어. 너도 한번 써봐."

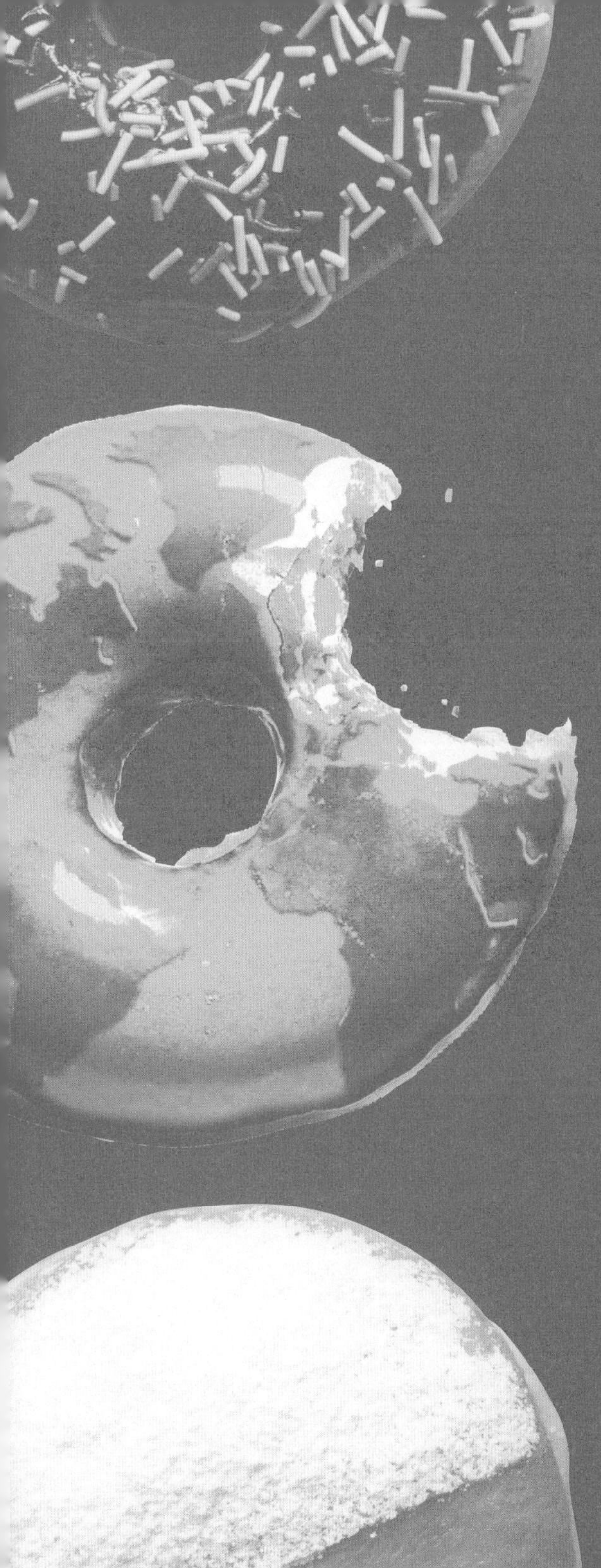

2부

우리의 땅

10장 세상을 먹어치우는 인류

식량 시스템은 환경 파괴의 가장 큰 원인이다

생물 다양성 상실이 걱정되나요? 식량에 주목하세요.

담수의 공급과 수질이 걱정되나요? 식량에 주목하세요.

산림 파괴가 걱정되나요? 식량에 주목하세요.

어류 남획이 걱정되나요? 식량에 주목하세요.

기후변화가 걱정되나요? 에너지에 그리고 식량에 주목하세요.

— 리처드 웨이트Richard Waite, 세계자원연구소World Resources Institute, 2021년 4월

예년 같으면 10월은 알레스가에서 대게 잡이가 시작되는 철이다. 약 60척의 어선이 강풍과 거친 파도를 뚫고 베링해로 출항한다. 이들은 통발을 비우고 다시 던지기를 반복하며, 식당에서 내놓기 좋은 창백하고 다리가 긴 게들을 (역시 예년이라면) 가득 잡아 올린다.

알래스카 대게 잡이는 극도로 위험한 직업 중 하나로, 큰 인기를 끌었던 TV 시리즈 〈생명을 건 포획Deadliest Catch〉이 방영되면서 널리 알려졌다. 이 프로그램은 거센 폭풍 속에서 얼어붙은 갑판 위를 미끄러지며 대게를 잡으려고 고군분투하는 선원들의 모습을 카메라에 생생히 담았다. 알래스카 어부의 사망률은 미국의 그 어떤 직업보다도 높다. 그래도 이들은 일에 대한 자부심이 강하다. 많은 어선이 가족 소유이며, 베링해에서 대대로 조업해온 선원들이 배를 탄다. 어업은 그들의 정체성이고 알래스카 정체성의 일부다. 알래스카주는 미국에서 소비하는 모든 해산물의 60퍼센트를 공급한다.

그러나 2022년 겨울에는 대게철이 없었다.[1] 알래스카주 정부가 사상 처음으로 상업적인 대게 조업을 전면 금지했다. 대게 개체 수의 치명적인 감소를 막기 위해서였다. 한 추산에 따르면, 지난 4년 동안 약 80억 마리의 대게가 베링해에서 사라졌다. 특히 2019년부터 2021년까지 단 2년 사이에, 대게 개체 수가 90퍼센트나 급감했다.

그 원인은 기후변화일 가능성이 높다. 어린 대게들은 깊은 바닷속 차가운 '양육소'에서 성장하는데, 이곳은 해빙이 녹아내리며 공급한 차가운 물 때문에 수온이 섭씨 2도 이하로 유지된다. 그런데 최근 몇 년 동안 미국에서 온난화가 가장 빠르게 진행 중인 알래스카에서 해양 열파(해수 온도가 평년보다 높게 오르며 일정 기간 지속되는 현상—옮긴이)가 잇달아 발생했다. 해빙이 빠르게 녹아내리고 수온이 급격히 상승하면서, 어린 대게가 생존하기 어려워졌다.

또한 차가운 서식지가 줄어들면서 어린 개체를 포함한 대게 무리가 좁은 공간에 몰려들어, 먹이가 부족해지고 기생충 질병이 퍼졌을 가능성도 있다. 과학자들은 더 큰 재앙을 막기 위해 이 모든 가능성을 조사하고 있다. 그렇지만 그사이에 이미 육지에서는 그 여파가 나타나고 있었다.

많은 알래스카 어부가 어선 유지 및 조업 허가에 드는 고정 비용을 감당하지 못해 파산 위기에 놓였다. 대게 잡이 철을 한번 놓치면 대게 산업에 약 5억 달러(약 7300억 원)의 손실이 발생하며, 관련 산업에 미치는 파급효과까지 고려하면 알래스카주 경제에 약 10억 달러(약 1조 4600억 원)의 손실을 입힌다. 대게 산업의 중심지인 알래스카주 세인트폴시는 2022년 말 이 여파로 세수의 90퍼센트를 잃게 될 것이라고 예측했다.

대게가 처한 운명은 식량 시스템에 대한 엄중한 경고다. 환경 악화의 영향은 급작스럽고 극적으로 나타나, 모든 산업을 불시에 덮칠 수 있다. 한 종이나 작물이 붕괴하면 자연과 인간이 만든 여러 시스템에 광범위한 영향을 미칠 수 있다. 알래스카 주민들이 상당한 경제적 손실로 어려움을 겪는 동안, 베링해 바다에서는 포식자들의 풍부한 먹이가 갑자기 사라졌다. 이는 게 포식자들이 다른 먹이를 찾거나 굶주려야 한다는 뜻이다. 어느 쪽이든 생태계의 다른 곳에 새로운 문제를 일으킬 것이다.

인간의 식품 사슬에서 대게는 사치품에 해당한다. 그렇지만 기후변화는 인간의 주요 작물에도 갈수록 큰 위협을 가하고 있다.[2] 덥고 건조했던 2022년 여름, 유럽의 곡물 수확량은 처참했다. 프랑스의 옥수수 수확량은 예상보다 약 28퍼센트가 낮았다. 이탈리아는 70년 만에 최악의 가뭄이 찾아와 곡물 및 사료 수확량이 약 45퍼센트 감소했고, 과일 수확량은 15퍼센트, 우유 생산량은 20퍼센트 줄었다. 유럽연합은 우크라이나에서 식량 수입을 늘려 공급 압박을 겨우 해소할 수 있었다.

이 상황은 끔찍하게도 순환성을 띤다. 환경 파괴, 특히 기후변화는 현재 식량 시스템을 가장 크게 위협하는 요인이다. 그런데 우리의 식량 시스템은 환경을 파괴하는 가장 큰 원인이다. 즉 식량 시스템은 토양 악화, 수질 오염, 가뭄, 산림 파괴, 생물 다양성 붕괴를 일으키는 주된 원인이고, 화석연료 산업 다음으로 기후변화에 가장 큰 책임이 있다. 전 세계적으로 식량 시스템은 전체 온실가스 배출량의 최대

3분의 1을 차지한다. 영국은 국내 식량 생산만으로 국내 온실가스 배출량의 20퍼센트를 차지한다(수입 식품에 포함된 배출량을 제외한 것).[3] 우리가 먹는 방식이 우리의 식량 시스템을 위태롭게 한다.

아래 도표는 유엔 식량농업기구에서 작성한 것으로, 기후변화가 전 세계 작물 수확량에 미칠 영향을 예측한 것이다. 색이 짙을수록 수확량이 증가할 것으로 예상하는 지역이고, 옅을수록 감소할 것으로 예상하는 지역이다. 이 그림은 극심한 세계 불평등을 보여준다. 가뭄과 홍수에도 불구하고, 북반구는 따뜻해진 날씨와 이산화탄소 농도 증가로 생산성이 높아져 밀 수확량이 증가할 것으로 보인다. 반면 남반구에서는 쌀과 옥수수의 수확량이 떨어질 것으로 예상된다.

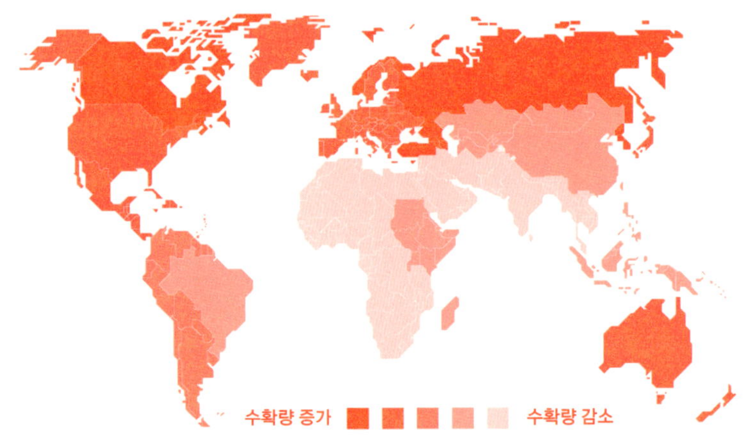

미국항공우주국(NASA)과 유엔 식량농업기구의 연구에 따르면, 기후변화로 북반구와 일부 남반구에서 밀 수확량이 증가하는 반면, 적도 근처 국가들은 극심한 폭염으로 옥수수와 쌀의 수확량이 감소할 것으로 예측된다. 그러나 기후변화는 본질적으로 불안정성을 초래하므로 북반구에도 다른 식량 위기가 닥칠 수 있다. 예를 들어 멕시코만류가 느려져 멈추게 되면, 영국의 기온과 강수량이 급격히 감소해 수확량이 크게 줄어들 수 있다.

이 중에는 재앙적인 손실도 있다. 현재 베트남은 세계 2위의 쌀 수출국이다. 그 쌀의 절반은 메콩강 삼각주에서 재배되는데, 해수면이 1미터 상승하면 메콩강 삼각주의 절반이 물에 잠기게 된다.[4] 이는 매우 설득력 있는 시나리오다. 나는 이 그림을 볼 때마다 세계적인 불안과 기근, 대규모 이주, 전쟁이 눈앞에 그려진다.

지구의 균형을 위협하는 농업

나중에 우리는 식량 시스템이 어떻게 기후변화의 강력한 엔진이 되었는지 자세히 살필 것이다. 지금은 시야를 넓혀, 식량 시스템이 심각하게 교란한 다른 '생물지구화학적 순환biogeochemical cycles'을 살펴보고자 한다. 생물지구화학적 순환이란 자연이 비생물을 재순환하는 시스템을 말한다. 가장 중요한 세 가지는 물, 질소, 탄소의 순환이다. 이 각각의 순환은 지구상의 생명체가 섬세한 균형을 유지하는 데 필수적이다. 우리의 식량 시스템은 이 모든 순환에 의존하면서 동시에 위협을 가한다.

우리는 학교에서 물 순환에 대해 배웠다. 물은 주로 바닷물이 증발하면서 대기 중으로 들어간다. 그런 다음 따뜻한 공기와 차가운 공기가 만나 공기 속 수증기가 응결하면 하늘에서 비나 눈, 우박이 떨어진다. 담수는 전 세계 물의 3퍼센트에 불과하지만, 거의 모든 육상 생물의 생존에 꼭 필요하다.

농업은 지구의 모든 담수 중 70퍼센트를 사용한다.[5] 이로 인한 여파는 물 부족부터 가뭄, 수확 실패, 기근, 전쟁에 이르기까지 다양하지만, 습하고 기후가 온화한 영국에서는 이러한 문제가 다른 지역

만큼 두드러지지 않는다. 그렇지만 영국 역시 건조한 지역에서 식량을 수입하므로 이 문제에 일조한다. 또한 영국에서도 밭에 물을 대기 위해 지하수를 퍼 올리는 것이 더운 여름철 가뭄을 일으키는 주요 원인으로 작용한다.

질소 순환은 많은 이들에게 다소 생소할 수 있다. 식물은 여러 중요한 기능을 수행하기 위해 특정 형태의 질소(주로 질산염과 아질산염)가 필요하다. 토양 속 박테리아와 일부 식물의 뿌리에 붙어 있는 박테리아가 대기 중의 질소를 질산염과 아질산염으로 전환하면, 식물이 이를 흡수한다. 식물이 죽거나 먹혀서 땅으로 돌아갈 때, 또 다른 '탈질화denitrifying' 박테리아가 이 화학물질을 다시 질소가스로 전환해 대기로 방출한다. 집약농업은 이 순환에 큰 혼란을 일으켰다.

20세기 초 독일의 두 과학자 프리츠 하버Fritz Haber와 카를 보슈Carl Bosch는 공기에서 비료를 만드는 새로운 방법을 고안했다. 이들은 공기 중의 질소를 고온과 고압을 이용해 수소와 결합시켜 암모니아를 만들었다. 이 암모니아는 다시 질소 기반 비료를 만드는 데 사용했다. 이는 현대사에서 매우 중요한 발명 중 하나로 손꼽힌다. 1차 세계대전에서 승리한 연합국은 베르사유 조약의 조건으로 독일이 하버-보슈 공정의 세부 사항을 공개할 것을 요구했다. 이후로 인공비료는 산업형 농업의 필수도구가 되었다. 인공비료가 없다면, 현재 전 세계 곡물 수확량의 30~50퍼센트가 사라질 것으로 추정된다.[6]

그러나 인공비료가 환경에 끼치는 영향은 심각하다. 하버-보슈 공정에 필요한 에너지는 그 자체로 막대한 양의 탄소를 배출하며, 이는 전 세계 온실가스 배출량의 1퍼센트에 해당한다.[7] 인공비료는 일단 토양에 뿌려지면 수로로 흘러간다(축산업에서 나오는 퇴비와 액체 거름도 마찬가지다). 농장에서 흘러나온 질소는 높은 수준의 부영양화를 초래하는데, 이는 담수와 해수에서 식물과 조류藻類가 과도하게 번식하는 현상이다. 이러한 과다 번식은 빛이 물속으로 침투하는 것을 막아 전체 생태계를 어둠에 빠뜨린다. 식물이 자라지 못하므로, 동물도 이를 먹지 못한다. 시야가 차단된 수생 포식자는 먹이를 찾지 못해 굶어 죽는다. 부영양화는 또한 수중의 수소이온농도(pH)를 높여, 많은 생물이 살 수 없는 환경을 만든다. 조류 대번식이 마침내 끝이 나면, 분해된 세포들이 물속의 산소를 흡수해 호수와 바다에 저산소 또는 무산소 지대인 '죽음의 해역'을 만든다(저산소 지대는 산소가 부분적으로 부족한 곳이고, 무산소 지대는 산소가 전혀 없는 곳이다).

농장 유출물은 전 세계 부영양화의 4분의 3 이상을 초래한다. 영국의 경우 지표수와 지하수의 단 16퍼센트만 '생태적으로 양호' 기준을 충족하며, 호수나 강은 '화학적으로 양호' 기준을 충족하는 곳이 없다. 유럽에서 심하게 오염된 수역 중 일부가 영국에 있는 것이다. 어류 남획 및 지구 온난화와 더불어 수질 불량은 전통적인 연어 강들이 갈수록 황폐해지는 원인 중 하나다. 2022년에 잉글랜드와 웨일스에서는 야생 연어의 개체 수가 사상 최저치를 기록했다.[8]

텅 비어가는 산과 바다

우리가 지구를 부주의하게 관리한 결과 야생식물, 동물, 곤충, 어류 등 모든 형태의 생물 다양성에 끔찍한 결과를 초래했다. 현재 남아 있는 포유류 종의 4분의 1은 자연 서식지가 농경지로 전환되면서 멸종위기에 처했다. 영국은 1966년 이후 야생조류 개체 수가 20퍼센트 감소했다.[9] 이는 총 4400만 마리로, 1분마다 한 쌍의 번식조가 사라진 셈이다.

바다의 상황도 마찬가지로 절망적이다. 2022년 유엔은 해양 상태 보고서에서 전 세계 어류 자원 중 3분의 1 이상이 지속 불가능한 수준으로 남획되고 있다고 밝혔다. 이는 1974년 이후 3배 증가한 수치다.

어업 방식 가운데 가장 해로운 형태는 저인망어업이다. 이는 추가 달린 대형 그물로 해저를 훑으며 어획하는 방식으로, 심해어류를 잡는 데 유용하지만 지나간 자리마다 파괴의 흔적을 남긴다. 해저를 뒤흔들고, 식물을 뿌리째 뽑아내고, 산호와 다른 해양 서식지를 훼손하며, 거북·무척추동물·어린 물고기를 그물로 잡아들인다. 최근 연구에 따르면 저인망어업이 해저를 휘저으면서 해양퇴적물에 갇혀 있던 블루 카본blue carbon*이 대량으로 방출된다고 한다.[10] 그물로 휘젓지 않았다면 이 탄소들은 해저에 묻혀 있었을 것이다.

1890년대에 화석연료를 이용한 저인망어업이 등장한 후로, 전체 어류 자원이 놀라울 정도로 급감했다. 어획량을 보면 대구는 87퍼센트, 헤이크는 95퍼센트가 감소했다. 대서양 가자미는 99.8퍼센트가 줄어 거의 절멸 수준에 이르렀다. 1830년대에는 소형 범선들이 도거뱅크 주변에서 하루에 넙치 1톤을 잡아들였다. 지금은 도거뱅크

---

*   해양 생태계가 흡수하고 저장하는 탄소를 뜻한다. 해양의 탄소 흡수원으로는 해안 맹그로브와 기타 모든 해양 식물, 어류, 플랑크톤이 있다.

전역의 넙치 어획량을 모두 합쳐도 연간 2톤에도 미치지 못한다.[11]

전 세계적으로 풍부한 자연 자원이 붕괴하면서 통계로 측정할 수 없는 엄청난 여파를 남겼다. 미국의 생물학자 에드워드 윌슨Edward O. Wilson은 기념비적인 저서 《생명의 다양성The Diversity of Life》에서, 유전적 다양성의 가치를 정확히 평가하기란 불가능하다고 설명했다. 이것이 미래 세대에 얼마나 중요할지를 우리는 알 수 없기 때문이다. 윌슨은 마다가스카르에 서식하는 일일초(학명은 카타란투스 로세우스 Catharanthus roseus)를 예로 들었다. 1950년대에 이 아름다운 초본식물이 두 가지 치명적인 암을 치료해주는 두 종의 알칼로이드(식물에서 발견되는 질소를 함유한 유기화합물—옮긴이)를 생성하는 것으로 밝혀졌다. 바로 젊은 성인에게 흔한 호지킨 림프종과 어린이에게 사망선고나 다름없던 급성 림프구성 백혈병이었다. 1990년대까지 이 두 물질의 제조로 거둬들인 수익은 1억 8000만 달러(약 2600억 원)를 넘어섰다.

현대 의약품의 40퍼센트 이상이 식물, 미생물, 동물에서 추출된다. 그러나 윌슨이 언급했듯이 지금까지 지구상에 존재한 모든 종의 99퍼센트가 현재 멸종했다. 이들과 함께 사라진 의학적 잠재력은 과연 얼마나 될까?

유전적 다양성이 중요한 또 다른 실용적 이유는 이것이 식량 시스템의 미래를 보장할 수 있다는 점이다. 현재 식용 식물은 30만 종에 이르지만, 그중 단 20종이 전 세계 식량의 90퍼센트를 차지한다. 게다가 밀, 옥수수, 쌀 이 세 가지가 식량의 절반 이상을 공급한다. 한 줌도 안 되는 작물에 지나치게 의존하면 인류는 위태로워질 수 있다. 윌슨은 이렇게 지적했다. "다양성의 얇은 완충지대가 서늘한 기후대에 치우쳐 있고, 전 세계 대부분의 지역에서 질병이나 곤충 및 선충의 공격에 취약한 단일 작물을 재배하고 있다. … 현대 농업은 그 잠재력의 극히 일부만 보여주었다. 아직 이용하지 못한 수만 종의 식물이 대기하고 있다." 이러한 대체 작물을 있는 그대로 재배하거나 그 특성을 다른 식물에 접목해 재배한다면, 기후변화에 맞서 식량 시스템의 회복력을 높일 수 있을 것이다.

자연에는 실용적인 가치 외에도 내재적 가치가, 어떤 이들에게는 신성한 가치가 있다. 윌슨은 이렇게 표현했다. "야생은 인간의 영혼에 평온을 안긴다. 야생은 어떤 도움도 필요 없는, 인간의 재간을 넘어선 존재이기 때문이다."

인간은 자연 안에 있을 때, 야생 공간에 접근할 수 있을 때, 정신이 풍요로워지고 삶의 질도 향상된다. 인간을 완전히 배제하더라도 자연계는 그 자체로 소중하다. 정확한 동기가 무엇이든, 중요한 것은 자연의 파괴를 멈추고 자연을 풍요롭게 되돌리는 것을 공통의 의무로 삼는 것이다. 윌슨은 이렇게 결론 내린다. "환경을 돌보는 일은 실용적인 차원을 넘어 형이상학과 맞닿아 있으므로, 성찰하는 사람이라면 누구나 공감할 수 있다."

11장 자연의 가격

식품의 진짜 가격은 얼마일까?

인간은 창의적인 존재이지만, 생존을 위해 자연계에 전적으로 의존한다. 그러므로 우리가 자연을 높이 평가하리라 생각할 것이다. 그렇지만 우리의 안전과 성공을 측정하는 거의 모든 데이터에서 이른바 지구의 '자연자본'은 찾아보기 힘들다.

자연은 은행 계좌나 지갑에 있는 돈처럼 단순하게 셈할 수 있는 대상이 아니다. 자연은 나름의 역할을 하지만 스프레드시트에 쉽게 포착되지 않는다. 자연계는 대부분 조용하거나, 보이지 않고, 끊임없이 움직인다. 토양 속 미세 박테리아는 조용히 물질을 분해해 식물이 이용할 수 있는 영양분으로 만든다. 심해어의 개체 수는 바다 저 밑에서 보이지 않게 오르내린다. 바람은 불고, 강은 흐르며, 바다는 순환하고, 곤충과 새는 지구 외에는 그 어디에도 속하지 않은 채 국경을 넘나든다.

케임브리지대학의 경제학자 파르타 다스굽타는 영국 재무부의 의뢰로 작성한 방대한 보고서인 〈생물 다양성 경제학The Economics of Biodiversity〉에서, 통념과 달리 자연은 경제와 무관하지 않다고 지적한다. 오히려 경제는 자연 안에 자리 잡고 있다. 자연이 제공하는 물질과 서비스가 없다면, 인간의 산업은 제대로 작동하지 못할 것이다. 다스굽타는 부를 세 가지 형태의 자본으로 측정해야 한다고 주장한다. 바로 생산자본(우리가 만드는 것), 인적 자본(건강, 교육, 기술), 자연자본이다. 마지막 범주에는 목재처럼 자연이 제공하는 물질뿐만 아니라, 빗물을 걸러내고 식물을 수분시키며 여가와 경치 감상을 위한 공간을 제공하는 것까지 자연이 수행하는 모든 서비스가 포함된다.

우리는 생산자본만 체계적으로 측정하기 때문에, 인적 자본과 자연자본을 과소평가한다. 그리고 자연계를 마치 무한한 자원인 것처럼 무분별하게 다룬다. 다스굽타는 1992년부터 2014년까지 1인당 생산자본이 2배로 늘었고, 1인당 인적 자본은 전 세계적으로 약 13퍼센트 증가했다고 지적했다. 반면 1인당 자연자본의 규모는 거의 40퍼센트 감소한 것으로 추정했다. 이 추세가 계속된다면, 수학적으로 도출되는 결론은 대멸종이다.

우리는 눈에 띄지 않는 것은 평가하지 않는 경향이 있다. 자연에서 가장 눈길을 끄는 대상, 예를 들면 대왕판다처럼 인기 있는 대형 동물이 토양 속 생물 다양성보다 더 관심을 받는 것은 어찌 보면 당연하다. 만약 이산화탄소에서 악취가 났다면, 우리는 온실가스 배출을 줄이려고 분명 더 많이 노력했을 것이다.

결정적으로 세계 경제는 자연에 그 어떤 재정적 가치도 부여하지 않는다. 환경 파괴와 기후변화는 정부와 납세자에게 막대한 비용을, 그것도 점점 늘어나는 비용을 부담시킨다. 그렇지만 이 중 어느 것도 한 나라의 건강을 측정하는 GDP에 전혀 반영되지 않는다. 이 문제를 일으킨 사람들의 주머니에도 전혀 부담을 주지 않는다.

한 농부가 슈퍼마켓과 감자 공급 계약을 맺고 작물을 재배하는 과정에서 비료 유출로 인근 하천을 오염시켰다고 해보자. 이 잘못된 관행으로 환경이 오염되면 그 비용은 대중인 우리가 떠안는다. 농부나 슈퍼마켓, 또는 최종 소비자가 하천 정화 비용을 부담하지 않는 한, 시장에서 이런 파괴적 관행을 방지하려는 유인은 생기지 않는다.

보이지 않는 비용의 대가

이러한 종류의 숨은 비용, 즉 상업적 활동의 결과가 해당 활동의 가격에 반영되지 않는 것을 경제학 용어로 '부정적 외부효과negative externality'라고 한다. 이 비용은 외부적이라는 이유로 자유시장의 거래에 포함되지 않기 때문에 방치되는 경우가 많다. 아무도 비용을 부담하지 않지만, 모두가 그 대가를 치러야 한다.

애덤 스미스 이후 모든 경제학자는 부정적 외부효과가 시스템에 가격으로 반영되지 않으면 자유시장의 유인책이 제대로 작동하지 않는다는 사실을 인지했다. 그렇지만 이러한 통찰은 현실에서 거의 적용되지 않는다. 식량 시스템은 부정적 외부효과로 가득하다. 오염된 물과 공기, 온실가스 배출, 항생제 내성, 인수 공통 전염병, 토양 침식, 생물 다양성 손실, 식이성 질환 등이 그 예다. 이 모두는 식량 시스템 내의 기업들이 제3자인 세계 시민에게 떠넘기는 비용이다.

이론상 이러한 외부효과는 관련 제품의 가격에 반영되어야 한다. 그러나 현실에서는 이 효과를 측정조차 하지 않는다. 영국에는 식량 생산의 실제 비용을 알고 있거나 이를 파악하는 임무를 맡은 정부 부처가 없다.

자연은 정부와 기업의 의사결정을 좌우하는 재정적 계산에 포함되지 않기 때문에, 잘못된 정책에 희생되기 쉽다. 우리는 지구의 자원을 무한하고 공짜인 것처럼 다룬다. 아니, 사실 그보다 더 함부로 다룬다. 우리의 정치 시스템은 자연 파괴를 적극적으로 장려한다. 다스굽타의 계산에 따르면, 전 세계 정부는 집약농업, 어획, 화석연료 채굴, 비료 제조 같은 자연 파괴 관행에 매년 약 5000억 달러(약 730조 원)를 지원한다고 한다. 그리고 이러한 보조금은 해마다 4조 달러에서 6조 달러(약 5800조 원에서 8700조 원)에 달하는 환경 피해를 낳는다고 한다. 경제적으로 보면 우리는 자연을 저평가한 정도가 아니라, 사실상 자연에 부정적인 가치를 부여한다. 즉 개인과 기업이 자연을 파괴하도록 돈을 지급하고 있다.

다스굽타의 보고서가 분명히 밝혔듯이, 우리는 현재 지구가 감당할 수 있는 범위를 훨씬 넘어서서 살아가고 있다. 농업, 산업, 소비 관행에 극적인 변화를 주지 않는 한, 우리는 미래 세대의 삶을 파괴할 것이다. 생태계는 한번 무너지면 복구하는 데 엄청난 비용이 들며, 보통은 복구 자체가 불가능하다.

행동에 나설 시간

세상은 이런 현실을 더디지만 서서히 깨닫고 있다. 농민은 점차 식량뿐 아니라 환경적 혜택을 제공하는 대가로 정부로부터 보상을 받는다. 그렇지만 이러한 개입은 문제의 규모에 비해 너무 미미하다. 예를 들어 유럽 공동농업정책Common Agricultural Policy(CAP)에 따라 유럽 연합국의 농가에 지급되는 보조금 중 단 4퍼센트만이 저탄소 친환경 농업을 지원하는 데 쓰인다.[1]

2012년 영국 정부는 경제학자와 환경 전문가로 구성된 자연자본위원회Natural Capital Committee(NCC)를 설립해 '물려받은 것보다 더 나은 환경을 후대에 남기는 첫 세대'가 되는 법을 모색했다. NCC는 2020년 보고서에서 세 가지 '기본 원칙'을 제시했다.

1. **순환경이익.** 자연 파괴를 멈추는 것만으로는 부족하다. 우리는 자연 재건에 나서야 한다.
2. **공공재를 위한 공공자금.** 정부는 납세자의 돈을 사회 전체에 이익이 되는 일에 써야 한다. 농민에게 이는 생물 다양성을 촉진하는 서식지를 만들거나, 홍수를 예방하는 저수지를 만들거나, 방문하고 싶은 아름다운 장소를 만드는 일이 될 것이다. 공공재는 정의상 비배제성(공공재의 혜택을 비용을 낸 사람만 누리지 않는 것)과 비경합성(한 사람의 소비가 다른 사람의 소비를 제한하지 않는 것)을 특징으로 한다.
3. **오염자 부담 원칙.** 자연 서식지를 파괴하는 개인이나 기관은 그 피해를 복구하는 비용을 부담해야 한다.

이 원칙들은 훌륭하지만 실행에 옮기기는 어렵다. 자연계의 모든 다양한 요소를 측정할 수 있는 국제적으로(는 물론 지역적으로도) 합의된 지표가 없고, 이 요소에 재정적 가치를 부여하는 일은 더욱 어렵기 때문이다.

영국에 본부를 둔 글로벌농장지표연합Global Farm Metric Coalition (GFMC)은 이 문제를 일부나마 해결하기 위해 힘써왔다. 농민, 식품 생산자, 슈퍼마켓, 환경 NGO, 은행 및 투자자로 구성된 협력체인 GFMC는 모든 농장의 지속 가능성을 평가하는 국제 지표인 글로벌 농장지표를 만들고자 한다. 이들의 활동은 지표에 대한 합의에 그칠 뿐, 자연계의 가치를 평가하지 않는다는 점에서 한계가 있다. 이는 마치 파리에 있는 국제도량형국이 과학과 공학 분야에서 사용하는 측정 표준(예를 들면 1미터의 정확한 길이)을 정의하는 것과 비슷하다.

다음 쪽 도표는 현재 진행 중인 작업으로, 농장이 자연뿐 아니라 사회에 미치는 영향을 파악하기 위해 GFMC가 측정해야 한다고 판단한 여러 항목을 보여준다. 이는 수질부터 토양 구조, 동물복지, 노동 숙련도까지 다양한 요소를 아우른다. GFMC는 이들 각 항목과 이후 추가될 요소에 대해 측정 지표를 고안하고 있다.

이 작업은 항목에 따라 쉽기도 하고 어렵기도 하다. 온실가스 배출량을 정량화하는 방법은 이미 잘 정립되어 있다(물론 지금도 보편적으로 합의된 것은 아니지만). 탄소 격리 같은 분야는 아직 갈 길이 멀다. 토양이나 식물에 저장된 탄소를 넓은 지역에 걸쳐 체계적으로 측정하는 방법은 아직 아무도 알아내지 못했다. 게다가 생물 다양성과 같은 자연계의 다른 요소를 정량화하는 방법도 이제 막 고민하기 시작했을 뿐이다.

현실적으로, 우리는 이 모든 문제가 해결될 때까지 기다릴 여유가 없다. 가장 중요한 전 지구적 자산인 자연계를 보호하려면 당장

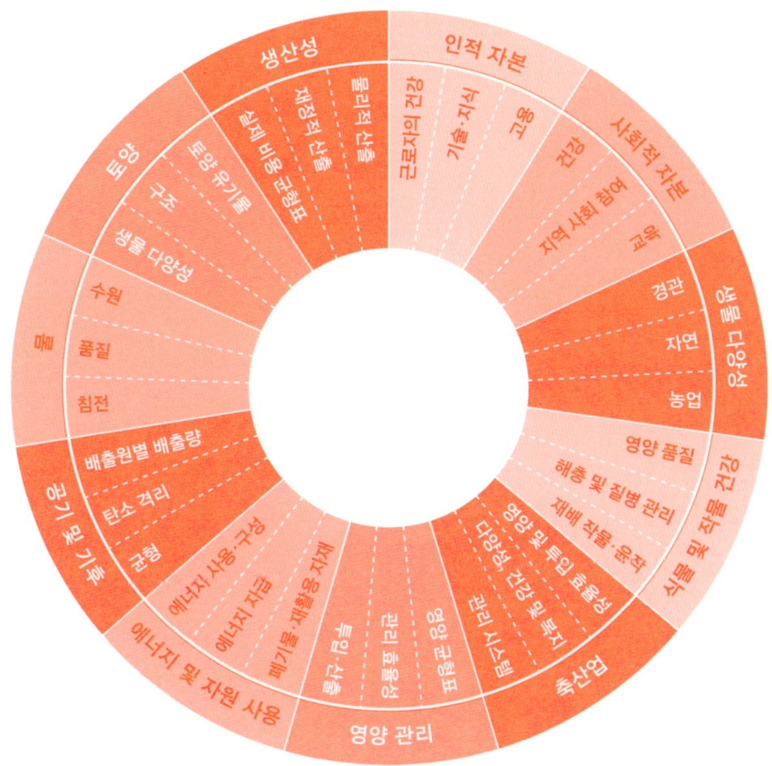

글로벌농장지표는 농장의 사회적·환경적 영향을 측정하는 국제적 기준을 마련하려는 시도다. 이 도표가 보여주듯이, 측정해야 할 요소가 매우 많다. 이에 더해 각 요소를 어떻게 측정하고 상대적 중요도는 어떻게 정할 것인가라는 문제도 남아 있다.

행동에 나서야 한다. 우리는 식량 시스템 내에서 금전적 유인책과 억제책을 재조정해, 더 이상 자연 파괴 행위를 적극적으로 보상하는 일이 없도록 해야 한다. 그리고 지금 우리가 이용할 수 있는 최고의 지식을 활용해 이를 신속히 추진해야 한다.

제도 개선에 따라올 현실적인 문제들

영국 정부는 기존의 공동농업정책을 대체할 새로운 제도를 도입해, 연간 24억 파운드(약 4조 6400억 원)의 보조금을 농가에 지급할 예정이다. 이 새로운 정책을 구상하면서, 영국 정부는 홍수 관리, 생물 다양성 복원, 탄소 포집, 역사적 환경 보존과 같은 공공재에만 보조금을 지급하겠다고 약속했다(식량 생산은 제외됐다. 이는 그 자체로 돈을 버는 사업인 데다, 배제성과 경합성을 모두 갖췄으므로 공공재가 아니기 때문이다. 예를 들어 사과는 돈을 내지 않으면 먹지 못하고, 내가 먹으면 남이 먹지 못한다).

환경토지관리계획Environment Land Management Scheme(ELMs)이라고 부르는 이 새로운 보조금 제도는 올바른 방향으로 나아가는 큰 발걸음이 될 수 있다. 제대로 시행된다면, 영국은 지속 가능한 토지 관리 분야에서 세계적인 선두주자가 될 것이다. 그렇지만 이 역시 간단하지 않다. 정부가 다양한 공공재를 어떤 식으로 비교해야 할까? 목초지와 마른 돌담이 어우러진 아름다운 풍경은, 생물 다양성이 풍부한 강변 숲이나 홍수를 막아주는 습지대와 비교해 어떤 가치가 있을까? 납세자의 돈으로 환경 수익을 최대한 창출하는 새로운 보조금 제도를 고안하려면 시간이 오래 걸릴 것이다(시행착오도 분명 겪을 것이다). 게다가 이것만으로는 충분하지 않다. 좋은 관행을 유도하는 정책은 물론, 환경 파괴를 억제하는 장치도 마련해야 할 것이다.

오염자 부담 원칙의 경우, 정확한 비용 부담 방식을 놓고 여전히 논쟁이 치열하다. 1920년에 영국의 경제학자 아서 피구Arthur Pigou는 외부효과를 단순하게 관련 상품에 세금을 부과해 해결하자고 제안했다(피구가 고심한 외부효과는 그 시대의 산물로, 그중 하나가 공장 굴뚝에서 나오는 연기였다. "대도시에서 발생하는 이 연기는 건물과 채소에 끼치는 피해, 옷 세탁과 방 청소에 드는 비용, 인공조명의 추가 설치비 등 다양한 방식으로 공동체에 막대한 무임손실을 안긴다"라고 그는 지적했다).[2]

'피구세'는 외부 비용(부정적 외부효과로 생긴 사회적 비용—옮긴이)만큼 조세를 부과해서 제품의 실제 비용이 가격에 반영되도록 한다. 피구는 이렇게 하면 자유시장이 알아서 효율적으로 작동할 것이라고 주장했다. 생산자가 외부효과의 피해를 최소화하려는 금전적 유인을 갖게 된다고 본 것이다.

그러나 피구세를 식품에 부과했을 때의 효과를 생각해보자. 최근 몇몇 연구는 이 조치가 영국 사회에 미칠 영향을 계산했다(다음 쪽 그래프 참고). 연구자들은 의료서비스 비용과 환경 비용을 포함해 식량 시스템의 모든 외부효과를 식품 가격에 반영할 경우, 주간 장바구니 물가가 2배로 뛸 수 있다는 사실을 발견했다. 나는 처음에 이 결과가 과장됐다고 생각했으나, 지금은 오히려 다소 보수적인 추정치라고 여기게 되었다. 영국 정부가 이렇게 큰 폭의 가격 인상을 단행한다면, 영국 시민은 들고일어날 것이다.

바로 이것이 많은 정책 입안자와 논평가가 식량 시스템의 근본적인 변화 가능성에 대해 회의적이거나 체념적인 태도를 보이는 이유 중 하나다. 그들은 이러한 변화를 두 가지 악 중 하나를 선택하는 문제로 본다. 해롭지만 저렴한 식품을 계속 먹을 것인가, 아니면 가격을 올리고 시민 소요 사태를 감수할 것인가?

영국에서 식품의 숨은 비용은
연간 400억 파운드(약 77조 원)에서
940억 파운드(약 181조 원)로 추정된다.

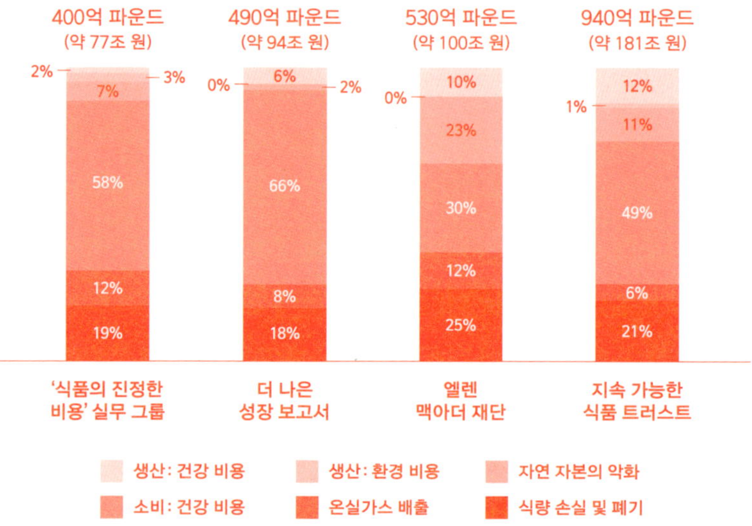

최근 여러 연구에서 식품의 숨은 비용, 즉 가격에 반영하지 않은 건강과 환경에 끼친 부정적 외부효과를 측정하려는 시도가 있었다. 위에서 확인할 수 있듯이, 각 추정치는 연간 400억 파운드(약 77조 원)에서 940억 파운드(약 181조 원)에 이르며, 이는 우리가 이미 식품에 쓴 비용 1000억 파운드(약 193조 원)에 추가되는 금액이다. 나는 처음 이 연구를 접했을 때는 실제 비용이 하한선에 가까울 것이라고 생각했다. 그런데 데이터를 자세히 살펴볼수록, 모든 연구가 식품의 숨은 비용을, 특히 환경 피해를 과소평가하고 있다는 생각이 들었다.

제3의 길은 있다

그러나 피구세는 무딘 도구이며, 유일한 방법도 아니다. 미국의 경제학자 로널드 코스Ronald Coase는 피구에 대한 응답으로 쓴《사회적 비용의 문제The Problem of Social Cost》(1960)에서, 의도치 않은 결과를 줄이면서 다른 생산방식으로 유도할 방법은 많다고 지적했다. 바로 보조금과 지원금, 법적 권리, 금지와 의무 등으로, 이 모두는 입법자의 도구 상자에 이미 들어 있는 것들이다. 정부의 역할은 특정 상황에 가장 효과적인 도구를 사용하는 것이다. 즉 가장 효율적이고 정치적으로 용인되며, 의도치 않은 결과를 최소화하는 도구를 선택하면 된다.

한 가지 적절한 사례로, 영국이 화석연료에서 지속 가능한 에너지원으로 전환한 과정을 들 수 있다. 엄격한 피구식 접근법이라면 모든 화석연료 기반 에너지 요금에 엄청난 탄소세를 부과했을 것이다. 이는 분명 기업들이 재생에너지에 투자하도록 유도했을 것이고, 곧 재생에너지가 석탄이나 가스보다 저렴해졌을 것이다. 그렇지만 이렇게 높은 세금을 부과하면 그에 따르는 정치적·사회적 위험이 크기 때문에 실행하기 어려웠을 것이다.

대신 영국 정부는 풍력 및 태양광 에너지 공급업체에 대한 보조금, 새로운 석탄화력발전소 설립 금지,* 법적 의무(석탄화력발전소가 비용 효율적으로 충족하기 어려운 대기오염 배출 기준)를 도입하기로 했다. 이 모든 조치를 결합한 결과, 현재 풍력발전 비용은 가장 저렴한 석탄화력발전소보다 낮아졌다. 이는 미미한 탄소세만으로 이룬 성과였다.

식량 시스템이 끼친 피해를 줄이거나 되돌릴 때도 이와 비슷하게 접근해야 한다. 외부비용을 제품 가격에 갑자기 반영하면 빈곤층

---

* 2022년 12월, 영국 정부는 이 약속을 깨고 30년 만에 처음으로 잉글랜드 북서부 컴브리아의 신규 탄광 개발을 승인했다.

의 부담이 커지므로, 이보다는 유인책과 억제책을 잘 조합해 급격한 가격 인상 없이도 식량 시스템이 지속 가능한 생산방식으로 전환할 수 있게 유도해야 한다.

이를 위해서는 정부가 이러한 외부효과를 불완전하더라도 측정하고 가격을 매겨야 한다. 그런데 이런 아이디어를 본능적으로 싫어하는 사람들이 있다. 꼭 열렬한 자본주의자만 반대하는 것은 아니다. 때로 환경운동가들도 자연에 가격을 매기는 것을 경계한다. 언론인이자 환경운동가인 조지 몽비오George Monbiot는 일간지 〈가디언Guardian〉에 기고한 글에서 '자연자본' 개념이 "도덕적으로 틀렸고, 지적으로 공허하며, 정서적으로 소외감을 주는 자기파괴적인" 개념이라고 비판했다. 그는 이 개념이, "현금을 뽑아낼 수 없는 한 자연은 아무런 가치가 없다는 인식을 강화한다"라고 주장했다. 이는 결국 자연계를 또 하나의 거래 가능한 상품으로 만들어 시장의 해로운 가치에 휘둘리게 한다는 것이다.*

다스굽타의 보고서도 이와 비슷한 논리로 비판받았는데, 대부분 보고서를 제대로 읽지 않고 비판한 듯했다. 사실 다스굽타는 환경을 규제되지 않는 자유시장에 맡길 때의 위험성을 잘 알고 있다. 그는 "시장만으로는 생태계의 과도한 이용을 막지 못한다"라고 했다.

---

* 이와 반대되는 견해를 피력한 환경운동가가 있다. 환경단체 '지구의 벗Friends of the Earth' 사무총장을 지낸 토니 주니퍼Tony Juniper는 저서 《자연이 우리에게 해준 것What has Nature Ever done For Us?》(2013)에서 자연자본 개념을 강력히 지지하면서, 자연의 '서비스'에 재정적 가치를 부여하는 일이 중요하다고 강조했다. 주니퍼는 자연이 세계 경제에 제공하는 가치는 연간 100조 달러에 이른다고 추산했는데, 이는 세계 GDP의 2배에 달하는 액수다.

또한 일부 생태계의 가치가 본질적으로 무한할 수 있다고 인정하는데, 이는 그 생태계가 신성한 가치를 지녔거나 돌이킬 수 없는 임계점에 가까워졌기 때문이라고 설명한다.

다스굽타는 생태계가 입은 실제 피해를 측정하고 가치를 매기는 것이 불가능할 때가 많다는 점도 인정한다. 예를 들어 우리는 균사체, 박테리아, 원생생물, 고세균 그리고 토양에 서식하는 수많은 미생물과 무척추동물이 보여주는 놀라운 복잡성이 농업과 자연환경 모두에 필수적이라는 사실을 알고 있다. 그렇지만 생태계의 이 영역을 정확히 이해하려면 아직 멀었고, 여기에 가격을 매기기란 더욱 어렵다. 우리가 섣부른 추측으로 자연계의 필수 영역을 저평가해 잘못된 가격을 매기면, 자연게의 피괴를 가속화할 수도 있다. 다스굽타는 특정 서식지의 개발을 막으려면, 많은 경우 세금에 의존하기보다 법적 제한을 두는 편이 더 간단하고 안전할 것이라고 말한다.

자연은 눈에 보이지 않는 '비가시성' 때문에 인간의 활동으로 인해 피해를 입기 쉽다. 그렇지만 이를 보이게 만들 간단한 방법은 없다. 어설픈 개혁은 의도치 않은 결과를 낳기 쉬우므로, 정책 입안자와 활동가 모두 항상 자신의 오류 가능성에 유의하면서 언제든 경로를 수정할 준비가 되어 있어야 한다. 그러나 아무것도 하지 않는 것은 어설픈 개혁보다 더 위험하다.

12장 지구를 뜨겁게 하는 식사

식량 생산이 기후변화를 초래한다

1861년 1월, 아일랜드의 물리학지 존 딘들John Tyndall은 런던왕립학회에서 '가스와 증기가 복사열에 미치는 작용'이라는 다소 건조한 제목으로 강연을 했다. 훗날 틴들은 화학자 마이클 패러데이Michael Faraday와 시인 앨프리드 테니슨 경Lord Alfred Tennyson을 비롯한 청중이 "처음부터 끝까지 숨죽이고 내 강연을 경청했다"라고 말했다.

이 말은 사실일지도 모른다. 그날 무대에서 틴들은 지구 생명체의 신비 중 하나를 풀어냈기 때문이다. 즉 우리의 행성이 생명체가 생존하고 번성할 만큼 온화한 기후를 어떻게 유지하는지를 밝혔다. 이런 행성은 우리가 아는 한 지구뿐이었다.

마르고 당당한 체격을 가진 틴들은 양쪽 구레나룻을 턱까지 길러 위엄 있는 분위기를 풍겼다. 그는 독일에서 화학자 로베르트 분젠Robert Bunsen(분젠 버너를 발명한 사람) 밑에서 공부하던 중 알프스 등반에 매료되었다. 등반을 즐기던 틴들은 산악지역의 온도 변화에 흥미를 느꼈다. 그는 이 온도 변화가, 대기 중에 있는 '완벽하게 무색이고 눈에 보이지 않는 가스와 증기'가 열을 흡수하는 특성과 관련이 있을 것이라는 가설을 세웠다. 틴들은 대기 중 가스(주로 수증기)가 열을 얼마나 흡수하는지 정확히 측정할 수 있는 정교한 장치를 설계하고 제작했다.

태양은 모든 파장의 빛으로 지구를 감싼다. 그중 절반 정도는 지면에 도달하지 못한 채, 구름으로 반사되거나 대기 중 수증기에 흡수된다. 나머지 절반은 지구 표면에 도달하며, 대부분은 육지, 바다, 초목에 흡수된다.

가열된 지구는 그 열을 인간의 눈에는 보이지 않는 적외선의 형태로 다시 대기에 방출한다. 이 에너지 중 일부는 대기 중의 수증기에 갇히고, 일부는 우주로 빠져나간다. 전체적으로 수증기는 우리가 따뜻하게 살 만큼 충분한 열을 가두고, 동시에 우리가 과열되지 않을 만큼 충분한 열을 내보낸다. 이 현상을 틴들은 이렇게 표현했다.

이 수증기는 영국의 식물 생명체에게 인간이 입는 옷만큼이나 중요한 담요다. 이 나라를 덮고 있는 공기 중 수증기를 여름날 단 하룻밤만 제거해도, 영하의 기온에서 파괴되는 모든 식물이 확실하게 사라질 것이다. 들판과 정원의 온기는 허망하게 우주로 빠져나가고, 밤새 서리에 갇혀 있던 섬 위로 태양이 다시 떠오를 것이다.

틴들은 실험을 통해 이산화탄소를 포함한 여러 가지 대기 가스의 흡수 효과를 연구했다. 그렇지만 이런 가스들은 수증기에 비해 아주 미미하게 존재하기 때문에, 지구 온도에 큰 영향을 줄 것 같지 않았다. 지구 대기의 공기로 풍선 100만 개를 채운다면, 그중 수증기로 채울 수 있는 풍선은 2만 5000개가 될 것이다. 반면 이산화탄소로 채울 수 있는 풍선은 오늘날에도 겨우 400개에 불과하다.[1]

그러나 이제 우리는 특정 가스들이 수증기가 흡수하지 못하는 파장의 빛을 가둔다는 사실을 안다. 게다가 이 가스들은 수증기와 달리 대기 중에 쌓인다. 수증기처럼 바다와 호수에서 대기로 올라갔다가 다시 내려오는 끝없는 순환의 왈츠를 추지 않는다. 인간이 만든 기후변화는 대부분 세 종류의 온실가스가 일으킨다. 이산화탄소(CO_2), 메탄(CH_4), 아산화질소(N_2O)다. 식량 생산은 인간의 활동 중 유일하게 세 가지 모두를 배출한다.

부피로 보면 이 가스들은 모두 작은 비중을 차지한다. 풍선에 계속 비유하자면, 이산화탄소가 풍선 400개를 채울 동안 메탄은 풍선 1.5개를 채우지 못하고 아산화질소는 0.25개도 채우지 못한다. 그렇지만 메탄과 아산화질소는 이산화탄소보다 강력하다. 대기 중의 메탄 1톤은 이산화탄소 1톤보다 열을 100배 많이 흡수한다. 아산화질소는 이산화탄소보다 265배 많이 흡수한다. 이런 이유로 1800년 이후 이산화탄소, 메탄, 아산화질소가 비교적 적게 증가했는데도 세계 평균 기온은 섭씨 1.1도 상승했다.

메탄은 또 다른 독특한 특성이 있다. 약 12년에 걸쳐 점차 수증기와 (열 흡수 능력이 훨씬 낮은) 이산화탄소의 혼합물로 변한다는 사실이다. 메탄의 비영구성은 육류 생산이 기후변화에 미치는 영향에 관한 여러 치열한 논쟁의 중심에 있으며, 이에 대해서는 다음 장에서 살펴볼 것이다.

만들어진 재앙

식량 시스템은 농업, 식품 생산, 유통 및 소매를 고려할 때, 전 세계 온실가스 배출량의 25~30퍼센트를 차지한다.[2] 영국의 식량 시스템은 영국 내 온실가스 배출량의 20퍼센트를 차지하며, 모든 수입 식품에서 발생하는 배출량까지 고려하면 그 비중은 약 30퍼센트로 늘어난다.

식량 시스템이 기후변화를 일으키는 경로는 주로 네 가지다.

1. 야생 지역이 농지로 바뀌거나 기존 농지가 숲으로 복원되지 못할 때 발생하는 환경 피해.
2. 농지 토양, 특히 이탄 토양에서 배출되는 탄소.
3. 식량 시스템 곳곳에서 사용하는 화석연료.
4. 농업에서 배출하는 메탄과 아산화질소.

어디든 농사를 위해 토지를 개간하면 환경에 심각한 피해를 준다. 가장 유명한 사례는 아마존 열대우림을 불태운 일이다.[3] 이는 고대의 아름다운 경관과 생물 다양성을 파괴했을 뿐만 아니라, 엄청난 양의 탄소를 대기로 방출했다. 2010년대에 아마존에서 나무를 태워 배출한 탄소는 영국의 7년치 화석연료 배출량보다도 많았다. 물론 한번 숲이 벌목되거나 불타버리면 더 이상 대기 중의 탄소를 흡수하지 못한다.

영국은 아주 오래 전에 숲을 파괴했다.[4] 기원전 5000년경에 영국 땅의 75퍼센트는 야생 숲으로 덮여 있었다. 그러나 인간의 정착지가 넓어지고 정교해지면서, 나무를 베어 땅을 개간하고, 집과 배를 짓고, 연료로 태웠다. 1086년 무렵, 토지대장인 《둠스데이 북Domesday Book》이 완성됐을 때, 숲으로 덮인 잉글랜드 땅의 비율이 15퍼센트로 줄어들었다. 지금은 그 비율이 10퍼센트에 불과하다. 2차 세계대전이 끝날 무렵 최저치인 6퍼센트에서 약간 증가한 수치다.

최근 영국에서 발생한 환경 재앙은 이탄 습지의 파괴다.[5] 이탄은 습지에서 자라는 식물(보통 이끼, 사초, 갈대)이 습하고 산성이며 혐기성인 곳에 가라앉아 생긴다. 이런 환경에서는 부패가 제대로 일어나지 않는다. 그래서 대부분의 죽어가는 생물처럼 썩으면서 내기 중에 탄소를 배출하는 게 아니라, 탄소를 보존한 채로 층을 이루며 습지에 가라앉는다. 이 과정에서 이탄 습지는 매해 헥타르당 0.4~1.1톤의 이산화탄소를 서서히 격리할 수 있다(이에 비해 성장하는 숲은 연간 5~40톤, 온대림은 보통 연간 10~20톤을 격리한다).

이탄 습지가 형성되려면 수천 년이 걸리지만, 이를 갈아엎는 데는 며칠이면 된다. 지난 몇 세기 동안 영국 이탄지의 80퍼센트가 훼손되었다. 이탄을 캐서 연료나 퇴비로 쓰고, 이탄지에 목재를 기르거나 가축을 방목하고 농작물을 심었다. 이탄이 건조해지면 수천 년 동안 쌓인 유기물이 토양 속 박테리아에 의해 분해된다. 이 과정에서 이탄 속 탄소가 이산화탄소로 바뀌어 대기로 방출된다.

이탄 습지를 다른 용도로 전환하면 엄청난 양의 탄소가 배출될 수 있다. 농작물 재배에 쓰이는 저지대 이탄지는 헥타르당 연평균

4톤의 이산화탄소 환산량을 배출한다. 불에 탄 숲과 마찬가지로, 이런 땅은 단순히 탄소를 배출하는 것에서 그치지 않고, 탄소를 더 많이 격리하는 능력을 잃어버린다.

비옥함의 역설

영국 농업은 대부분 인공 제초제와 살충제 그리고 무엇보다도 비료에 크게 의존한다. 요즘은 비료를 거름이나 질소 고정 작물이 아닌 암모니아로 만든다. 암모니아는 10장에서 설명한 대로 거대한 공장에서 에너지 소모가 많은 하버-보슈 공정을 통해 생산된다.

일단 땅에 뿌린 비료는 식물이 흡수하지 못하면 땅속으로 침투한다. 땅에서 강이나 지하 대수층으로 씻겨 들어간 비료는 양쪽 모두를 오염시키거나, 박테리아에 의해 아산화질소로 전환된다. 아산화질소는 우리가 앞서 살펴봤듯이 지난 100년 동안 일으킨 온실효과가 이산화탄소보다 약 265배 강력한 온실가스다. 이러한 효과 때문에 합성비료 하나가 전 세계 온실가스 배출량의 약 4퍼센트를 차지한다 (1퍼센트는 비료 제조 과정에서, 3퍼센트는 아산화질소에서 배출된다).[6]

농기계와 농장 건물을 가동하는 데에도 많은 에너지가 필요하다. 또한 농작물이 농장을 떠난 후에도 또 다른 에너지 소비 과정이 길게 이어진다. 바로 가공, 포장, 운송, 소매, 냉장 보관, 가정과 식당에서의 조리, 폐기물 처리 등이다. 다행스러운 점은 식량 시스템의 이런 부분이 청정하고 효율적인 에너지 혁신으로 점차 혜택을 보고 있다는 것이다. 재생에너지가 화석연료를 대체하면서, 많은 식품 제조업체와 소매점이 탄소발자국을 크게 줄일 수 있었다. 예를 들어 네

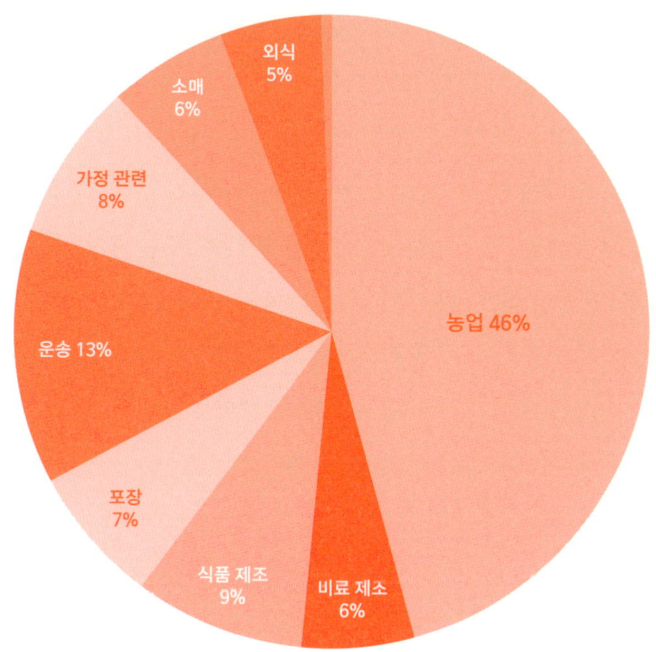

슬레 영국 및 아일랜드 지부는 2007년 이후 사업 전반에 걸쳐 탄소 배출량을 60퍼센트 이상 줄였다.[7]

위의 도표는 온실가스 배출량이 식량 시스템의 다양한 영역에 어떻게 분포해 있는지를 보여준다. 여기서 주목할 점은 운송, 즉 그 유명한 '푸드 마일food mile'이 식량 시스템의 탄소발자국에서 차지하는 비중이 13퍼센트에 불과하다는 점이다. 항공화물은 그중에서도 낮은 비율을 차지하는데(식품에서 발생하는 전체 온실가스 배출량 중 1퍼센트 미만으로 추정한다), 요즘은 항공기로 운반하는 식품이 매우 적기 때문이다.* 온실가스 파이에서 가장 큰 조각은 단연코 '농업'으로, 농작물 재배와 가축 사육을 모두 포함한다.

모든 농업은 온실가스를 어느 정도 배출하지만, 고대와 현대의 여러 기술을 이용해 그 피해를 최소화할 수 있다. 그러나 다음 장에서 살펴보겠지만, 기후변화에 가장 큰 피해를 주는 농업 분야가 있다. 이를 언급만 해도 여기저기서 격렬한 논쟁이 벌어진다. 즉 육식 애호가와 채식주의자, 자유주의자와 환경운동가, 시골을 그리워하는 사람과 변화를 추구하는 사람 사이에 논쟁이 벌어진다. 만약 나처럼 고기를 먹는 사람이라면, 이 논쟁은 불편하겠지만 자신의 양심을 돌아봐야 한다는 뜻이기도 하다.

---

* 항공운송은 탄소 배출량이 낮은 식품을 높은 식품으로 바꿀 수 있다. 예를 들어 아스파라 거스를 영국에서 직접 재배하지 않고 남미에서 재배한 것을 영국으로 운송할 경우, 탄소 발자국이 25배 증가한다.

13장 고기라는 이름의 온실가스

변치 않는 사실 하나,
가축 사육을 줄여야 한다

왼쪽에 소 떼가 풀을 뜯고 있고 오른쪽에 석탄화력발전소가 있는 풍경을 떠올려보자. 소들이 나른하게 풀을 뜯는 동안 따뜻한 바람이 목초지를 가로질러 불어온다. 소들은 인간이 소화하지 못하는 풀을 소화 가능한 고기로 바꾸느라 바쁘다. 이는 목축의 정당성을 둘러싼 무의미한 소셜미디어 설전에서 곧잘 인용되는 논리다. 고기 애호가들은 이렇게 말한다. "저 땅은 어차피 쓸모없잖아. 소나 양을 기르는 게 뭐 어때서?"

그러나 이 목가적 풍경에는 얼핏 보이는 것보다 더 많은 일이 일어나고 있다. 우선 풀은 아무런 손길 없이 자라지 않았다. 영국에서 반추동물이 풀을 뜯는 땅은 대부분 비료를 사용한다. 그래야 풀이 더 무성하게 자라고, 가축이 더 빨리 살을 찌운다.

일단 가축이 먹은 풀은 소화되어야 한다. 소를 비롯한 반추동물은 식물의 셀룰로오스를 발효시켜 녹말로 바꾸는 소화 작업을 한다.

이 과정에서 위에 메탄이 생기는데, 이는 반드시 몸 밖으로 내보내야 한다. 흔히 상상하듯 방귀가 아니라, 주로 트림으로 나온다. 반추동물의 배설물도 메탄과 아산화질소를 배출한다. 이 모든 배출원을 합치면, 반추동물의 트림과 배설물은 영국 농업의 온실가스 배출량에서 3분의 2를 차지한다.[1]

다시 쾌적한 녹색 풍경으로 돌아가 보면, 오른쪽의 발전소에서 이산화탄소를 내뿜고 있다. 이 역시 해롭지만, 소의 트림과는 다른 방식으로 해롭다. 앞 장에서 언급했듯이, 메탄과 이산화탄소는 성질이 서로 다르다. 메탄은 이산화탄소보다 열을 더 많이 가두기 때문에 기후에 더 위험하다. 그러나 수백 년 동안 대기에 머무르는 이산화탄소나 아산화질소와 달리, 메탄은 스스로 변형된다. 메탄은 상층 대기에 풍부한 산화제인 하이드록실 라디칼hydroxyl radicals(OH)과 반응하는데, 일련의 화학 반응을 거쳐 수증기와 이산화탄소로 전환된다. 이때 생성된 이산화탄소는 원래의 메탄보다 열을 가두는 능력이 100분의 1 수준으로 떨어진다.

하이드록실 라디칼은 다양한 오염물질과 반응해 대기 상층부에서 이를 제거하므로 '대류권의 세제'라고도 불린다. 그렇지만 이 과정에서 하이드록실 라디칼 자신도 제거된다. 대기에 메탄이 증가하면 하이드록실 라디칼이 감소해서, 대기에서 메탄을 제거하는 속도가 떨어진다. 1990년에는 메탄 분자가 대기에서 사라지는 데 평균 10년이 걸렸다. 지금은 12년 가까이 걸린다.

대기로 배출되는 메탄가스는 온실효과가 더 크지만, 대기에 오래 머무르지는 않는다. 새로운 소 떼가 대기로 배출하는 메탄의 양은 소 떼의 크기가 변하지 않는 한, 약 12년이 지나면 안정화되어 메탄의 농도가 일정해진다. 소가 트림하면 새로운 메탄이 계속 발생하겠지만, 오래된 메탄은 대기에서 사라지기 시작하기 때문이다.

발전소에서 내뿜는 이산화탄소는 이와 다르다. 탄소는 수백 년 동안 대기에 머무르기 때문에, 계속 쌓이면서 열을 점점 더 많이 가둔다.

반추동물이 줄어야 메탄 농도가 옅어진다

과학자들은 다양한 온실가스가 지구 온난화에 미치는 영향을 측정할 때, 지구온난화지수Global Warming Potential(GWP)라는 척도를 사용한다. 각 온실가스의 GWP는 특정 기간(보통 20년이나 100년)을 기준으로 계산하며, 이산화탄소의 GWP를 기준값 1로 놓고 측정한다. 메탄의 20년 기준 GWP는 85이다. 그렇지만 100년을 기준으로 측정하면 GWP가 34로 떨어지는데, 이는 메탄의 변형 능력 때문이다(아산화질소의 GWP는 두 기간 모두 265로 일정하다).

메탄의 분해되는 속성은 기후변화와 관련해 두 가지 의미가 있다. 하나는 앞서 살핀 상상 속 소 떼처럼 지구상의 반추동물 수가 증가하지 않으면, 12년 후에는 대기 중 메탄 농도가 일정해진다. 즉 현재 존재하는 반추동물은 지구의 온도를 더 이상 끌어올리지 못한다.[*]

이 말은 희망사항처럼 들릴 수도 있다. 현재 식용으로 기르는 가축 수는 그 어느 때보다 많다. 매년 식용으로 도축되는 반추동물도

***

[*] 대기과학의 복잡한 원리에 따라, 메탄의 지구온난화 효과 자체를 일정하게 유지하려면 소 떼의 크기가 매년 0.3퍼센트씩 줄어야 한다.

약 13억 마리에 이른다. 그런데 최근 몇 년 사이에 전 세계적으로 반추동물을 찾는 수요가 줄어들기 시작했다. 선진국에서는 건강이나 환경에 대한 우려 때문인지 소고기와 양고기의 소비가 (아주 미미하게나마) 감소하는 추세다. 개발도상국에서도 고기 소비 증가율이 둔화하고 있다. 일부 논평가들은 전 세계가 '고기 소비의 정점'에 도달한 것일 수 있다고 주장한다. 그게 사실이라면, 반추동물의 소비를 지금보다 더 늘리지만 않아도 메탄 배출량을 현재 수준으로 제한할 수 있을 것이다.

그런데 더 나아가 반추동물 소비량(또는 반추동물이 배출하는 메탄량)을 적극적으로 줄이면 어떻게 될까? 메탄의 비영구적 속성 덕분에 지구에 냉각 효과가 나타날 것이다. 만약 지구상의 모든 반추동물이 내일 당장 사라진다면, 이들이 평생 배출한 메탄은 약 12년 후에 거의 사라질 것이다. 그리고 몇십 년이 더 지나면 지구의 온도는 이 동물들이 존재하지 않았던 것처럼 다시 낮아질 것이다.

물론 이런 상황은 일어나지 않을 것이다. 그렇지만 축산업을 줄이면 대기 중 메탄 농도에 직접적이고 비교적 빠르게 영향을 줄 수 있다. 더 많이 줄일수록 냉각 효과도 커진다. 이산화탄소나 아산화질소의 경우는 메탄처럼 사라지게 할 방법이 없다. 따라서 고기 소비를 줄이는 것은 너무 늦기 전에 기후변화에 빠르게 제동을 걸 수 있는 몇 안 되는 방법 중 하나다.

일부 사람들은 메탄이 비영구적이기 때문에 다른 온실가스만큼 긴급하지 않다고 주장한다. 대기로 배출된 탄소는 영원히 그곳에 남으므로 그 누적 효과를 막으려면 탄소 배출 차단을 최우선 과제로 삼

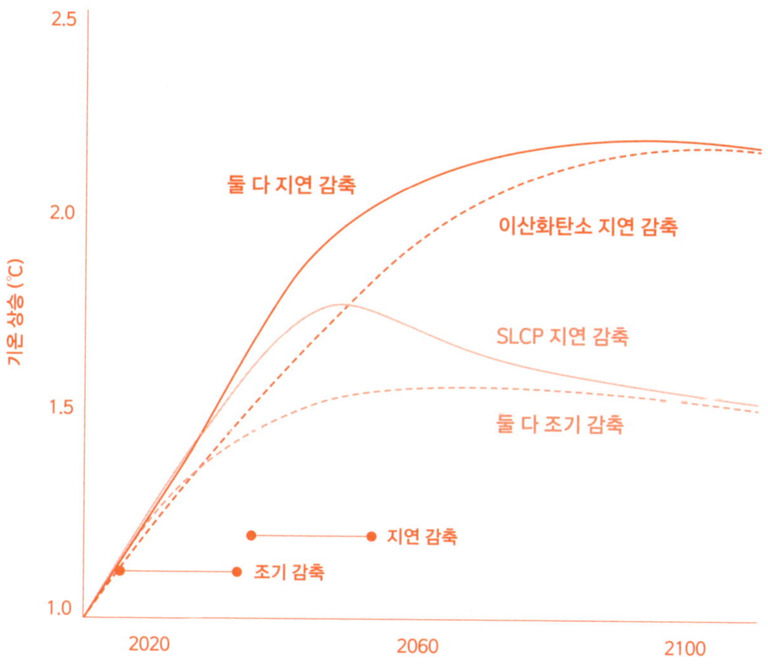

이 도표는 육류 소비를 당장 줄여야 하는 이유를 보여준다. 이는 영국의 선도적인 기후 학자 마일스 앨런Myles Allen이 작성한 것이다. 여기서 'SLCP'는 '단기체류 기후변화 유발 물질short lived climate pollutants'의 약자로, 주로 메탄을 뜻한다. 메탄과 이산화탄소의 배출을 모두 줄이면, 지구 온난화를 섭씨 1.5도로 제한할 수 있다. 그렇지만 메탄 감축을 늦추면, 지구 온도는 섭씨 1.5도 이상 상승했다가 다시 하락할 것이다. 그 일시적인 온도 상승이 임계점을 넘어설 경우, 환경과 기후 시스템에 돌이킬 수 없는 피해를 줄 수 있다.

아야 한다는 것이다.

그러나 지금 우리에게는 이런저런 정책을 고를 여유가 없다. 우리는 탄소와 메탄의 배출을 동시에 줄여야 한다. 위의 도표에서 볼 수 있듯이, 메탄 배출을 지금 당장 줄이면 2035년에 줄일 때보다 평균 기온 상승 폭을 섭씨 0.25도 낮출 수 있다. 이는 기후변화를 관리 가능한 범위에 둘 것인지, 아니면 빙하가 녹아내리고 해류가 교란되며 산호초가 영구히 파괴되는 임계점을 넘을 것인지를 선택하는 문제라고 할 수 있다.

같은 육류라도 탄소 배출량은 다르다

고기 소비를 줄이는 것이 메탄 배출을 줄이는 유일한 방법은 아니지만, 현재까지는 가장 효과적이다. 일부 축산농가는 메탄 배출이 적은 사육법을 실험하고 있다. 즉 가축의 장내 메탄 생성을 억제하는 보충제를 먹이거나, 메탄 배출이 적은 가축을 선별해 기른다. 대형 식품 제조업체 네슬레는 이러한 농장에서 생산한 유제품을 구입할 경우, 10년 안에 자사 유제품의 탄소발자국을 절반으로 줄일 수 있다고 보고 있다.

특정 육류가 다른 육류보다 생태적으로 더 해로운 이유는 여러 가지가 있다. 다음 쪽 도표는 다양한 식품에서 단백질 100그램을 생산할 때 발생하는 온실가스 배출량을 보여준다(총 배출량은 주요 온실가스를 모두 측정한 것이지만, 앞서 말한 GWP 척도를 이용해 이산화탄소 환산량인 CO_2-eq로 기록했다). 각 식품을 어떤 방식으로 재배하고 가공하느냐에 따라 같은 식품군 내에서도 배출량이 더 높거나 낮아지는 등 편차가 있다.

예상대로 식물성 단백질은 도표에서 왼쪽에 위치하는데, 이는

단백질 100그램당 온실가스 배출량

(이산화탄소 환산 킬로그램: kg CO₂-eq)

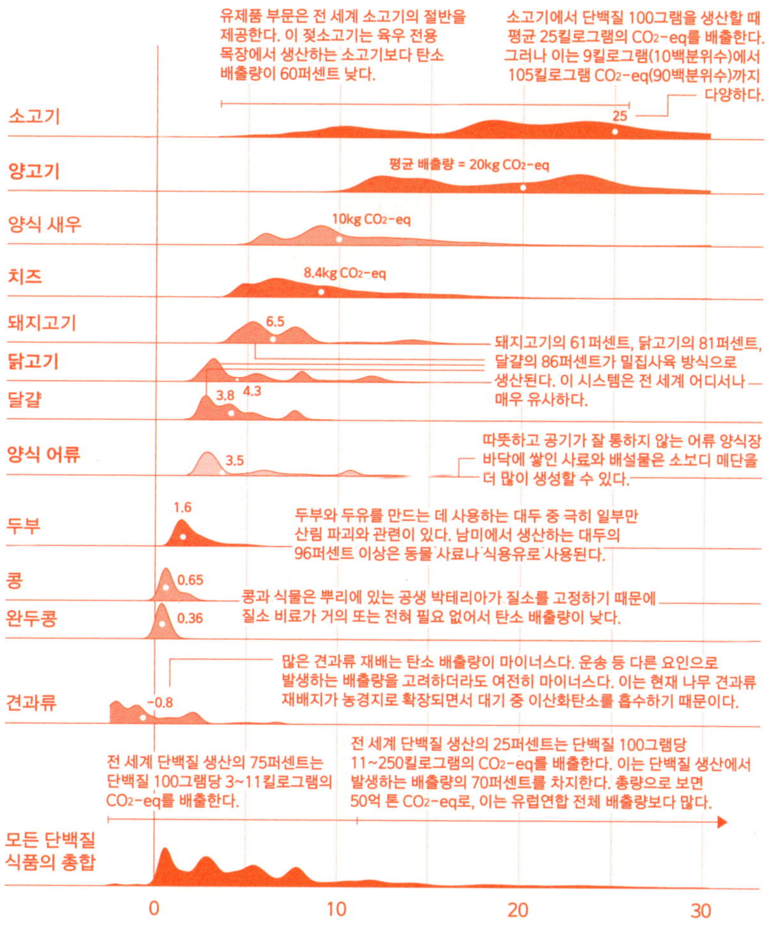

이 도표는 통계 사이트 〈데이터로 보는 세상Our World in Data〉의 부편집장 해나 리치Hannah Ritchie가 작성했다. 이는 119개 국가에서 상업적으로 운영하는 농장 3만 8700개를 표본으로 삼아, 다양한 식품의 단백질 100그램당 온실가스 배출량을 측정한 것이다. 리치는 "탄소발자국을 줄이려면, 지속 가능한 육류를 생산하는 것보다 육류 소비 자체를 줄이는 것이 거의 항상 더 낫다"라고 결론 내렸다.

탄소 배출량이 낮다는 뜻이다. 반면 고기와 유제품은 탄소 배출량이 높은 오른쪽으로 훨씬 치우쳐 있다. 그러나 상황은 단순하지 않다. 예를 들어 어류 양식은 대부분 도표 왼쪽에 있다. 이는 동물성 단백질 중에서 탄소 배출이 가장 적은 편이다. 그렇지만 가끔 발생하듯 양식장이 따뜻하고 산소가 부족한 상태로 방치되면, 바닥에 가라앉은 사료와 배설물이 발효되어 단백질 1킬로그램당 배출하는 메탄이 소 사육보다 많아질 수 있다. 이런 이유로 어류 양식은 오른쪽으로 길고 가느다란 꼬리가 뻗어 있다.

닭고기도 비교적 탄소 배출이 적은 단백질이지만, 도표를 보면 오른쪽으로 울퉁불퉁한 꼬리가 있다. 이는 일부 닭 사육법이 다른 방법보다 탄소 배출이 훨씬 많기 때문이다. 우리는 직관적으로 그 주범이 실내 밀집 사육이라고 생각할 것이다. 닭을 온도 조절이 되고 형광등이 켜진 양계장보다는 자연에 풀어놓고 기르는 편이 더 기후 친화적이라고 확신할 것이다. 아쉽게도 그렇지 않다. 어떤 가축은 밀집된 공간에서 기를수록 오히려 탄소 효율성이 높아지는 경향이 있다. 동물복지, 분뇨 유출로 인한 오염, 대기 중 암모니아 배출 등 다른 중요한 문제를 제외했을 때, 밀집 사육한 닭은 자연 방목한 닭보다 탄소발자국이 적다. 그 이유는 실내에서 기르는 닭이 체중 증가가 더 빠르고 바이러스에 덜 감염되며, 질병에도 덜 걸리고, 도축 전에 죽는 경우가 적기 때문이다. 이렇게 생존 확률이 높아지면 더 적은 투입물(닭 사료 봉지)로 더 많은 생산물(닭고기 1인분)을 얻는다.

축산업에서 탄소 배출 격차가 가장 큰 곳은 소 사육이다. 182쪽 도표는 소고기 1킬로그램당 배출하는 평균 탄소량을 국가별로 보여준다(각국의 소고기 생산량도 함께 표시함). 그 범위는 매우 넓다. 파라과이는 소고기 1킬로그램당 200킬로그램이 넘는 탄소를 배출하는 반면, 덴마크는 15킬로그램 이하로 배출한다. 이렇게 차이가 나는 이유는 다양하다. 숲을 개간해 목초지를 만들면(아직도 많은 나라에서 이뤄지고 있다) 탄소 배출량이 크게 증가한다. 이는 개발도상국만의 문제가 아니다. 호주 퀸즐랜드에서는 전체 산림 파괴의 73퍼센트가 소고기 생산으로 인한 것이다(이 도표는 다소 불공정한 면이 있는데, 영국 등 다른 나라가 과거에 행한 산림 파괴를 반영하지 않았기 때문이다. 그 피해는 이미 발생한 매몰비용으로 간주한다). 이외에도 탄소 배출에 영향을 주는 요인으로 가축을 얼마나 밀집해서 기르는지, 목초지에 적합한 토지인지(영양가 있는 풀을 기르기 위해 탄수 집약적 비료를 얼마나 뿌려야 하는지), 그리고 유제품 생산에 이용한 젖소를 소고기로 활용해 탄소발자국을 전반적으로 줄이는지 등이 있다.

소 사육에서 발생하는 영국의 탄소 배출량은 최악의 탄소 배출국보다 훨씬 낮지만, 일부 OECD 국가들, 특히 거대하고 (대다수 영국인의 눈에) 디스토피아적인 사육 시스템을 갖춘 미국보다는 높다. 다시 말하지만, 밀집 사육은 탄소 배출을 줄이는 효과가 있다. 곡물을 먹고(풀보다 칼로리가 높다) 성장 호르몬을 맞은 소는 체중이 더 빨리 증가해 더 어린 나이에 도축장에 끌려가므로, 풀밭에서 자란 소보다 메탄을 배출할 기회가 적다. 이는 감각 능력을 가진 동물에게 바람직한 삶은 아니겠지만, 메탄 배출로 인한 환경 비용은 확실히 낮아진다.

덴마크처럼 탄소 배출량이 가장 낮은 국가들은 밀집 사육으로 기른 젖소를 우유 생산이 끝나면 젖소고기로 활용한다. 젖소는 평생

온실가스 발자국(이산화탄소 환산량/소고기, 도체 중량 기준)

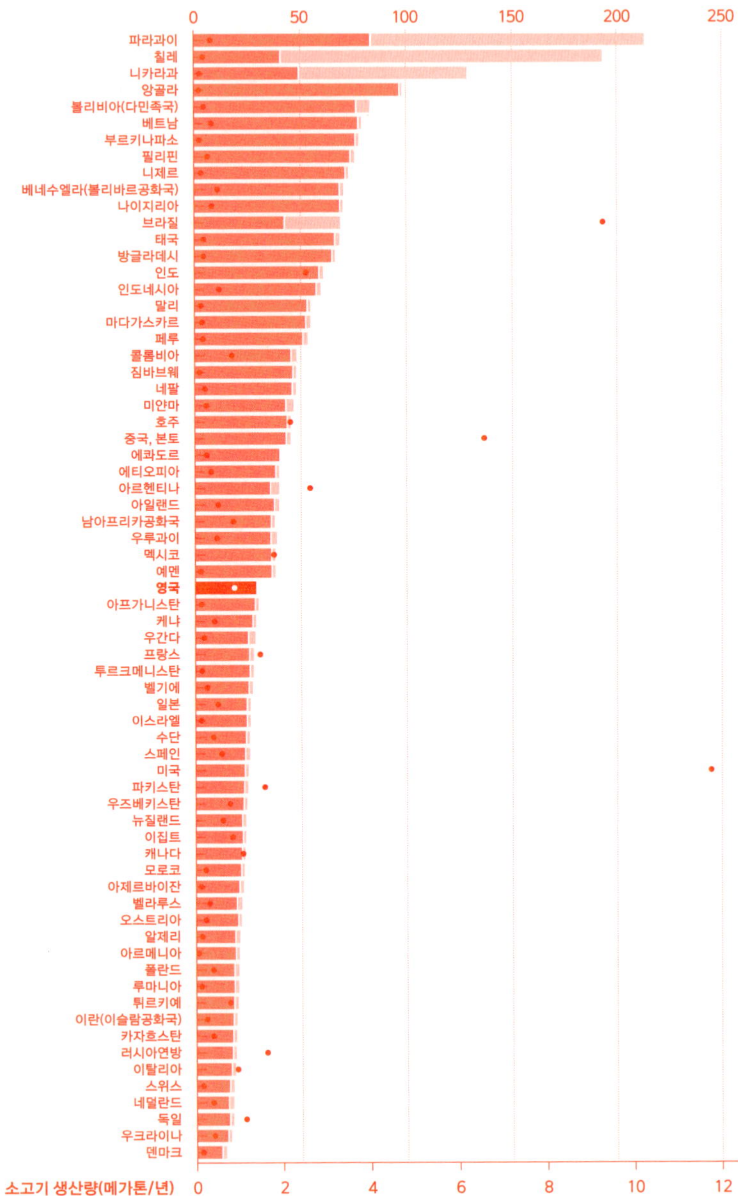

우유 형태로 단백질을 생산하기 때문에, 총 단백질 1킬로그램당 배출하는 탄소 비율이 낮다. 젖소고기는 아직 영국인이 선호하는 맛은 아니지만 유럽 대륙에서는 육질과 마블링, 풍미를 개선한 젖소고기를 별미로 여긴다.

축산업을 새롭게 바라보기

고기 소비에 대한 찬반 논쟁은 우리가 축산농가로부터 단순히 먹을거리만 얻는 게 아니라는 점 때문에 더욱 복잡해진다. 영국에서 소와 양을 기르고 유제품을 생산하는 축산업은 '전통적인' 시골 풍경을 형성하는 데 중요한 역할을 한다. 이 가축들은 말 그대로 자연 경관의 일부다.

가축은 생태적으로도 중요한 역할을 한다. 일부 토종 소는 '목초지 숲'을 만드는 야생 복원 프로젝트에 동원된다. 나무와 덤불이 자생하는 곳에서 작은 소 떼가 땅을 밟고 풀을 뜯으면, 새로 자라는 숲에 공터가 생긴다. 이곳으로 햇빛이 들어오면 생물 다양성이 풍부한 공간이 형성된다.

일부 재래식 농가도 작물 순환 시스템의 일환으로 소와 양을 다시 기르고 있다. 가축이 휴경지에서 풀을 뜯게 하는 이 전통 관행은 녹색혁명 이후로 인기를 잃었다. 그런데 이렇게 하면 토질이 개선되고, 일부 식물의 질병이 사라지며, 값비싼 비료와 농약의 사용이 줄어든다는 사실을 점점 많은 농가가 깨닫고 있다. 또 소를 적절한 환경에서 적절히 활용하면, 탄소를 효과적으로 격리할 수 있다고 보는 입장도 있다(아래 상자 참고).

이렇게 창의적이고 생태적인 축산업을 장려하는 것은 중요하다. 그렇지만 현실적으로 이 방식은 현재의 육류 소비를 따라갈 만큼 충분한 고기를 생산하지 못할 것이다. 따라서 육류 소비를 줄이지 않고서는 온실가스 배출량을 안전한 수준으로 줄일 수 없다.

탄소 카우보이[2]

소가 기후변화를 일으키는 원인이 아닌 해결책이 될 수 있을까? 이는 무리 방목의 한 형태인 적응형 순환 방목Adaptive Multi-Paddock(AMP)을 지지하는 사람들의 주장이다. 이 새로운 방목법은 의도적으로 옛 방식을 되살렸다. 즉 한때 야생 들소 무리가 토착 초원을 돌아다니던 모습을 본떠 설계했다. AMP 방목은 소를 한곳에 오래 방목하지 않고 작은 방목장(대부분 이동식 전기 울타리로 구획한다)을 계속 옮겨 다닌다. 때로는 하루에 한 번 이상 이동하면서 소에게 풀을 먹인다. 소가 다른 구역에서 풀을 뜯을 동안, 방목장의 풀은 회복하고 다시 자란다. 그러면 풀의 줄기가 길어지고 광합성이 더 많이 일어나며(탄소가 유기물로 전환된다), 뿌리가 더 깊어져 토양 속 영양분에 더 쉽게 접근할 수 있다. 소들이 각 방목장을 이동하면서 풀을 뜯고 땅을 많이 밟으면, 지열 상승과 수분 증발을 막아주는 보호막이 형성된다. 게다가 소들은 이동하기 전에 배설물을 남긴다. AMP 방목은 풀을 무성하게 키우기 위해 인공 질소를 사용할 필요가 없다. 소들이 알아서 목초지를 비옥하게 해주기 때문이다.

2014년에 다큐멘터리 〈토양 탄소 카우보이Soil Carbon Cowboys〉를 공개해 AMP 방목을 널리 알린 영화 제작자 피터 바이크Peter Byck는 현재 미국 남동부에서 이웃한 목장 다섯 쌍을 상대로 학술 연구를 진행 중이다. 각 쌍에서 한쪽 목장은 적어도 10년 동안 AMP 방목을 했고, 다른 목장은 재래식 방목을 그대로 해왔다. 생물 다양성은 AMP 목장이 훨씬 풍부했다. AMP 목장은 재래식 목장에 비해 초원에 서식하는 조류가 평균 4배 더 많았고 곤충도 3분의 1이 더 많았다. AMP 목장은 토양 속 미생물도 평균 25퍼센트 더 많았고, 인공비료를 사용하지 않는데도 유효 질소 함량이 9퍼센트 더 높았다. 토질이 좋을수록 흡수력도 높아서, 시간당 흡수하는 빗물의 양이 3배 더 많았다. 이는 홍수, 토양 침식, 수로 오염의 위험을 낮췄다. 결정적으로 AMP 목장은 수익성이 더 높았다. AMP 방목 덕분에 가축을 더 많이 키우면서도 건초와 비료의 비용을 줄일 수 있었기 때문이다.

또한 바이크는 아직 공개하지 않았지만, AMP 방식의 목초지가 상당량의 탄소를 격리할 수 있다는 새로운 증거가 있다고 했다. 소의 배설물이 토양에 새로운 유기물 층을 형성하고, 그중 일부가 점차 새로운 토양으로 변하면서 그 안에 탄소를 가둔다는 것이다. 그렇다면 AMP 방목은 기후변화에 대응하기 위한 주요 도구가 될 수 있을까?

대다수 토양 및 기후 전문가들은 이 주장에 매우 회의적이다. AMP 방목이 환경에 상당히 이로울 수 있다는 점은 이들도 인정한다. 적절한 토양과 적절한 기후조건을 갖추면, AMP 방목은 소의 메탄 배출을 감안하더라도 탄소 격리가 가능하다는 연구 결과가 있다. 그렇지만 그 토지를 다른 용도로 이용할 때만큼 많은 양을 격리하지는 못한다. 최근 과학 주간지 〈사이언스〉에는 목초지를 자연 상태로 되돌리면 대기 중 탄소를 평균 10배에서 20배 더 많이 제거할 수 있다는 주장이 실렸다. 게다가 모든 소를 AMP 방목으로 키우고 밀집 사육을 중단한다면, 현재의 육류 수요에 맞추지 못한다. AMP 방목은 환경과 기후에 유익한 최고의 소 사육법으로 밝혀질 수도 있다. 그렇더라도 온실가스 순 배출량 제로에 도달하려면 육류 소비를 전반적으로 줄일 필요가 있다.

14장 동물의 고통

감각을 느끼는 존재에 대한 예의를 지키자

육류 소비가 환경적으로 옳은지 그른지를 논할 때, 고기가 실제로 무엇인지 잊기 쉽다. 고기는 단순한 제품이나 식재료가 아니다. 그것은 감각이 있는*(또는 있었던) 동물의 살이다.

종의 성공을 재생산한 DNA의 양으로 측정한다면, 농장 가축이 진화의 가장 큰 승자라고 할 수 있다. 현재 지구상에는 약 800억 마리의 동물이 식용으로 길러진다.[1] 그런데 여기서 성공은 어떤 의미일까? 이 동물들은 어떤 삶을 살거나 견디다가, 트럭에 실려 도축장으로 끌려가게 될까?

상업적 관점에서 볼 때, 축산은 무자비할수록 더 경제적이다. 비

---

* '감각이 있는sentient'의 사전적 정의는 '감각기관을 통해 지각하는 능력'을 뜻한다. 이는 신체적 고통을 인지하는 것부터 섬세한 감정을 느끼고, 지적 의식을 갖는 것까지 다양한 범주를 포함한다.

좁은 공간에 가축을 최대한 밀어 넣고, 다량의 항생제로 질병을 억제하며(항생제는 면역계에 소모되는 에너지를 줄여 성장을 촉진하는 효과도 있다), 빨리 성장시켜서 어릴 때 죽인다.

"돼지가 동물이라는 생각은 잊어라. 그냥 공장에 있는 기계처럼 다뤄라." 1976년 미국에서 발간된 농장 관리 지침서 〈양돈농가관리 Hog Farm Management〉에 실린 조언이다. 이후 미국에서는 동물복지에 관한 연방법이 단 한 건도 통과되지 않았고, 미국 돼지들은 여전히 열악한 환경에서 살아간다. 미국 농가는 어미 돼지를 임신 기간 내내, 비좁아서 움직이지도 못하는 '임신 우리'에 가둘 수 있다. 거의 모든 새끼 수돼지는 거세되는데, 수컷 호르몬 때문에 돼지고기에 누린내가 나거나 맛이 변하는 현상을 막기 위해서다. 새끼 돼지의 음낭을 가르고 고환을 꺼내 잘라내는 거세 절차는 미국만의 관행이 아니다. 유럽연합 농장에서도 새끼 수돼지의 약 80퍼센트가 대개 통증 완화제 없이 거세된다.

세계 최대 돼지고기 소비국이자 생산국인 중국은 점점 더 많은 돼지를 거대한 다층 실내 축사에서 기르고 있다. 수백만 마리의 돼지가 철제 칸막이에 갇혀 햇빛을 보지도, 비를 맞지도, 땅을 밟아보지 못한 채 평생을 보낸다.[2] 최근 후베이성에 문을 연 한 양돈 축사는 26층 규모로, 연간 120만 마리를 길러 도축할 것으로 예상된다(참고로 영국 전역에서 생산하는 돼지의 수는 연간 400만 마리 정도다). 대량 살처분이 필요할 때, 예를 들면 아프리카돼지열병의 확산을 막아야 할 경우, 중국의 양돈 농가는 거대한 구덩이에 돼지를 몰아넣고 산 채로 묻는다고 한다.

중국 남부 구이강 근처에 있는 12층짜리 밀집형 양돈 축사. 삽입된 사진은 이 시설에서 기르는 돼지다.

어쩌면 그것이 산 채로 요리되는 것보다는 나을지 모른다. 이는 코로나19 대유행 때 미국 돼지 수백만 마리가 겪은 일이었다. 인력 부족으로 도축장과 가공 공장에 작업이 밀리자, 농가들은 이미 과밀상태인 농장에서 성숙한 가축을 처분해야 했다. 이들은 축사를 난방기와 증기 발생기를 갖춘 거대한 오븐으로 개조했다. 그런 다음 돼지를 그 안에 몰아넣고 문을 잠갔다.[3] 미국수의학협회American Veterinary Medical Association는 이 방법을 '인도적'이라고 평가했는데, 모든 돼지가

한 시간 내에 죽었기 때문이다.

영국은 다른 국가들에 비해 동물복지 규정이 훨씬 엄격한 편이다. 그렇더라도 모든 집약적 축산에는 어느 정도 고통이 뒤따른다. 이는 동물을 자연환경과 멀어진 좁은 공간에 몰아넣고, 최대한 효율적으로 죽이는 과정에서 비롯되는 불가피한 결과다.

예를 들어 닭은 너무 비좁은 공간에 모여 살면 서로 사납게 쪼아 댄다. 이를 막기 위해 감각이 예민한 부리를 일부 잘라낸다. 도축 직전의 닭은 컨베이어 벨트에 거꾸로 매달려 전기가 흐르는 물에 머리를 담갔다가 목이 잘린다. 수십억 마리의 물고기는 질식·냉동·압사로 죽고, 돼지는 가스에 질식사한다. 이 모든 관행을 '인도적'으로 여기는 이유는 그 대안이 더 끔찍하기 때문이다.

고기를 먹기 전에 우리가 동물에 가한 고통을 떠올리는 것은 분명 끔찍한 일이다. 그래서 우리는 대개 그런 생각을 피하려고 한다. 아이러니하게도 이러한 불쾌감 자체가 식량 시스템의 부산물이다. 다른 종을 요리해 먹는 법을 배우지 않았다면 우리는 크고 복잡한 뇌를 발달시키지 못했을 것이다. 또 그런 뇌가 없었다면, 우리가 저지른 행동의 도덕적 결과를 이해하지 못했을 것이다. 그리고 그런 실수를 바로잡는 데 필요한 지적 근육도 발달하지 못했을 것이다.

동물에 대한 예의

1830년대 초, 영국 왕립동물학대방지협회(RSPCA)의 창립 회원 중 한 명인 윌리엄 윌버포스William Wilberforce가 잉글랜드 남서부에 있는 바스시를 산책하고 있었다. 당시 70대에 접어든 그는 전기 작가 존

콜쿤John Colquhoun의 묘사에 따르면, '난쟁이처럼 작고 몸이 심하게 뒤틀린' 인물이었다. 한번은 그가 유독 가파른 길을 헐떡이며 올라가다가, 말수레에 석탄을 싣고 가던 두 마부와 마주쳤다.

수레를 끌던 말 한 마리가 발을 헛디뎌 고꾸라졌다. 두 마부 중 덩치가 큰 거구의 사내가 버럭 화를 내며 지친 말을 걷어차고 때리기 시작했다. 이때 키가 152센티미터 남짓한 윌버포스가 달려가 그를 막아 세우고는 "우아한 질책"을 퍼부었다. 일설에 따르면, 그 건장한 사내는 "천둥 구름처럼 얼굴을 잔뜩 찌푸리고는 자기 앞에 나타난 하찮은 난쟁이에게 주먹을 날리려고 했다." 다행히 다른 마부가 그를 알아보고는 동료에게 다가가, 이분은 위대한 노예제 폐지 활동가이자 하원의원이니 침착하라고 속삭였다. 그러지 "순식간에 마부의 표정이 환해졌고, 분노와 증오로 일그러졌던 표정이 경외심 가득한 표정으로 바뀌었다."

이 일화는 윌버포스가 생애 후반에 명성이 자자했을 뿐만 아니라, 노예제 폐지 외에도 여러 업적을 남겼음을 보여준다. 1787년 28세의 윌버포스는 일기장에 이렇게 적었다. "전능하신 신이 나에게 두 가지 큰 과제를 내려주셨다. 노예무역의 억제와 예절 개혁이다." 현대인의 귀에는 두 번째 과제가 고리타분하게 들리겠지만, 여기서 예절은 도덕을 뜻한다. 독실한 기독교 신자였던 윌버포스가 보기에 영국 국민의 도덕성은 당시 인간과 동물 모두에게 가해지던 수많은 야만적 관행 때문에 훼손되고 있었다.

한 가지 예를 들면, 윌버포스는 황소 괴롭히기bull-baiting라는 '스포츠'를 맹비난했다. 경기가 열리는 날이면 황소는 마을을 한 바퀴

행진한 다음 말뚝에 묶였다. 당시 불도그는 이 대중적 오락거리를 위해 특별히 개량된 품종으로, 황소 몸에 들러붙어 잘 떨어지지 않게끔 커다란 머리와 억센 턱, 작은 몸집을 갖췄다. 경기가 시작되면 불도그들은 땅에 바짝 엎드려 황소에게 다가갈 기회를 노렸고, 황소는 뿔로 불도그를 밀어냈다. 마침내 불도그 한 마리가 황소의 얼굴이나 코를 물어뜯고 피부를 갈기갈기 찢어놓으면, 황소는 이를 떨치려고 몸부림쳤다. 그러면 불도그가 공중으로 튕겨 나갔다. 땅에 떨어질 때 목이 부러지지 않은 불도그는 다시 기어가 황소에게 덤볐다.

당시 이러한 '예절'을 개혁하려던 윌버포스의 캠페인은 너무 엄숙하고 쓸데없는 간섭이라며 여러 비평가에게 무시당했다. 그는 노동계급의 '거친 즐거움을 괜히 트집 잡는다'는 비난도 들었는데, 이는 그가 살았던 조지 왕조 시대의 트위터에서나 나올 법한 자유주의적 비난이었다.

1822년 영국은 세계 최초로 동물복지법을 제정했다. 바로 '가축에 대한 잔인하고 부적절한 대우를 방지하는 법'이었다. 그런데 놀랍게도 황소 괴롭히기는 이 법에서 제외되었다. 이에 윌버포스는 다른 활동가들과 손잡고 '동물학대방지협회Society for the Prevention of Cruelty to Animals'를 설립했다. 1835년, 일정 부분 협회의 로비 활동 덕분에 황소 괴롭히기는 마침내 금지되었는데, 윌버포스가 세상을 떠난 지 2년 후였다. 1840년, 빅토리아 여왕은 협회 이름에 '왕립'을 붙이는 것을 허락했다.

윌버포스가 동물복지에 관심을 가진 것은 그의 기독교 신앙에서 비롯되었다. 당시 대다수 경건한 시민들처럼 그도 〈창세기〉 1장

26절의 말씀대로, 신이 인간에게 "바다의 물고기와 하늘의 새, 가축, 온 땅, 그리고 땅 위를 기어 다니는 모든 것을 다스릴 권한을 주셨다"라고 믿었다. 그렇지만 그는 이 권한을 행사할 때 이유 없이 잔인하거나 무분별하지 않도록 주의해야 한다고 생각했다. 동물을 함부로 대하는 것은 그 자체로 잘못일 뿐 아니라, 신성하고 고귀한 우리의 영혼을 타락시키는 일이라고 생각했다.

이는 현대의 일부 휴머니스트의 입장과 비슷하다. 이들 역시 인류를 유일하게 도덕적인 종으로 여기며, 고도의 감각 능력 덕분에 동물 중 유일하게 권리와 의무를 지닌다고 본다. 그들은 이러한 독특함 때문에 우리가 동물을 연민으로 대하고 불필요한 고통을 피해야 할 의무가 있다고 주장한다('불필요한'이라는 단어는 여기서 매우 묵직한 의미로 쓰였다).

그런데 인간이 우리가 생각하는 것만큼 특별하지 않다면 어떻게 될까? 저 멀리 아리스토텔레스 시대부터 철학자들은 이른바 '고등동물'이 인간과 같은 감정을 경험한다고 인식했다. 찰스 다윈은 더 나아가 "인간과 고등동물은 정신 능력에서 근본적인 차이가 없다"라고 주장했고, 하등동물조차 "기쁨, 고통, 행복, 불행을 명백히 느낀다"라고 말했다. 《종의 기원》에서 다윈은 이를 "자연은 도약하지 않는다Natura non facit saltum"라고 한마디로 표현했다.

다윈은 조롱받았고, 그의 견해는 동료 과학자들 사이에서도 극소수 의견이었다. 그러다 최근 몇십 년 사이에 동물의 감각 능력에 대한 더 상세한 연구가 이뤄지면서 그의 주장이 옳다는 것이 입증됐다. 이른바 '하등동물'조차 이전의 과학자들이 생각했던 것보다 더

복잡한 내면세계가 있는 것으로 밝혀졌다.

"랍스터도 고통을 느끼나요?"

1990년대에 로버트 엘우드Robert Elwood라는 젊은 신경과학자가
동네 술집에 갔다. 그는 해산물 요리사 릭 스타인Rick Stein이 맥주를 마
시는 모습을 보고는 같이 대화를 나누었다. 스타인은 엘우드가 갑각
류를 연구한다는 말을 듣고 많은 요리사가 궁금해하는 질문을 하며
정확한 답을 알려달라고 했다. "랍스터도 고통을 느끼나요?" 엘우드
는 랍스터의 신경생물학이 우리와 너무 달라서 확실히 알 수 없다고

답했다. 그러나 자신의 답변에 만족하지 못한 그는 이를 알아내리라 결심하고 자리에서 일어났다.

당시에는 무척추동물은 고통을 느끼지 못한다는 통념이 있었다. 무척추동물이 뜨겁거나 날카로운 물체에 반응해 움츠러들어도, 이를 단순한 반사작용으로 여겼다. 즉 부상을 피하려는 무의식적인 본능으로 이해했다. 엘우드는 바닷가에 사는 게를 대상으로 실험했다. 아이들이 해변에서 잡아 양동이에 담는 흔한 게였다. 그는 게의 더듬이에 가벼운 자극제를 바른 다음 고통의 징후를 보이는지 관찰했다. 게들은 수조 유리벽에 더듬이를 문지르며 자극제를 없애려는 듯한 행동을 했다. 엘우드가 그 부위에 마취제를 바르자, 게들은 문지르기를 멈췄다. 이는 게도 고통을 느낀다는 것을 암시하는 행동이었다.

이후 실험에서 엘우드는 갑각류가 수조의 특정 구역에서 전기충격을 받으면 그곳을 피하도록 학습한다는 사실을 밝혀냈다. 이는 갑각류가 고통을 느낄 뿐 아니라, 그것을 기억하고 학습하는 능력이 있음을 시사한다. 또한 갑각류는 다친 팔다리를 감싸기도 했는데, 이는 더 큰 고통을 피하려는 의도로 보였다(참고로 엘우드는 랍스터를 산 채로 끓는 물에 넣는 것을 좋아하지 않는다. 그의 말에 따르면 머리를 찔러 죽이는 것이 더 빠르고 인도적인 방법이다).

엘우드를 비롯한 여러 과학자는 '하등동물'의 감각과 행동에 대한 우리의 이해를 빠르게 넓히고 있다. 예를 들어 벌은 긴장한 징후를 보이고, 불쾌한 경험을 피하는 법을 금방 습득한다. 물고기는 기억력이 꽤 좋은 편이고, 보상을 통해 간단한 작업을 수행하도록 훈

련할 수 있다. 또한 미리 계획을 세우고 문제를 해결하며 놀이도 즐긴다.

여전히 이 모든 연구를 모호한 인간 중심적 해석으로 보는 회의적인 시선이 있다. 그들은 일부 동물은 인간처럼 고통을 느끼는 뇌 구조가 없다고 지적한다. 그렇지만 일부 종이 우리와 전혀 다른 신경 경로로 세상을 경험한다고 해서, 그들이 고통을 전혀 느끼지 않는다는 뜻은 아니다. 사실 모든 동물계를 인간 기준으로 해석하는 사고방식이야말로 우리가 다른 종의 삶을 경시하는 주요 원인이다. 철학자 루트비히 비트겐슈타인은 이렇게 말했다. "사자가 말을 하더라도, 우리는 그 말을 이해하지 못할 것이다."

대부분의 동물은 우리와 너무 달라 이해하기 어렵고, 이러한 이질성 때문에 우리는 자신의 편의에 따라 동물의 고통을 외면한다. 그럼에도 우리는 '고등동물'의 눈을 바라보면서, 내 경우에는 반려묘인 로니를 보면서, 서로 교감하는 순간을 경험한다. 이 역시 한때 단순한 감상으로 치부했지만, 최근의 과학 연구는 우리가 동료 동물의 정교함을 다시 한번 과소평가했음을 보여준다.[4]

젖소를 예로 들어보자. 인간은 최소 1만 년 동안 젖소를 길러 우유를 얻었다. 현대의 낙농가에서 젖소는 인공수정으로 임신하고 출산해서 우유를 생산하기 시작한다. 송아지는 보통 생후 24시간 이내에 어미와 떨어져 자란다. 그래야 어미 소의 젖을 상업적으로 짜낼 수 있다. 어미 소와 새끼 소가 생이별로 겪는 고통은 이미 널리 알려져 있다. 어미는 잃어버린 새끼를 찾으며 때로 며칠씩 울부짖는다. 어미와 떨어져 자란 송아지는 강한 애착 대상 없이 자란 아이처럼 행동한다. 무리에 들어가면 위축되고 사회성이 부족하며 때로 반항적인 모습을 보인다. 어미와 함께 자란 송아지는 활기차고 호기심이 많으며 무리의 질서를 잘 따르는 것으로 나타났다.

닭도 모성 본능이 있는 것으로 보인다. 연구자들이 병아리에게 바람을 불어넣어 성가시게 하면, 어미 닭은 항의하듯 꼬꼬댁거렸다. 어미 닭의 심박수는 자신을 성가시게 했을 때보다 더 많이 올라갔는데, 이는 어미가 자신보다 새끼의 편안함을 더 신경 쓴다는 뜻이다.

고기의 역설

동물의 감각 능력에 대한 이해가 깊어질수록, 우리가 동물계와 맺어온 관계를 정당화하기가 점점 어려워질 것이다. 인간 예외주의의 뿌리는 점점 더 얕아지고 있다. 인간이 여전히 모든 기어 다니는 존재 위에 군림해야 한다고 보더라도, 솔직히 우리가 그 권력을 자비롭게 행사한다고 말할 수 있을까? 나는 200년 후 우리가 현대의 산업형 축산을 돌이켜볼 때, 과거의 황소 괴롭히기를 볼 때처럼 끔찍한 감정을 느낄 가능성이 충분하다고 본다.

작가 헨리 맨스Henry Mance는《동물을 사랑하는 법How to Love Animals》에서 우리가 처한 딜레마를 깔끔하게 요약했다. "만약 채식주의 세상에서 누군가 수십억 마리의 동물을 사육하고 도축할 대안이 있다고 하면, 또 세계의 많은 지역에서 야생동물을 제거할 대안이 있다고 하면, 실리콘밸리의 벤처 자본가들은 분명 그 제안을 거절할 것이다."

문제는 우리가 그런 세상에 살고 있지 않다는 것이다. 우리가 사는 세상은 육식에 대한 강한 욕구가 유전자에 깊이 새겨져 있고, 고기를 먹고 조리하는 행위가 수 세기 동안 자아 이미지와 사회 관습에서 중심적인 역할을 해왔다. 영국인은 동물을 사랑하는 민족으로 유명하지만 동시에 자랑스러운 육식의 민족이기도 하다. 붉은 고기를 너무 좋아해 한때 프랑스인들로부터 '레 로스비프les rosbifs'(영국인이 즐겨 먹는 로스트비프를 뜻하는 프랑스어—옮긴이)라고도 불렸던 영국인은 접시에 고기 한 조각 올리는 것을 신이 준 권리이자 문화적으로 신성한 행위라고 여전히 믿는 것 같다.

맨스는 이를 '고기의 역설'이라고 불렀다. 이는 농장에서 기른 동물을 먹으면서 동시에 동물복지에 신경을 쓰는 인지부조화를 말한다. 여러 연구에 따르면, 고기를 먹는 행위 자체가 동물의 감각 능력에 대한 우리의 관점을 바꾼다고 한다. 어떤 이에게 소고기 간식을 주면서 소도 고통을 느낀다고 생각하느냐고 물어보면, 견과류를 주고 물어봤을 때보다 '고통을 느낀다'라고 답할 확률이 낮다고 한다. 맨스를 이를 이렇게 표현했다. "우리는 동물의 고통이 가볍기 때문에 고기를 먹는 게 아니라, 고기가 먹고 싶기 때문에 동물의 고통을 가볍게 본다."

고기를 먹는 사람도 고기가 어떻게 생산되는지를 직접 보면 대부분 기겁할 것이다. 산업형 축산농장에서 일하는 일꾼은 보통 동물의 고통에 무감각해진다. 그래야 일할 수 있기 때문이다. 젊었을 때 밀집 사육식 돼지농장에서 일했던 친구가 내게 그 경험을 들려주었다(그 친구는 여전히 고기를 먹는다). "끔찍해도 일을 해야 하니까 금방 적응하는 거야. 값싼 베이컨을 만들 때는 더럽고 비좁은 우리에서 죽은 돼지를 끌어내고, 똥 묻은 손으로 담배도 피웠어. 그냥 익숙해진다고 할까. 나야 금방 무감각해졌지.”

“고통에 무감각한 사람만이 할 수 있는 일은 하지 말아야 한다.” 작고한 영국의 철학자 로저 스크러턴Roger Scruton이 에세이《동물의 권리와 잘못Animal Rights and Wrongs》에서 쓴 글이다. 스크러턴은 육식을 했고, 여우 사냥에 열정적이었으며, 지구에서 동물 개체 수를 유지하기 위해 인간이 가축을 길러 계속 먹어야 할 ‘의무’가 있다고 믿었다. 그는 동물을 자연스럽고 행복하게 기른다면 육식은 정당하며 심지어 미덕이라고까지 주장했다.

우리가 식용으로 기르는 가축 중 가장 행복한 동물은 야외에서 돌아다니며 풀을 뜯는 양과 소일 것이다. 그러나 앞서 보았듯이 반추동물은 메탄을 위험할 정도로 많이 배출한다. 설령 그렇지 않더라도, 현재 우리의 수요를 채울 만큼 충분한 고기를 동물복지가 잘된 곳에서 기르는 일은 불가능할 것이다.

도축장의 메스꺼움

게다가 고기를 먹으려면 대량 도축을 승인해야 한다는 피할 수 없는 사실도 있다.

가장 잘 운영되는 도축장도 양심적인 육식가에게는 불편한 곳이다. 나는 청결하고 질서정연하며 복지에 신경 쓰는 도축장을 꽤 자주 가봤지만, 갈 때마다 정신이 약간 혼미해진다. 그 이유 중 하나는 도축장을 거꾸로 둘러봐야 하기 때문이다. 식품 위생을 유지하기 위해 도축 과정의 맨 마지막 가장 깨끗한 단계를 시작으로, 해체와 죽음에 이르는 여러 단계를 거슬러 가야 한다.

소 도축장 견학은 사람이 드나들 정도로 거대한 냉장실에서 시작한다. 이곳은 랩으로 포장된 스테이크나 다진 고기 팩이 가득하다. 이들 제품에 라벨을 붙이면 슈퍼마켓 선반에 진열할 준비가 끝난다. 이곳은 매우 춥고 조용하며 아무 냄새도 나지 않는다. 다음 구역으로 이동하면, 흰색 작업복을 입은 직원들이 줄지어 서서 빠르고 능숙하게 칼을 휘두른다. 그다음은 동물 사체가 있는 방이다. 가죽이 벗겨지고 머리가 잘리고 몸통이 길게 반으로 잘린 고기가 느릿하게 움직이는 컨베이어 벨트에 매달려 있다. 여기서는 품질에 따라 사체에 등급을 매긴다. 다시 문을 밀고 들어가면, 냄새와 소음이 뒤엉킨 뜨겁고 붉은 공간이 나온다. 동물이 사체로 변하는 곳이다.

방 바로 밖에서는 살아 있는 소가 비좁은 철제 우리로 걸어 들어간다. 소의 이마에 물을 뿌려 전기가 잘 통하게 한 다음, 금속 장치를 위에서 내려 소의 심장과 머리에 닿게 한다. 강한 전류가 금속 장치에 흐르면 소는 눈알을 굴리다가 의식을 잃고 쓰러진다. 금속 우리가 옆으로 기울어지면서 가공실로 이동하면, 작업자들이 소의 뒷다리를 쇠사슬로 묶어 컨베이어 벨트 위로 들어 올린 후 목을 베어낸다. 콸콸 쏟아지는 피가 바닥 배수구로 빠져나간다.*

이제 사체는 컨베이어 벨트를 타고 각기 다른 해체 작업을 맡은 작업자 앞으로 차례로 이동한다. 한 작업자가 배를 가르고 내장을 제

---

* 도축이 특수한 직업이니 만큼, 도축장에는 독특한 문화가 있다. 내가 방문한 어느 도축장은 2층 건물이었다. 양은 2층에서 도축했고, 위에 묘사한 소 도축은 1층에서 이뤄졌다. '양' 팀과 '소' 팀은 독자적으로 작업했지만, 드물게 '양' 팀 중 한 명이 1층으로 조심스럽게 내려오면, 소를 도축하던 인부들이 일제히 그를 향해 '매' 하고 양 울음소리를 냈다.

거한다. 다른 작업자가 발목 주위를 절개하고 피부에 사슬을 부착한 다음, 점퍼를 벗기듯 피부를 한 번에 벗겨낸다. 작업실 한쪽에는 거대한 원형 톱을 든 남자(내가 본 바로는 항상 남자가 했다)가 움직이는 플랫폼 위에 서 있다. 톱이 너무 무거워 몸에 묶은 채다. 사체가 하나씩 도착할 때마다, 그는 리프트를 타고 오르내리며 사체를 두 동강 낸다. 그 소음은 끔찍하다.

덧붙이자면, 소들이 이곳에 오기 전 죽음을 향해 몰려가는 길목은 생각만큼 끔찍하지 않다. 대부분의 영국 도축장은 미국의 동물행동학자 템플 그랜딘Temple Grandin 박사가 설계한 곡선형 경사로와 같은, 동물들이 불안해하지 않도록 세심하게 고안한 시스템을 갖췄다. 그렇더라도 산업적 규모의 도축장을 약간의 메스꺼움 없이 벗어나기란 힘든 일이다.

고기는 어디에서 오는가

나는 고기를 먹는 사람에게 죄책감을 심어주거나 그들을 비난하고 싶지 않다. 나 역시 그 모든 과정을 지켜봤지만, 여전히 고기의 역설에서 벗어나지 못했다. 나는 간과 신장 같은 내장 부위의 맛을 아주 좋아하고, 소갈비를 12시간 동안 훈제해 뼈에서 살이 부드럽게 떨어지게 하는 조리법에도 도전한다. 가족이나 친구들과 함께 바비큐와 로스트 디너(구운 고기에 감자와 각종 채소를 곁들이는 영국의 전통적인 요리. 선데이 로스트라고도 한다―옮긴이)를 먹는 자리도 소중히 여긴다. 고기 소비를 크게 줄였지만, 아직 완전하게 채식할 결심은 하지 못했다.

그렇지만 우리는 내가 먹는 고기가 어디에서 오는지 솔직하게 들여다볼 필요가 있다. 우리는 내 식욕이 끼치는 해악에 책임을 져야 한다. 지구에 대해서는 물론, 우리와 함께 사는 생명체에 대해서도 마찬가지다. 이어지는 장에서는 고기 소비를 줄여야 하는 환경적 이유로 돌아갈 것이다. 이 자비로운 주장은 적어도 또 하나의 동기부여가 될 것이다. 우리가 알기로 가장 감각이 발달한 동물인 인간에게는 저주이자 특권인 양심이 있다. 그 양심의 소리에 귀 기울이는 것을 두려워하면 안 된다.[5]

항미생물제[6] 내성과 인수 공통 전염병[7]

축산업, 그중에서도 집중 사육 방식은 가축에게만 나쁜 게 아니다. 닭이나 돼지, 젖소가 수만 마리씩 비좁은 환경에서 살아가면 질병은 불가피하다. 이 때문에 축산농가는 항생제를 포함해 항미생물제를 광범위하게 사용하거나 남용한다. 일부 국가에서는 항생제를 동물의 건강과 상관없이 가축 사료에 일상적으로 섞는데, 성장 속도를 빠르게 하기 위해서다. 항미생물제를 쓰면 면역계가 감염을 막는 데 사용하는 에너지를 성장으로 돌릴 수 있다.

그러나 미생물이 반격에 나서면서 많은 항미생물제에 내성을 갖게 되었다. 심지어 인간 치료에 사용하는 일부 약물에도 저항력이 생겼다. 돼지와 닭의 밀집 사육은 전 세계적인 항미생물제 내성의 주요 원인으로 지목된다. 세계 일부 지역에서는 미생물이 가축용 항미생물제의 80퍼센트에 이미 내성이 생겼다. 결국 약물 내성으로 감염 위험이 높아지면, 제왕절개를 포함한 수술과 암 치료가 어려워진다.

항미생물제 내성의 위협과 더불어, 우리는 종을 넘나드는 인수 공통 전염병의 출현에도 대처해야 한다. 축산업을 위해 숲과 야생 지역을 개간할 때, 그곳에서 살아남는 동물은 주로 쥐와 박쥐다. 이 두 동물은 다른 종을 감염시킬 수 있는 바이러스를 보유하고 있다. 이런 바이러스가 가축 무리로 전파되면, 그 안에서 잠복하고 변이를 일으켜 결국 인간을 감염시키는 능력을 갖추게 된다.

밀집 사육하는 가축은 선택적 번식으로 유전자 구성이 거의 동일하기 때문에, 바이러스가 대규모로 증식할 수 있는 이상적인 환경이 된다.

최근 우리는 새로 등장한 감염병이 치사율이 비교적 낮더라도 우리의 건강과 경제, 복지에 얼마나 큰 피해를 줄 수 있는지를 목격했다.

15장 낭비 없는 농업

우리 자신을 위해서라도

자연에 더 많은 공간을 내줘야 한다

영국의 토지는 소중한 자원이지만, 항상 현명하게 사용되지는 않는다. 다음 쪽 지도는 영국의 토지 이용 현황을 지리적 위치와 무관하게 전체 대비 비율로 나타낸 것이다. 오른쪽에 같은 축척으로 그린 육각형은 영국 시장을 위해 사용되는 해외 농지를 보여준다(목축용 사료 재배지 포함).

몇 가지 눈에 띄는 점이 있다. 농업은 영국 전체 토지의 70퍼센트를 차지한다. 건물 밀집 지역을 모두 합쳐도 낙농업에 사용되는 면적보다 조금 더 넓을 뿐이다. 또한 국내외에서 영국에 식량을 공급하는 농지의 무려 85퍼센트가 목초지나 사료용 작물 재배 등 가축 사육에 사용된다.

이는 심하게 비효율적이다. 고기, 유제품, 달걀은 영국인이 섭취하는 칼로리의 단 32퍼센트를 제공한다. 반면 식용 작물 재배지(절반은 국내 농지, 절반은 해외 농지)의 15퍼센트는 영국인이 섭취하는 칼로

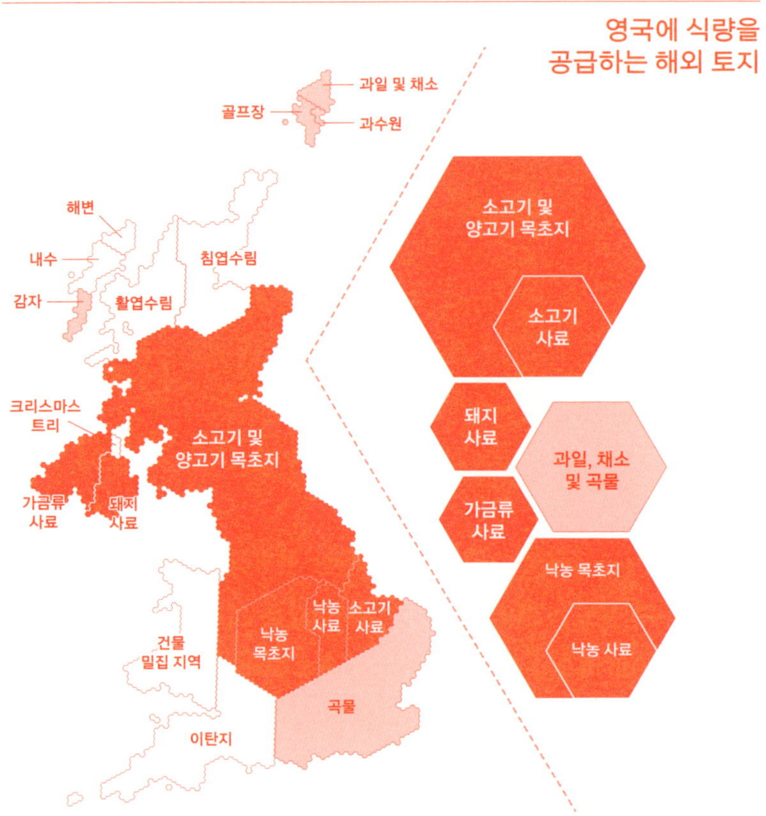

영국이 식량을 얻기 위해 국내와 해외에서 이용하는 토지 현황(해외는 오른쪽 육각형으로 표시함). 농경지의 85퍼센트에 해당하는 짙은 색 부분은 가축을 방목하거나 사료용 작물을 재배하는 데 사용된다. 농경지의 15퍼센트에 해당하는 연한 색 부분만 인간이 소비하는 작물의 재배에 쓰인다. 나머지 토지는 건물 밀집 지역, 이탄 습지, 숲, 해변, 호수, 골프장(과수원보다 5배 넓다)으로 구성된다.

리의 68퍼센트를 제공한다. 이렇게 많은 토지를 이용해 이처럼 적은 식량을 얻는다는 것은, 그 토지로 할 수 있는 다른 많은 일을 고려할 때 매우 심각한 낭비로 느껴진다.

영국은 상대적으로 땅덩이가 작지만(미국 오리건주보다 작다), 인구가 많다(6100만 명으로, 오리건주 인구수 380만 명보다 훨씬 많다). 영국인은 땅에 많은 것을 요구한다. 땅에서 살고, 일하고, 농사짓고, 땅의 자원을 이용해 에너지 생산과 제조를 한다. 또 휴가와 여가를 보내기에 적절하고 아름다운 곳을 원한다. 영국 정부도 2030년까지 국토의 30퍼센트를 '자연을 위해' 보호하겠다고 약속했는데, 이는 시골 지역의 생물 다양성 감소를 회복하려는 노력이다. 이 모든 것에 더해, 우리는 탄소 격리에 필요한 땅을 더 마련해야 한다는 다급한 과제도 안고 있다.

우리에겐 숲이 필요하다

'격리sequester'라는 단어는 이전 장들에서 여러 번 등장했고, 앞으로도 옥수수 씨앗처럼 여기저기 뿌려질 예정이다. 그러니 잠깐 그 의미를 정확히 짚고 넘어가자. 사전적 정의는 '제거하거나 분리하는 것, 은퇴시키거나 징발하는 것'이다. 이는 탄소 배출을 상쇄하는 활동(탄소를 배출한 만큼 이를 감축하는 프로젝트에 투자하는 것)과는 다르다. 탄소 격리는 실제로 대기 중의 탄소를 제거하는 것을 말한다.

2015년 파리 협정에서, 영국은 192개국과 함께 지구의 평균 기온 상승을 섭씨 1.5도로 제한하겠다고 약속했다. 이는 어느 정도 임의로 정한 수치다. 기온이 조금만 올라가도 기후가 변하고, 1.5도 상승은 이미 우려스러운 수준이다. 그렇지만 과학자들은 대체로 1.5도를 기후변화의 임계점으로 보고 있으며, 이를 넘어서면 지구에 극단적이고 혼란스러운 피해가 발생해 인간의 힘으로는 완화할 수 없다고 예측한다.

예를 들어 기온 상승 폭이 섭씨 1.5도에 그치면, 그린란드와 서남극의 빙상 붕괴를 막을 수 있어 해수면 상승이 어느 정도 제한된다. 그렇지만 기온 상승 폭이 섭씨 2도에 이르면, 광범위한 거주지가 바닷물에 잠겨 지구의 육지가 크게 줄고, 해안선이 달라지며, 수억 명이 거주지를 잃는다.

인간이 일으킨 지구 온난화가 없다면, 극심한 폭염은 10년에 한 번 일어나는 현상이었을 것이다. 지구 기온 상승 폭 1.5도는 이제 거의 불가피해 보이고, 이 경우 폭염 빈도는 10년에 4.1회로 늘어나리라 예상된다. 기온 상승 폭이 섭씨 2도에 이르면 폭염 빈도는 10년에 5.6회로 증가할 것이다.[1] 경작지가 대부분 물에 잠기고 남은 땅마저 가뭄이나 홍수에 시달린다면, 인류는 어떻게 먹고살아야 할까?

지구 온난화를 막는 방법은 두 가지다. 대기에 배출하는 온실가스의 양을 줄이거나, 대기에서 더 많은 온실가스를 제거하는 것이다. 두 가지를 모두 하면 더욱 좋다. 2019년, 영국 정부는 2050년까지 '온실가스 순 배출량 제로'를 달성하기 위한 법안을 통과시켰다. 다시 말해 30년 안에 이산화탄소, 메탄, 아산화질소를 적어도 배출한 만큼 제거하겠다는 뜻이다.

기술만으로는 우리를 구하지 못한다. 우리는 재생에너지 생산에서 큰 진전을 이뤘지만, 대기 중에 이미 존재하는 온실가스를 제거하는 일은 훨씬 더 어려운 과제다. 탄소 포집을 위한 다양한 인공기술은 비용이 많이 들고, 필요한 용량만큼 확장하기가 어렵다. 따라서 현재로서는 자연에 크게 의존하는 수밖에 없다. 자연은 우리가 상상할 수 있는 가장 효과적인 탄소 스펀지이기 때문이다.

자연은 수많은 시스템을 통해 대기에서 이산화탄소를 제거하고 이를 숲과 바다, 토양에 가둔다. 그중 가장 두드러진 방법은 광합성이다. 식물은 성장하면서 공기 중의 이산화탄소를 당으로 변환해 영양분을 얻는다. 이 과정에서 이산화탄소가 식물 내부에 갇힌다. 지구의 숲은 연간 약 76억 톤의 탄소를 흡수하며, 이는 연간 전 세계 온실가스 배출량의 3분의 1에 해당한다. 또한 바다는 약 25억 톤의 탄소를 흡수하는 것으로 추정된다.

그래도 여전히 많은 이산화탄소가 대기로 방출된다. 현재 재생에너지가 여러 분야에서 화석연료를 앞지르고 있지만, 당분간 가스·석탄·석유에 크게 의존해야 하는 산업이 있다. 예를 들어 철강산업은 현재 녹색 에너지가 제공할 수 있는 것보다 더 높은 온도가 필요하다. 항공기도 이륙하려면 여전히 석유 기반 연료가 있어야 한다. 이런 산업은 좋든 싫든(대다수는 싫어한다) 당장 사라지지 않을 것이다. 따라서 우리는 이들 산업에서 배출된 오염물질을 정화할 방법을 찾아야 하며, 현재로서는 땅을 이용한 탄소 격리가 유일한 대규모 해결책이다.*

* 옥스퍼드대학교 지구시스템학과 교수인 기후 전문가 마일스 앨런은 더 단호한 태도를 보인다. 2023년 옥스퍼드대학교 동료 학자들 그리고 미국과 네덜란드 출신 과학자들과 함께 발표한 논문에서, 화석연료로 이윤을 얻는 기업(석유, 가스, 석탄 생산업체)은 운영 조건으로 동량의 이산화탄소를 포집하고 저장하는 데 드는 비용을 지불해야 한다고 제안했다. 그는 탄소 포집 기술이 여전히 비싸긴 하지만, 화석연료 기업이 벌어들이는 이윤이 훨씬 크다고 지적한다. 따라서 '오염자 부담' 원칙에 따라, 환경을 오염시킨 기업이 직접 오

모든 국가는 이 중요한 작업을 수행하기 위한 토지를 더 많이 확보해야 한다. 그리고 신속히 행동에 나서야 한다. 나무가 상당량의 탄소를 격리할 만큼 충분히 자라려면 10년 정도 걸린다. 영국 기후변화위원회Climate Change Committee는 순 배출량 제로 달성 방법을 정부에 조언하면서, 이스트 앵글리아 크기만 한 숲을 새로 만들어야 한다고 말했다.

순 배출량 제로라는 목표를 포기하지 않는 한, 우리는 농지를 더 현명하게 활용해서 그 일부를 환경적 목적에 할애해야 한다.

농지를 자연에 돌려주기

다행스러운 점은 모든 농지가 똑같지는 않다는 것이다. 바위투성이이거나 비바람에 그대로 노출됐거나 영양소가 부족해 작물 재배에 부적합한 농지가 있다. 영국 농지 중 생산성이 낮은 하위 20퍼센트의 땅은 영국인이 소비하는 칼로리의 단 3퍼센트만 생산하며, 주로 고기 형태로 제공한다. 현재 이런 땅은 대부분 양과 소를 방목하는 데 사용된다.[2]

흔히 영국은 '풀을 기르기에 알맞은 기후 조건'이라고 한다. 그렇지만 영국의 목초지는, 완만하게 경사진 고지대라도, 소와 양을 충분히 먹일 만큼 풀을 기르려면 비료를 사용해야 한다. 반추동물이 풀

염물질을 제거해야 한다고 강조한다. 오염 제거 비용은 현 시세로 볼 때 이들 기업의 이윤을 절반으로 줄일 것이다. 그렇지만 이렇게 해야 기업들이 기술 개선에 신경 쓸 것이고, 결국 정화 비용도 낮아질 것이다. 앨런은 탄소 격리용 토지를 확보하는 것도 중요하지만, 탄소 포집 시설 건설과 더불어 오염자 부담 원칙을 실행해야 한다고 주장한다.

을 맛있는 고기로 바꿔주는 전문가라 하더라도 이 땅을 더 유용하게 활용할 방법이 따로 있을 것이다.

고지대는 탄소를 격리할 풍부한 기회를 제공한다. 대부분의 고지대는 나무와 관목을 키우기에 이상적인 데다 이탄지가 있어, 이를 다시 습지로 만들면 탄소가 대기로 배출되는 것을 막을 수 있다. 잉글랜드의 다트무어 같은 많은 고지대는 한때 온대우림 지대였다. 지금은 온대우림의 흔적이 희미하게 남아 있다. 이 지역들은 초록으로 우거지고 울퉁불퉁하며 이끼로 뒤덮인 아름다운 곳으로, 다양한 동식물이 생명력을 뽐낸다. 그렇지만 대부분의 고지대가 방목으로 황폐해졌다. 양은 땅 가까이에 자란 풀을 뜯어 먹기 때문에 묘목이 자라기 힘들다.

다음 쪽 도표에서 볼 수 있듯이, 전 세계적으로 육류 소비를 줄여서 얻는 가장 큰 탄소 저감 효과는 사실 메탄 배출 감소에서 오지 않는다. 물론 메탄 배출 감소도 훌륭하고 미래를 바꾸는 일이다. 사실 가장 큰 효과는 목초지의 용도를 변경해 이를 자연에 돌려주고 탄소를 격리하는 데서 온다. 따라서 넓은 지역을 돌아다니며 묘목을 뜯는 염소와 양을 기르는 것은 탄소 격리 잠재력을 잃는다는 점에서 환경 비용이 가장 큰 농업이다.

일부 농지를 활용해 자연적인 탄소 포집을 하는 것은 야생동물에게 새로운 서식지를 만들어주는 기회이기도 하다. 영국은 이 각각의 목적에 적합한 넓은 지역이 우연히도 겹쳐 있다. 고지대 중에 그런 곳이 많다. 잉글랜드 남부 솔렌트와 뉴포레스트 인근의 일부 토지, 잉글랜드 남동부 월드 주변과 칠턴스에 있는 녹색 모래층과 석회

제품 1킬로그램당 식품 관련 총 탄소 비용

(이산화탄소 환산 킬로그램: kg CO₂-eq)

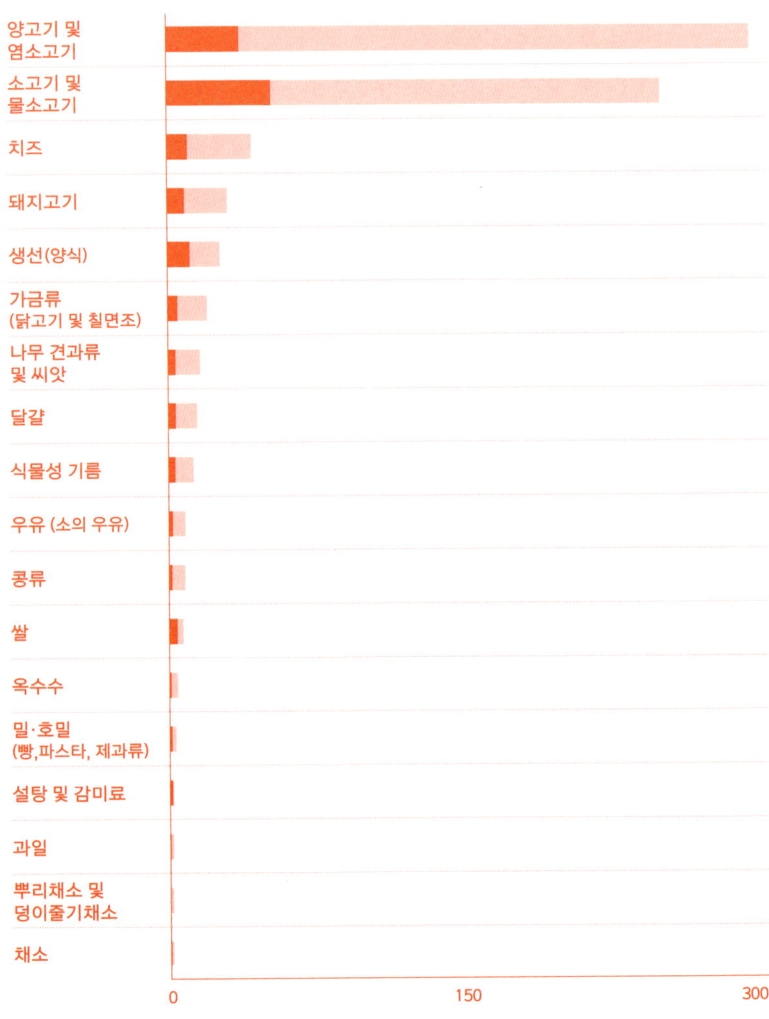

암층, 잉글랜드 동부 펜스 등도 이런 곳에 해당한다. 이 중 펜스만 식량 생산에 매우 중요한 지역이다. 비생산적 땅을 소유한 농민에게 적절한 유인책을 제공하고 환경 프로젝트를 기존 농업보다 수익성 있게 만든다면, 돌 하나로 두 마리 새를 잡는 것이, 아니 되살리는 것이 가능할 것이다. 즉 정부의 목표인 자연 복원을 이루면서 동시에 탄소 격리도 할 수 있을 것이다.

이는 대대적인 야생 복원을 하자는 게 아니다. 오히려 엄청난 성과를 달성하는 데 필요한 토지는 의외로 적다. 〈국가식량전략〉은 영국에서 생산성이 가장 낮은 농지 중 약 5~8퍼센트를 농업에서 완전히 제외해, 주로 활엽수를 심거나 이탄 습지를 복원하는 데 활용하면 된다고 판단했다.[3]

그럼에도 농민이 오랜 소명인 식량 재배에서 벗어나 기후변화에 맞서야 한다는 제안에 일부 사람들은 눈살을 찌푸린다. 농업은 이미 고된 일이고, 대부분의 경우 소득도 적다. 이런 상황에서 농민이 환경적 의무까지 짊어져야 할까?

사실 농업 자체의 탄소 배출을 줄이는 것만으로도 충분히 도전적인 과제다. 영국 전국농민연합National Farmers' Union은 회원들에게 2040년까지 순 배출량 제로를 달성하겠다고 약속했다. 이는 꼭 필요하지만 매우 벅찬 과제다. 현재 영국 농업은 매해 5460만 톤의 탄소를 배출한다. 여기에 더해 토지 용도 변경으로 생긴 배출량(이탄 습지나 숲을 다른 용도로 바꾸면서 생긴 배출량) 1280만 톤이 있다. 그러면 연간 배출량은 6700만 톤을 넘어서며, 2008년 이후 이 수치는 사실상 변하지 않았다(같은 기간, 영국 경제 전체의 온실가스 배출량은 32퍼센트 감소했다).[4]

공존을 위한 농업

우리는 농민이 여러 가지 과제를 동시에 해내기를 기대한다. 모든 국민이 저렴한 가격에 먹을 수 있게 충분한 식량을 생산하면서 동시에 야생동물을 복원하고, 탄소 배출량을 줄이고, 나무를 심고, 범람원을 관리하고, 일부 토지를 야생으로 되돌려 다른 부문에서 발생한 오염을 정화해달라고 요구한다. 이러한 요구가 다소 부당해 보인다면, 제대로 본 것이다. 농민은 자신이 만든 오염뿐만 아니라 다른 사람들이 만든 것까지 치워달라는 요구를 받고 있다. 그렇지만 안타깝게도 이 일을 해낼 수 있는 사람은 농민밖에 없다. 영국은 비거주 토지의 75퍼센트를 농민이 관리하고 있기 때문이다.[5]

이 모든 과제를 동시에 해결하는 방법과 관련해 현재 크게 두 가지 접근법이 있다. 하나는 '토지 절약land-sparing' 농법이다. 이 방식은 일부 농지를 최대한 생산적으로 활용해, 나무 심기 같은 환경 프로젝트에 할애할 토지를 확보하는 것이다. 더 적은 면적에서 더 많은 식량을 생산해서 다른 목적에 쓸 여유 공간을 만드는 것이다.

이 발상은 일부 환경운동가들에게 우려를 불러일으킨다. 이들은 생산성을 높이면 자연에 막대한 피해를 준다고 본다. 환경운동가들은 녹색혁명 이후의 농업을 '채굴' 활동이라 불렀다. 생산성은 크게 증가했지만, 화석연료를 캐내 인공비료와 농약을 만들고 동시에 수로와 야생동물 서식지를 파괴하는 등 지속 불가능한 방식으로 이룬 것이기 때문이다.

그러나 토지 절약 농법 지지자들은 신흥 기술이 생산성과 환경 피해 사이의 연결고리를 끊어내고 있다고 주장한다. 이들은 우리의 미래가 '지속 가능한 집약화'에 달려 있다고 본다. 또한 현재 시험 단계에 있는 수천 가지 신기술을 활용하면, 산업용 비료와 '적색 경유'에 의존하는 농업에서 벗어날 수 있다고 전망한다(영국에서는 농기계용 경유에 세금을 부과하지 않으며, 암시장에서 다른 용도로 판매되는 것을 방지하기 위해 붉게 염색한다).

나는 여러 지역을 돌아다니며 놀라운 신기술이 활용되는 현장을 목격했다. 내가 만난 공학자들은 강력한 전류로 잡초를 제거하는 로봇을 개발했고, 식물학자들은 옥수수 씨앗을 질소 고정균 용액에 담가 비료 사용을 줄였으며, 농민들은 드론과 AI를 이용해 농작물에 생긴 질병을 눈에 띄기도 전에 퇴치했다.

또한 농업용 AI 로봇을 개발한 기업가도 만났다. 이 로봇은 밭에 있는 수백만 개의 작물을 하나하나 식별할 뿐 아니라 작물에 문제가 생기면 바로 농민에게 알렸다. 이 로봇을 만든 스몰로봇컴퍼니의 공동 설립자인 샘 왓슨-존스Sam Watson-Jones는 다양한 작물을 하나의 밭에서 재배하는 '작물별' 맞춤 농업의 시대가 올 것이라고 예고했다. 예를 들어 작물을 콩류와 함께 심어 토양에 질소를 고정하거나, 꽃과 함께 심어 수분 매개자를 유인하는 식이다. 이러한 형태의 공생농업은 메소포타미아 시대부터 있었고, 현재 영국에도 이와 비슷한 모델을 실험하는 농가들이 있다. 농업용 로봇은 이동하며 작물을 식별할 수 있으므로, 다양한 작물이 자라는 밭에서 수확 효율을 높일 것이다.

과학과 기술을 활용하면 다수확 농업의 파괴성을 훨씬 낮출 수 있다는 점은 의심할 여지가 없다. 그렇지만 현재 개발 중인 기술 가운데 어느 것이 가장 혁신적이고 비용 대비 효율적인지, 또 언제쯤 대규모로 활용할 수 있는지는 아직 알 수 없다.

한편 우리가 아는 농업모형 중에 자연에 굉장히 이로운 농사법이 있다. 어떤 이들은 이를 '토지 공유' 농법이라고 부르는데, 식량 생산과 야생동물 보호라는 두 가지 기능을 동시에 수행하기 때문이다. 또 어떤 이들은 '고자연가치 농업', '생태농업'이라고 부른다. 이 접근법은 유기농 원칙과 겹치지만, 더 넓은 범위의 농장 유형을 아우른다. 아직 용어가 확립되지 않았고 범주가 모호해도, 토지 공유 농법의 기본 원칙은 농민이 의식적이고 의도적으로 자연과 땅을 공유한다는 점이다.

많은 곤충과 새, 동물이 경작되지 않은 환경에서 번성하지만, 어떤 종류는 전통적인 저수확 농지에서 더 잘 자란다. 영국 역사 대부분의 시기에, 농민들은 거의 같은 방식으로 농사를 지었다. 즉 나무와 울타리로 구획한 작은 땅에서 다양한 종류의 농작물을 재배하고, 작물과 가축을 교대로 길러 토양의 건강을 유지했다. 아주 오랫동안 이런 방식으로 농사를 지었기 때문에, 일부 종은 인간과 함께 번성하는 데 적응했다.

예를 들어 종달새는 순환농법을 하는 농장에서 번성한다. 겨울에는 곡물 수확 후 남은 길쭉한 그루터기에서 먹이를 찾고, 봄과 여름 번식기에는 듬성듬성 자란 키 작은 작물에 둥지를 튼다. 토양 회복을 위해 콩류를 심어놓은 휴경지는 나비와 갈색 토끼에게 이상적인 서식지다. 노랑멧새는 둥지를 틀 수 있는 덤불이 필요하고(산울타리가 최적이다), 여름에는 곤충이 풍부한 열린 서식지(꽃이 가득한 밭의 가장자리 같은 곳)가, 겨울에는 씨앗이 풍성한 열린 서식지(겨울철 곡물 그루터기가 제공한다)가 필요하다. 이러한 자원은 대개 전통적인 저수확 농지에 가장 풍부하다.

그러나 녹색혁명은 새로운 농업 풍경을 만들어 많은 종의 서식지를 없앴다. 매우 세심하게 관리된 다수확 농장조차 현재로서는 많은 야생동물이 살기에 힘든 환경일 수밖에 없다. 보통 이 농장들은 거대한 농경지에서 단일 작물이나 가축을 대규모로 생산하며, 생물 다양성을 풍부하게 해주는 잡초나 나무, 연못, 울타리가 없다.

토지 공유 농법을 실천하는 농민들은 각자 다양한 방식으로, 더 온건하게 농사를 짓는다. 이들은 농약과 비료를 소량만 쓰거나 전혀 사용하지 않으며, 울타리와 초원, 야생 구역을 유지한다. 또 반추동물을 순환농법에 활용해 토양을 비옥하게 한다. 그 결과 수확량은 보통 20~40퍼센트 감소하지만, 야생동물이 살기에 훨씬 좋은 농지가 만들어진다.[6]

그러나 이 모델은 적은 생산량에 비해 넓은 땅이 필요하다. 이 농법만으로는 국가의 식량안보를 유지할 만큼 충분히 생산하지 못할 것이다. 생물 다양성 측면에서도 단점이 있다. 이 농법은 전통적인 농지에서 번성하는 종에게는 최상이지만, 더 야생적인 경관이 필요한 종에게는 큰 희망이 되지 못한다. 토지 공유 농법은 토지를 많이 차지하기 때문에, 탄소 격리와 야생동물 보호에 꼭 필요한 진정한 자연 공간(숲, 초원, 습지, 이탄지 등)을 확보하기가 어렵다.

토지 공유와 토지 절약을 둘러싼 논쟁은 안타깝게도 극단으로 치우쳐 있다. 마치 생태농업이 지속 가능한 집약농업과 양립할 수 없다는 듯 대립한다. 그렇지만 두 모델은 목표가 같다. 농업 시스템이 화석연료 의존과 환경 파괴에서 벗어나게 하는 것이다. 두 접근법은 경로만 다를 뿐, 둘 다 재생 가능한 토지 관리 방식을 만들기 위해 노력한다. 그리고 가장 큰 효과는 두 방식을 함께 활용할 때 나타날 것이다.

영국 토종 새에 관한 연구에 따르면, 인간과 야생동물의 필요를 모두 충족시키는 최선책은 다양한 풍경을 조각보처럼 어우러지게 하는 것이다. '3구획 모델'로 알려진 이 방식은 다양한 용도의 토지가 공존한다. 즉 인간의 식량 공급을 확보하기 위한 다수확 농장뿐 아니라, 생태적인 저수확 농장, 자연으로 돌아간 일부 토지가 함께 존재한다. 이는 모든 종에게 최적은 아니겠지만(일부 종은 진화적 필요에 따라 모든 토지가 야생이거나 온건하게 경작된 형태를 선호한다), 대다수 종에게 더 나은 환경을 제공한다. 한 유형의 땅에서 번성할 수 없는 동물은 적어도 다른 유형의 땅에서 안식처를 찾을 수 있다.

〈국가식량전략〉은 생산성이 가장 낮은 농지의 약 5~8퍼센트를 자연으로 완전히 복원해, 주로 활엽수를 심거나 이탄지를 다시 습지화하는 데 활용하자고 제안했다. 이는 토지 이용 '3구획' 모델 중 첫 번째 구획이 될 것이다. 더 나아가 영국 토지의 12~15퍼센트를 자연 친화적인 저집약농업으로 전환해서 많은 토착종에게 혜택을 주어야 한다. 이것이 두 번째 구획이다. 세 번째 구획은 다양한 형태의 다수확 농업을 포괄하는 연속체가 될 것이다(다수확 농업은 신기술이 발전할수록 지속 가능성도 높아질 것이다). 즉 토지 절약도 하고 토지 공유도 하는 공간이 될 것이다.

현재 존재하는 저생산 농지는 3구획 모델을 시도해볼 만한 여건을 제공한다. 이런 농지는 고기를 제외하면 식량 재배에 그다지 쓸모가 없어서(고기 생산은 높은 환경 비용에 비해 제공하는 영양소가 적다), 다른 용도로 전환해도 크게 손해 보지 않는다. 생산성 하위 20퍼센트의 농지를 생태농업과 야생 복원 프로젝트를 위한 구역으로 지정하면, 영국이 생산하는 칼로리는 '겨우' 3퍼센트 감소한다.[7]

여기서 '겨우'를 작은따옴표로 강조한 이유는 국내의 식량 생산이 감소하면 정치적, 현실적 파장이 생기기 때문이다. 식량은 국민의 정서에서 중요한 위치를 차지한다. 어쨌든 생존하려면 식량이 필요하기 때문이다. 식량 자급률이 조금 떨어지거나 식품 가격이 오르기만 해도, 심각한 불안을 야기하고 나아가 소요 사태까지 초래할 수 있다.

16장 나무냐 식량이냐

자연보호와 식량안보는 공존할 수 없는 걸까?

안정적인 식량 공급은 유사 이래 국가의 핵심 역할이었다. 인구를 먹여 살리지 못하면, 권력 유지가 힘들었다. 고대 아테네에서는 민회가 열리면 식량안보가 늘 주요 안건으로 올라왔다. 성서 〈창세기〉를 보면 요셉(뮤지컬 〈요셉 어메이징 테크니컬러 드림코트 Joseph and the Amazing Technicolor Dreamcoat〉에 나오는 그 요셉이다)이 이집트 백성을 기근에서 구하는 이야기가 나온다. 그 내용은 뮤지컬처럼 유쾌하지는 않다. 파라오 밑에서 일한 요셉은 7년 동안 비축한 곡식을 기근에 허덕이는 이집트인에게 돈을 받고 팔았다. 돈이 떨어진 백성은 가축을 바쳤고, 결국 땅과 자유까지 잃었다. 성서는 이렇게 전한다. "그 땅은 파라오 것이 되었고, 요셉은 이집트 한끝에서 다른 끝까지 백성들을 노예로 만들었다."

오늘날 선진국에서 식량안보는 대개 대중의 의식 아래 놓인 정치적 의제다. 마치 빙산처럼 평소에는 그 존재를 잊고 살다가, 어느 순간 이 문제와 부딪힌다.

수십 년 동안 우리는 이른바 '적시 생산just-in-time' 물류체계를 기본으로 한 글로벌 식량 생산 및 가공 시스템에 의존해왔다. 어떤 식품은 다른 곳에서 재배하거나 가공한 다음 수입하는 편이 더 저렴하다. 그렇지만 이런 물품을 창고에 오래 보관하면 썩거나 상할 위험이 있다. 게다가 보관 비용도 만만치 않다. 따라서 농장에서 식탁에 이르기까지 공급망의 각 연결고리를 신중하게 조율해야 한다. 그렇게 해야 식품이 생산·제조·운송의 여러 단계를 가능한 한 빠르게 이동해 각 지점에 '적시에' 도착한다. 이 글로벌 무역 시스템 덕분에 부유국의 소비자는 계절에 상관없이 세계 각지의 식품을 구매하는 것에 익숙해졌고, 최근까지도 역사적으로 낮은 가격으로 이를 누렸다. 이런 점에서 적시 생산 시스템은 대단한 성공을 거둔 셈이다.

그러나 이 시스템을 유지하려면 비교적 안정적인 조건이 필요하다. 다행히도 우리는 오랜 기간 평화롭게 살았다. 이 평화가 세계 무역을 가능하게 했고, 세계 무역이 다시 평화를 뒷받침했다. 자본주의의 한 가지 장점은 민첩성이다. 한 공급업체에 재고가 부족하면 다른 공급업체가 수요를 채운다. 그렇지만 식량을 충분히 비축해두지 않으면, 위기가 닥쳤을 때 안전망이 부족해진다. 게다가 적시 생산 시스템이 만든 긴 공급망은 예기치 못한 곳에서 취약성을 드러낼 수 있다.

예를 들어 1차 코로나 봉쇄 기간에, 도매용 밀가루를 대량 생산하던 공장들은 카페나 식당 같은 주요 판매처를 갑자기 잃었다. 공장들은 개별 소비자에게 밀가루를 판매할 방법을 찾아야 했다. 이는 단순한 변화처럼 보이지만, 공장 라인을 재구성하고, 수천 개의 작은 봉지를 신속히 제작할 포장업체를 찾아야 하며, 신제품을 매장에 유통해야 했다. 이러한 물류 정체가 봉쇄 시기 홈베이킹 열풍과 맞물리면서 밀가루는 슈퍼마켓 진열대에서 보기 힘든 품목 중 하나가 되었다.

슈퍼마켓 진열대에 식품을 계속 채워야 하는 사업주의 입장에서 더 큰 걱정은 직원들이 코로나에 감염된 사실이었다. 이는 영국뿐 아니라 전 세계가 겪은 문제였다. 인력 부족으로 도축장, 육류 가공 공장, 식품 제조업체가 수요를 따라가지 못했고, 일부는 아예 문을 닫아야 했다. 트럭 운전사가 부족해 공급망이 지연되었고, 프랑스 칼레와 영국 도버를 잇는 좁은 해협(영국이 수입하는 식품의 4분의 1이 페리선과 해저 열차를 타고 이 해협을 건넌다)을 프랑스 정부가 폐쇄할지 모른다는 우려가 한동안 있었다.

한때 영국으로 들어오는 레몬의 가격이 급등한 적이 있었다. 스페인과 프랑스의 국경에서 트럭 운전사들이 격리 조치로 발이 묶였다는 소문이 돌았다. 이게 사실이라면, 심각한 문제였다. 2020년 3월 수확이 아직 한참 남은 시점에, 영국인이 소비하는 과일과 채소의 60퍼센트가 유럽 대륙에서 들어왔기 때문이다.[1] 그런데 주요 운송업체의 차량에 장착된 GPS 위치 추적기를 확인해본 결과, 트럭들은 스페인 국경을 원활하게 통과하고 있었다. 그렇다면 레몬 가격은 왜 급등했던 걸까? 알고 보니 손 소독제 제조업체들이 제품에 향을 첨가하기 위해 레몬을 모두 사들인 것이었다.

한편 소비자들은 당황하기 시작했다. 토마토 통조림, 파스타, 밀가루 등 일부 제품이 일시적으로 품절되면서 슈퍼마켓 선반이 텅 비었고, 이 장면을 찍은 사진이 널리 퍼지면서 사재기가 이어졌다. 일부 논평가들은 정부가 식량 자급률을 높여 세계 공급망의 불안정성으로부터 국민을 보호해야 한다고 주장했다. 과일과 채소를 당장 배급해야 한다는 요구도 있었는데, 이 목소리가 점점 커지자 영국 정부는 배급 계획이 없다고 부인해야 했다.

그러나 돌이켜보면 코로나 사태가 초래한 공급망 차질은 비교적 관리하기 쉬운 편이었다. 이는 대부분 전 세계에서 시행한 봉쇄 조치와 관련이 있었다. 각국 정부가 봉쇄 조치를 단행한 것이므로, 이를 완화할 권한도 그들에게 있었다. 예를 들면 농장 노동자와 트럭 운전사에 한해 예외 규정을 둘 수 있었다.

전쟁이 식량 시스템에 미치는 영향

러시아의 우크라이나 침공은 식량안보를 훨씬 더 심각하게 위협했다.[2] 오래전부터 '유럽의 빵 바구니'로 불린 우크라이나는 농업적 가치 때문에 러시아가 눈독들이던 지역이었다. 우크라이나는 넓고 평탄한 평야, 풍부한 강수량과 일조량, 세계에서 가장 비옥한 흑토를 자랑한다. 러시아 침공 이전까지 우크라이나는 비교적 저렴하고 풍부한 노동력과 흑해 항구를 통한 국제 무역의 접근성이라는 혜택을 누렸다. 그 덕분에 우크라이나는 전 세계 해바라기씨유의 절반, 보리의 18퍼센트, 옥수수의 16퍼센트, 밀의 12퍼센트를 생산하고 수출할 수 있었다.

전쟁이 터지면 농사는 극도로 힘들어진다. 밭은 전쟁터가 된다.

노동자는 도망치거나 싸우고, 죽거나 다친다. 2021년, 우크라이나 농민들은 1700만 헥타르의 땅에 봄 작물을 파종했다. 2022년에는 파종 면적이 22퍼센트 줄어 벨기에 면적과 비슷해졌다.

식량 부족의 여파가 항상 더 심각한 나라들이 있다. 인구가 많고 농업 역량이 제한적인 국가일수록 특히 취약하다. 예를 들어 이집트는 현재 자국 농지에서 생산한 식량으로 인구의 절반만 먹여 살릴 수 있다. 이 상황은 그 자체로 현대 식량 시스템의 부작용이다. 즉 녹색 혁명과 식량 운송의 발달이 결합하면서, 이집트 인구수는 자체적으로 유지 가능한 수준을 훨씬 뛰어넘었다. 그러나 수입에 지나치게 의존하면 식량안보가 취약해진다. 전쟁 발발 이전에 이집트는 러시아와 우크라이나에서 밀 소비량의 85퍼센트, 해바라기씨유 소비량의 73퍼센트를 수입했다.[3]

이 글을 쓰는 현재, 우크라이나 전쟁은 다른 지역에 전면적인 기근을 일으키지 않았다. 이는 유엔과 튀르키예가 중재에 나서 러시아가 흑해 항구 봉쇄를 풀도록 설득했기 때문이다. 그렇지만 기초 농산물 가격이 치솟았고, 연료 가격도 큰 폭으로 올랐다. 이는 전 세계에 연쇄반응을 일으켜 식량을 생산, 가공, 운송, 판매하는 모든 이에게 영향을 주었다.

영국은 (부의 분배가 고르지 않더라도) 비교적 부유한 국가이고, 식량 수입이 생존을 좌우하지는 않는다. 그럼에도 세계적인 물자 부족과 에너지 가격 상승이라는 복합적인 여파가 영국의 식량 시스템 전반을 뒤흔들었다. 제조 과정에 엄청난 양의 에너지가 필요한 비료는, 우크라이나 전쟁이 터지자 가격이 크게 올랐다. 이는 곧 비용 상승에 직면한 농가들이 농산물 가격을 인상해야 한다는 뜻이었다. 또한 사료 가격이 오르면서 고기와 달걀의 가격도 상승했다.

식품 공급망을 따라 더 나아가면, 치솟는 재료비와 에너지 비용을 감당해야 하는 요식업체들이 나온다. 영국의 대표적인 요리인 피시앤칩스를 파는 가게들은 가격 상승이라는 심각한 악재를 만났다. 튀김용 식물성 기름을 리터 단위로 사야 했고, 비싼 에너지 비용을 감수하면서 기름을 끓는점까지 가열해야 했다. 게다가 현재 서방의 제재를 받는 러시아가 전 세계 흰살생선 공급의 45퍼센트를 차지하고 있었다. 2021년 10월부터 2022년까지 대구 가격은 50퍼센트 이상 올랐다.[4]

전반적으로 영국의 식품 물가 상승률은 2022년 12월에 13.3퍼센트로 역대 최고치를 기록했다.[5] 이에 식량안보 문제가 공적 논의의 주제로 꾸준히 거론됐는데, 내 평생 처음 보는 일이었다. 일부 논평가들은 코로나 대유행 기간에 그랬듯이 이제 식량 자급률을 높여야 한다고 주장했다. 흔히들 이것이 식량안보를 개선하는 최선책이라고 본다. 그리고 이집트의 사례가 보여주듯이, 수입 식품 의존도가 지나치면 실제로 위기를 겪는다. 그러나 그 반대의 경우도 성립할 수 있다. 오로지 자국 수확물에만 의존한다면, 흉작이 들었을 때 어떤 일이 벌어질까? 충분한 대체 공급망이 없다면 국민을 먹여 살리지 못할 것이다. 전적으로 지역에서만 생산되는 식품의 공급망은 취약하다. 19세기 중반 이후 영국이 상당량의 식량을 수입에 의존하게 된 것도 이 때문이다.

역사가 보이드 힐튼Boyd Hilton은 영국이 곡물법을 폐지한 이유 중 하나로 식량안보를 지적한다. 나폴레옹 전쟁 이후 도입된 곡물법은 외국산 밀의 수입을 사실상 금지했다. 당시 이 법은 영국의 농업을 살리는 수단으로 정당화되었으나, 일종의 보호무역주의로 널리 인식되었다(그리고 반감을 샀다). 곡물법 덕분에 지주계급은 곡물 가격을 높게 유지할 수 있었고, 다른 모든 이들을 희생해 자신들의 배를 불렸다.

잉글랜드를 덮친 심각한 흉작과 아일랜드의 감자 기근이 겹치면서, 곡물법은 정치적으로 존속하기 어려웠다. 자국 농업에 전적으로 의존할 때의 위험성이 여실히 드러나자, 1846년 보수당 지도자 로버트 필Robert Peel의 주도로 곡물법이 폐지됐다. 정치적 파장이 컸던 이 사건으로, 보수당은 30년 가까이 야당으로 전락해야 했다.

자급과 무역 사이의 균형

오늘날 영국의 식량 공급은 얼마나 안전할까? 이를 측정하기란 쉽지 않다. 우선 '식량안보'라는 말뜻 자체에 논란이 있다. 학술 문헌을 검토한 한 연구에 따르면 식량안보의 정의만 해도 200개가 넘는다고 한다.[6] 또 식량안보를 '식량 자급률'과 곧잘 혼동한다. 식량 자급률은 한 나라에서 소비하는 식량 중 국내에서 생산하는 식량의 비율로, 둘은 같은 개념이 아니다. 식량 자급률이 높다고 해서 식량안보가 보장되는 것은 아니다.[7]

현재 영국의 농업 생산량은 국내 소비 식량의 64퍼센트 수준이다. 이는 영국인이 소비하는 식량의 64퍼센트를 국내에서 재배한다는 뜻이 아니다. 일부 농산물은 수출하기 때문이다. 실제로는 소비하는 식량의 약 50퍼센트를 재배하며, 나머지 50퍼센트는 해외에서 수입한다. 반드시 필요해서가 아니라 선택의 폭을 넓히기 위해서다. 영국은 덴마크산 베이컨(동물복지 수준이 낮다)처럼 국내 생산물보다 더 저렴한 제품을 들여온다. 또한 유럽 및 기타 지역에서 과일과 채소를 대량 수입해 사계절 내내 다양한 먹을거리를 즐긴다. 나는 성탄절에 아보카도가 먹고 싶으면 동네에 있는 코스트커터 매장에 가서 페루산 아보카도를 사면 된다.

이렇게 풍족한 먹을거리에서 누리는 여유를 식량안보에서도 기대할 수 있을까? 〈국가식량전략〉에서는 식량안보를 세계적인 전염병, 전쟁, 대규모 흉작, 기후변화로 인한 농업 생산성 위기 등 미래에 충격이 발생하더라도 합리적인 비용으로 국민을 먹여 살리는 능력으로 정의했다.

식량안보를 확보하려면 식량 자급과 무역 사이에서 세심한 균형을 유지해야 한다. 이는 여러 가지 요인의 영향을 받는다. 그중에서도 공급망 방어(공격에 취약하지 않다는 확신), 식량 시스템 모든 부분의 개별적·통합적 회복력(갑작스러운 충격에 얼마나 빨리 적응할 수 있는가), 역량(시스템 내의 기술과 능력), 통제력(시스템의 소유 집중도가 어느 정도이고, 높은 소유 집중도에서 발생하는 위험은 무엇인가) 등을 꼽을 수 있다.*

영국 정부는 영국이 일명 '유보트 식량안보'를 갖췄는지 평가하

---

* 식량정책 전문가 팀 랭Tim Lang은 《영국의 식량전략Feeding Britain》에서 이 각각의 요소를 상세히 살핀다.

는 작업을 가끔 실시한다. 이는 식량 수입이 완전히 차단되어 배급제와 여타 과감한 정부 개입이 필요할 때, 국민이 굶어 죽기 전에 완전한 자급 능력을 회복할 수 있는지 점검하는 것이다. 이 물음에 대한 가장 최근의 답은 2010년 데프라에서 작성한 보고서 〈식량안보 평가Food Security Assessment〉였다.[8] 이 보고서는 영국이 이미 2차 세계대전 이전보다 식량 자급률이 높아졌으므로, 그때보다 나은 여건에서 시작할 것이라고 결론 내렸다. 영국은 밀, 보리, 귀리, 사탕무, 제철 과일과 채소 등 국내에서 쉽게 재배할 수 있는 작물에서 높은 자급률을 보인다. 이 품목들은 소비량의 약 75퍼센트를 국내에서 생산한다.

그러나 완전한 자급을 이루려면 식량 낭비를 크게 줄이고 토지를 더 효율적으로 이용해야 한다. 무엇보다도 농민들이 육류 생산에서 작물 재배로 옮겨가야 한다. 보고서는 다음과 같은 결론을 내렸다. "칼로리 생산을 극대화하려면 가축 생산을 대폭 줄이고 가능한 모든 작물을 동물 사료가 아닌 인간 식량으로 재배해야 한다." 이 시나리오대로라면, 영국은 국민 1인당 하루 필요 칼로리를 충분히 생산할 수 있을 것이다.

그러면 국가 차원에서 굶주리는 일은 없을 것이다. 그렇지만 영국인은 훨씬 더 제한적이고 비싼 범주의 식품에 적응해야 할 것이다. 이는 일부 계층에게 더 큰 부담이 될 것이다. 영국은 G7 국가 중 미국에 이어 두 번째로 소득 불평등이 심한 나라다.[9] 영국인은 평균적으로 가계 소득의 11퍼센트를 식품에 지출하는 반면(집에서 먹는 식품만 계산하면 8퍼센트), 소득 하위 10퍼센트 인구는 가계 소득의 약 25퍼센트를 식품에 지출한다(40퍼센트는 주거비와 에너지 요금에 쓴다). 따라

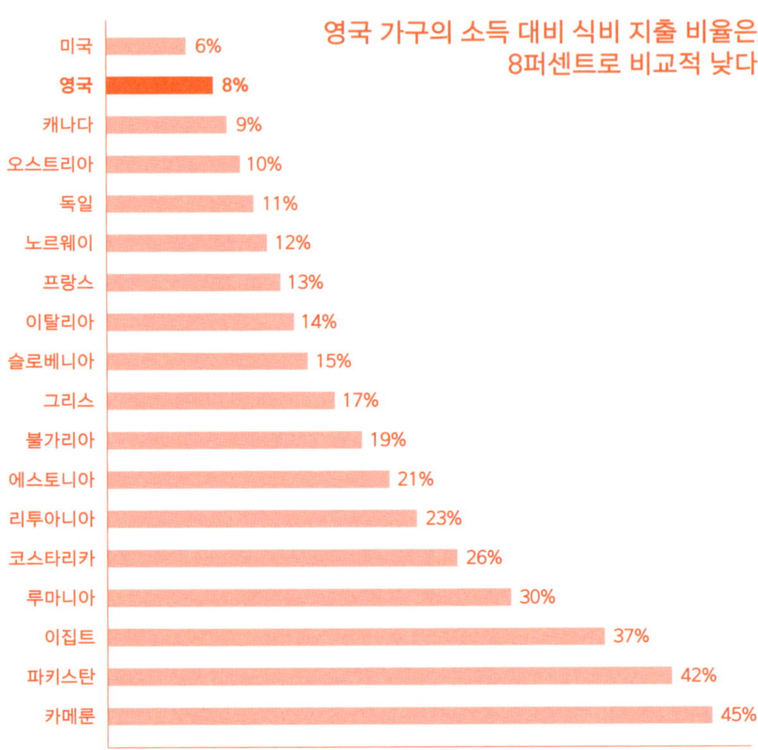

영국은 가계 평균으로 볼 때 거의 모든 국가보다 식비 지출이 적다. 그러나 평균은 개별 가계의 예산 압박에 편차가 크다는 사실을 숨긴다. 소득 최하위 계층은 가계 소득의 25퍼센트 이상을 식품에 지출한다.

서 이들은 물가 상승에 대응할 여력이 거의 없다.

식량 자급률을 위해 나무를 뽑아야 할까

미래의 충격에 대비해 지금 자급률을 높이는 게 맞을까? 기존의 농가 보조금 제도를 점차 대체하고 있는 정부의 환경토지관리계획(ELMs)에 대해, 식량을 재배하는 대신 나무를 기르거나 습지를 복원하는 농민에게 돈을 지급하는 것은 터무니없다고 비판하는 사람들이 있다. 지정학적으로 매우 불안한 상황에서, 정부는 식량 생산을 최대한 장려해야 마땅하다는 것이다. 이들은 "나비를 먹고 살 수는 없지 않나"라고 불만을 토로한다.

환경적 논리를 떠나, 재래식 농업을 지원하는 것은 경제적으로 타당하지 않다.* 농작물은 상품이다. 그 가격은 세계 시장에서 결정된다. 이를테면 해바라기씨유를 생산하는 농가에 돈을 주는 것은 사실상 전 세계 해바라기씨유 시장에 보조금을 지급하는 셈이다. 이는 납세자의 부담으로 돌아오며, 가격에 미치는 전반적인 효과는 미미할 것이다. 게다가 시장에는 자체적인 유인이 있다. 해바라기씨유의 공급이 부족하면 가격이 오르고, 그러면 농가들이 생산할 유인이 생긴다.

식량안보의 관점에서 보면, 환경 프로젝트를 지원할 때 얻는 이익이 더 크다. 현재 식량 시스템을 위협하는 가장 큰 요인은 생태계 붕괴와 기후변화로 인한 대규모 흉작으로, 이는 푸틴이 일으킨 전쟁보다 더 위협적이다. 144쪽에 서술한 예측이 옳다면 기후변화를 억제하지 못할 경우, 남반구의 많은 지역에서 농작물 수확량이 급감할 것이다. 이는 영국을 포함한 모든 국가의 식량 공급에 타격을 줄 것이다.

영국도 수확량을 유지할 수 있다고 장담하지 못한다. 유엔은 북반구 국가들의 생산성이 전반적으로 더 높아진다고 예측하지만, 기후변화는 본질적으로 불안정한 현상을 초래한다. 가뭄과 홍수가 잦

---

* 그럼에도 과거 정부들은 보조금 지급을 멈추지 않았다.

아지고, 흉작이 생길 것이다. 빙하가 녹고 멕시코만류가 정체되면, 영국은 기온이 뚝 떨어지고 강수량도 줄어들 것이다. 그러면 수확량이 급감할 수 있다. 반면 기온이 상승하면 농작물 해충과 가축 질병이 널리 퍼질 수 있다. 이 모두에 더해, 토양 황폐화와 수분 매개 곤충의 감소로 농업이 점점 더 어려워질 것이다.

현대 농업은 그 자체로 악순환에 갇혀 있다. 식량을 생산하는 방식이 기후변화와 생물 다양성 붕괴를 초래하고, 이는 다시 식량 공급을 위협한다. 물론 토지 용도를 변경하면, 즉 그 일부를 자연으로 돌려보내 탄소를 흡수하는 데 사용하면 새로운 불확실성이 생길 것이다. 그러나 토지 용도의 변경은 중요한 식량안보 대책이다.

영국의 식량 자급률 추이

영국의 식량 자급률은 지난 250년 동안 크게 변동했다. 1846년에 곡물법이 폐지되기 전까지는 거의 모든 식량을 자급했다. 곡물법 폐지와 산업혁명이 맞물리면서 식량 생산은 한 세기 동안 침체에 빠졌다. 노동자들은 시골을 떠나 급속히 팽창하는 도시의 공장으로 향했다. 해외 식량 수입으로 가능해진 이 인구학적 변화 덕분에 영국은 경제강국으로 도약했다.

20세기 초에는 인구 대부분이 대영제국과 그외 지역에서 수입한 식량을 먹고 살았고, 이 식량을 수송하고 보호하는 역할을 영국 상선대商船隊와 거대한 영국 함대가 맡았다.《정글북》의 작가 러디어드 키플링Rudyard Kipling은 이렇게 묘사했다.

> 당신이 먹는 빵과 베어 무는 비스킷,
> 녹여 먹는 사탕과 썰어내는 고깃덩어리,
> 이 모두가 거대한 증기선을 타고 매일 우리에게 온다.
> 누군가 이 길을 방해한다면, 당신은 굶게 될지니!

두 차례의 세계대전을 치를 동안 식량 운송은 실제로 방해받았고, 키플링의 경고는 현실이 될 뻔했다. 2차 세계대전 기간에 영국 정부가 '승리를 위해 땅을 일구자dig for victory'라는 전 국민 캠페인을 벌이면서, 식량 자급률이 다시 상승했다. 마지막 전쟁 이후, 영국은 장기적인 식량안보를 확보하기 위해 농업 보조금 제도를 도입했다.

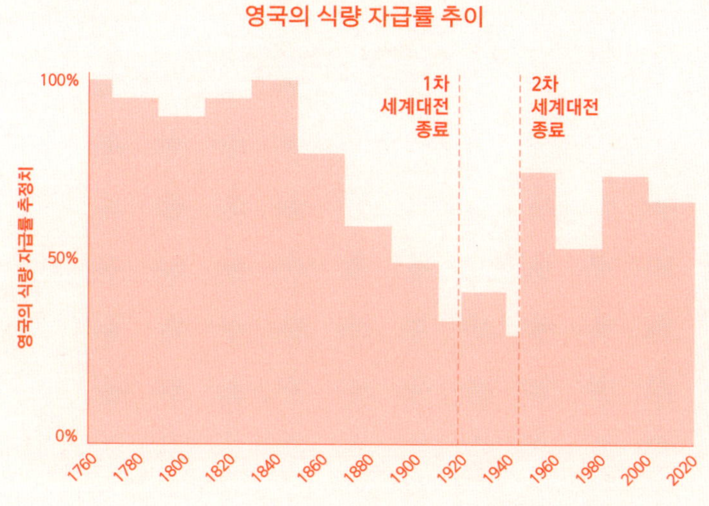

영국의 식량 자급률 추이

　　1973년, 영국은 공동농업정책(CAP)에 가입했다. 이는 유럽연합 내 식량 생산을 장려하기 위해 만든 농업 보조금 제도였다. CAP의 보조금과 관세가 최고조에 달한 1980년대 중반, 영국의 식량 자급률은 거의 80퍼센트에 이르렀다.

　　그러나 이 성과는 왜곡된 경제정책으로 달성한 것이었다. 유럽연합 공동시장에서 농가들은 보호주의 정책 덕분에 농산물 가격을 원래보다 2배로 올려 받았고, 그 대부분은 국가 보조금으로 지급됐다. 당연한 결과이지만, 이 유인책은 저장고에 버터가 넘쳐나는 등 식량의 과잉생산을 초래했다. 보조금은 조정되었고, 영국의 식량 자급률은 다시 떨어지기 시작했다.

17장 쓰레기통 뒤집기

시스템으로 인한 낭비를 줄인다면

환경과 식량 모두를 해결할 수 있다

우리는 환경 보호와 충분한 식량 생산이라는 목표를 동시에 이룰 수 있을까? 짧게 답하자면, '가능하다.' 온실가스 배출을 줄이고 토지 일부를 자연으로 되돌리면서도 안정적인 식량 공급을 유지할 수 있다. 단 이를 실현하려면 시스템 내에서 발생하는 엄청난 낭비를 해결해야 한다.

여기서 낭비란 흔히 떠올리는 소비자의 낭비만을 뜻하지 않는다. 즉 냉장고 저 안쪽에서 썩히다가 죄책감을 안고 쓰레기통에 버리는 상추나, 편식하는 아이들이 한사코 거부하는 채소만을 의미하지 않는다. 여기서 말하는 낭비란 시스템적 낭비로, 세 가지 주요 형태가 있다. 먹지 않는 음식, 비효율적인 농업, 비생산적인 토지다.

팔기도 전에 버려지는 음식들

영국에서 재배하는 식량 중 4분의 1 이상은 결국 소비되지 않는다.[1] 이는 영국 전체 온실가스 배출량의 6~7퍼센트를 차지한다. 전 세계적으로 보면 그 수치는 더욱 놀랍다. 전 세계 농지의 28퍼센트가 먹지도 않는 식량을 재배하는 데 사용된다. 이렇게 낭비하는 식량이 전 세계 온실가스 배출량의 8~10퍼센트를 발생시킨다. 즉 먹지 않는 식량을 하나의 국가로 치면, 미국과 중국에 이어 세 번째로 큰 온실가스 배출국이 될 것이다.

영국에서는 먹지 않는 식량의 3분의 1 정도가 아예 농장을 벗어나지 못한다.[2] 그 이유 중 하나는 농민이 필요한 양보다 더 많은 작물을 재배하는 관행이 있기 때문이다. 손해를 보더라도 과잉재배를 할 수밖에 없는 이유는 영국의 식료품 유통을 장악하고 있는 대형 슈퍼마켓의 영향력 때문이다. 영국은 4대 슈퍼마켓이 식료품 시장의 66퍼센트를 통제하며, 이들의 사업모델은 소비자에게 일관된 종류와 품질의 식품을 합리적인 가격으로 1년 내내 충분히 제공하는 것이다.[3] 슈퍼마켓은 이윤을 확보하기 위해 공급업체와 협상할 때 강경한 태도를 보인다. 그리고 슈퍼마켓이 사실상 독점적 위치이기 때문에, 공급업체는 이들의 요구에 따를 수밖에 없다.

슈퍼마켓은 정교한 예측 도구를 이용해 연중 어느 시기에 어떤 식품이 가장 잘 팔릴지 분석하고, 이를 바탕으로 매장 선반을 가득 채워놓는다. 이러한 예측은 농가와 사전 계약을 할 때 활용된다. 그런데 예기치 못한 일로 예측이 빗나가면, 이때 생긴 초과 생산이나 공급 부족은 보통 슈퍼마켓이 아니라 농가가 해결해야 한다. 예를 들어 토마토는 변덕스러운 영국 날씨에 매우 취약하다. 한동안 무더운 날씨가 이어지면 맛있게 잘 익은 토마토가 대량으로 생산되고, 날씨가 계속 좋으면 소비자도 토마토를 찾을 것이다. 그러다 날씨가 갑자기 흐려지면, 토마토는 잘 팔리지 않는다. 날이 추우면 샐러드 소비가 줄어들기 때문이다.

농민들은 예상 소비량보다 훨씬 여유 있게 작물을 생산해야 한다. 그렇지 않으면 병해나 악천후로 수확량이 줄어들어, 슈퍼마켓 주문량에 맞추지 못할 수 있다. 따라서 과잉생산은 식량 시스템에 내재해 있다. 또한 슈퍼마켓은 거래계약서에 온갖 구체적인 조건을 명시한다. 수량뿐만 아니라 생산물의 모양, 크기, 색상까지 적는다. 그래서 과일과 채소는 울퉁불퉁하거나, 멍이 들거나, 너무 크거나 너무 작으면, 보통 농장을 떠나기도 전에 폐기된다.

엄밀한 통계에 따르면, 슈퍼마켓 자체에서 발생하는 낭비는 거의 없다. 농장을 벗어났을 때 식량 낭비의 주요 원인은 가정(70퍼센트), 제조업체(18퍼센트), 요식업 및 식품산업(10퍼센트) 순이고, 식품 소매업의 비중은 놀랍게도 2퍼센트 정도다.[4]

슈퍼마켓이 이렇게 낭비가 적은 이유는 무엇일까? 어느 정도는 자본주의의 원리 때문이다. 낭비는 곧 비용이다. 이를 처리하려면 비용이 들고 그만큼 이윤을 갉아먹는다. 따라서 슈퍼마켓은 자체적으로 낭비를 최소화하려고 각별히 주의를 기울인다. 그렇지만 슈퍼마켓은 사업모델의 양 끝단에 있는 이들에게 책임을 떠넘겨 낭비를 줄이기도 한다. 그 한쪽에는 농민이, 다른 쪽에는 소비자가 있다. 소비자가 필요 이상으로 구매하도록 설득하는 것은 슈퍼마켓 운영의 핵심이며, 이는 결국 음식물 낭비로 이어진다. 현재 영국 가정은 연간 149억 파운드(약 29조 원) 상당의 음식물을 버리며, 그 대부분은 슈퍼

마켓에서 구입한 것이다.[5]

물론 소비자도 자신의 선택에 대한 책임을 피할 수 없다. 쇼핑 습관을 보면, 우리도 슈퍼마켓의 사업모델을 선호한다. 다양하고 풍부하고 깔끔하며 균일한 제품을(과거와 비교했을 때, 그리고 다른 나라들과 비교했을 때) 매우 낮은 가격에 구입하는 것을 선호한다. 한편 우리는 음식물이 낭비되는 것을 좋아하지 않는다. 2020년 음식물 낭비 방지 단체인 WRAP가 의뢰해 실시한 설문조사에서, 응답자의 93퍼센트가 '나를 포함한 모든 사람이 음식물 쓰레기를 최소화할 책임이 있다'라는 항목에 동의했다.

가정에서 음식이 버려지는 이유

그렇다면 왜 영국 가정은 해마다 660만 톤의 음식물을 버리는 걸까? 현재 경제 상황이 좋진 않지만, 영국은 1인당 평균 소득으로 볼 때 조부모 세대보다 훨씬 부유해졌다. 게다가 식비는 평균 가계 소득에서 차지하는 비중으로 볼 때 예전보다 훨씬 저렴해졌다. 이제 사람들은 (다시 말하지만, 평균적으로) 식품을 소중하게 대하지 않으며, 별다른 고민 없이 사고 버리는 데 익숙해졌다.

이러한 행동은 사람들의 요리 실력이 전반적으로 부족해지면서 더욱 심해졌다. 이전 세대(더 정확히 말하면 주로 여성)는 며칠분의 식단을 알뜰하게 짜고, 여러 요리에 두루 활용할 수 있는 식재료를 고르는 데 능숙했다. 이렇게 미리 식단을 떠올리고 계획하는 능력이 있으면 필요한 것만 효율적으로 장보기가 훨씬 쉬워진다.

요리에 자신 있는 사람은 남은 음식도 쉽게 활용한다. 온갖 재료를 구입해 다른 사람의 요리법을 그대로 따라 하는 것이 아니라, 냉장고 문을 열고 여기저기 흩어진 남은 식재료를 살핀 다음(밥 한 그릇, 치즈 한 덩어리, 외로운 당근 하나) 머릿속에 바로 메뉴를 떠올린다. 어떤 요리든 쉽게 만드는 사람은 '유통기한'이 임박한 제품을 버리는 일이 적다. '소비기한'과 달리 유통기한은 날짜가 지나도 소비가 가능하지만, 일반 가정에서는 유통기한이 지나면 버리는 경우가 많아 음식물 쓰레기가 많이 나온다. 식품 고유의 모양, 냄새, 맛을 알고 본인의 감각을 믿는다면, 먹어도 안전한지를 스스로 판단할 수 있다.

바로 이 지점에서, 주방에서의 자신감 상실과 과잉 구매를 유도하는 슈퍼마켓 문화 사이에 피드백 루프가 작용한다. 식단을 짜고, 요리하고, 남은 식재료를 활용하는 능력이 부족할수록, 무분별한 쇼핑에 빠지기 쉽다. 우리는 할인 행사나 영리한 마케팅 때문에, 또는 비현실적인 식사 계획을 세우는 바람에 식재료를 덜컥 사버린다(영국에서 낭비가 심한 음식 중 하나가 샐러드로, 포장된 잎채소의 약 40퍼센트가 결국 쓰레기통에 버려진다).[6]

바로 이런 이유로 학교의 식생활 교육 개선이 무척 중요하다. 아이들이 폭넓은 식재료에 익숙해지고, 똑똑하게 장보고 요리하는 법을 배워 졸업하면, 환경과 공중보건 모두에 유익할 것이다.

2007년 영국 정부는 2030년까지 음식물 쓰레기를 50퍼센트 줄이겠다는 목표를 세웠다.[7] WRAP는 우리가 이 목표를 절반 정도 이뤘다고 추산했지만, 초반의 활기찬 시작에 비해 이후 진전은 더뎠다. 가정의 음식물 낭비를 줄이는 데 매우 효과적이었던 정책 중 하나가 음식물 쓰레기 수거함의 도입이다. 버릴 음식을 봉지에 담아 눈으로 보고 손으로 무게를 확인하는 과정은 내가 낭비한 음식을 마주하는 직관적인 방법이다.

그렇지만 음식물 낭비를 막는 가장 강력한 유인은 바로 예산이다. 이는 개인은 물론 세계적인 차원에도 적용된다. 전 세계적으로 볼 때, 부유한 나라가 개발도상국보다 가정용 음식물 쓰레기가 훨씬 많이 나온다. 가계 역시 예산이 부족할수록 매주 장을 볼 때 더 신중해진다. 한 나라의 경제 상태는 쓰레기통에 담긴 내용물로 측정이 가능하다. 2007년부터 2012년까지, 영국 가정의 음식물 쓰레기는 15퍼센트 줄었는데, 이는 금융위기와 그에 따른 경기침체 때문이었다.[8] 이 글을 쓰는 시점에도 명확한 데이터는 없지만, 코로나 대유행과 생계비 위기가 겹치면서 영국 가정의 음식물 쓰레기가 줄어들었을 가능성이 있다.

물론 빈곤이 쓰레기를 줄이기 위한 지속 가능하거나 공정한 메커니즘인 것은 아니다. 어쨌든 쓰레기는 대부분 부유한 가정에서 발생하며, 이는 과일과 채소 같은 부패하기 쉬운 식품을 더 많이 구입하는 것과 어느 정도 관련이 있다(신선한 식재료가 빠르게 상하는 것은 예산이 빠듯한 사람들이 과일과 채소를 덜 사는 이유이기도 하다).[9]

따라서 더욱 신중하게 장을 보고 먹어야 할 책임은 사실 부유한 소비자에게 있으며, 소매업체도 이를 장려해야 한다. 몇몇 슈퍼마켓은 '유통기한'을 없애는 작업을 진행 중인데, 이는 멀쩡한 음식인데도 불안해서 그냥 버리는 경우를 줄이는 데 도움이 될 것이다. 그렇지만 가능한 한 많이 팔아야 하는 슈퍼마켓의 상업적 의무는 낭비 줄이기라는 목표와 근본적으로 충돌하는 면이 있다.

생산성을 저해하는 요소들

비효율적 농업은 두 번째 형태의 낭비다. 가축 사육이 가장 두드러진 예이지만(아래에서 더 자세히 다룬다), 곡물 재배도 생산성을 지금보다 더 끌어올릴 수 있다.

인간이 소비하는 곡물은 가축 목초지와 사료용 작물 다음으로 영국 농지에서 가장 큰 비중을 차지한다. 이는 300만 헥타르가 넘고, 전체 농지의 13퍼센트를 차지한다.[10] 대다수 유럽 국가와 비교할 때, 영국은 이 농지에서 높은 수확량을 얻는다. 운 좋게도 여름이 길고, 토양이 비옥하며, 강우량이 세계 최고 수준이기 때문이다. 영국의 평균 밀 수확량은 헥타르당 약 9톤이다. 영국의 기록적인 밀 수확량은, 2015년에 노섬벌랜드의 농부 로드 스미스Rod Smith가 세운 기록으로, 헥타르당 16.5톤이다.*[11]

그러나 농가마다 헥타르당 생산량에는 큰 차이가 있다. 최근 한 학술 연구에 따르면 농가끼리 모범 사례를 공유하기만 해도 영국의 수확량을 13~15퍼센트 늘릴 수 있다고 한다.[12] 여기에는 토질을 개선하는 여러 방법이 포함될 수 있다. 예를 들면 겨울 동안 토양 속 영양분을 '가두기' 위해 덮개 작물을 심거나, 유익한 토양 미생물을 활성화하기 위해 전통적인 윤작 방식을 활용하는 것 등이다.

작물 유전학을 통해서도 수확량을 늘릴 수 있다. 영국 정부의 기후변화위원회는 작물 수확량에 대한 정밀 평가를 검토한 결과, 신중

---

* 이는 세계 기록이기도 했는데, 2017년 뉴질랜드의 농부 에릭 왓슨Eric Watson이 헥타르당 0.9톤을 더 수확하면서 기록을 경신했다.

작물 수확량을 15% 늘리고, 음식물 쓰레기를 절반으로 줄이며, 육류 소비를 30% 줄이면 토지의 3분의 1을 절약하면서도 영국 국민을 먹여 살릴 수 있다

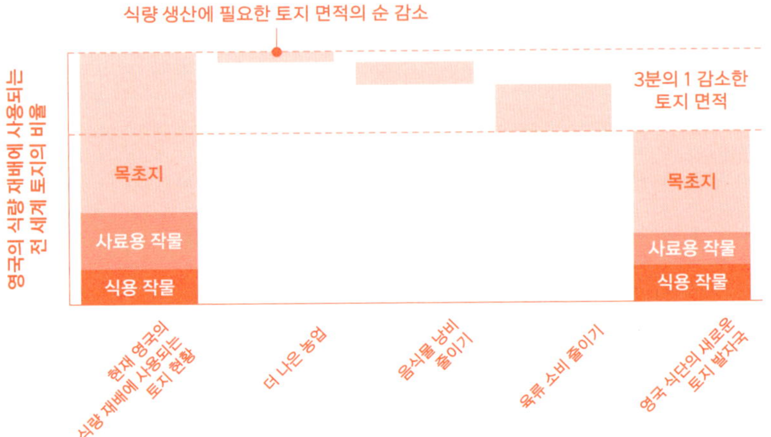

전 세계적으로 농작물 수확량을 15퍼센트 늘리고, 식량 낭비를 절반으로 줄이며, 육류 소비를 30퍼센트 줄인다면, 면적이 3분의 1로 줄어든 토지에서 같은 양의 영양가 있는 식량을 생산할 수 있다. 가장 큰 효과는 육류 소비 감소에서 올 것이다.

한 품종 개량과 농업 관행 개선을 병행하면 수확량을 25퍼센트 늘릴 수 있다는 결론을 얻었다. 또한 위원회는 밭에서 재배되는 모든 작물의 건강 상태를 파악할 수 있는 AI 등 새로운 정밀기술을 활용하면 수확량이 더욱 늘어날 것으로 보고 있다.[13]

세 번째 종류의 낭비는 토지 이용이다. 작물 재배는 헥타르당 생산하는 칼로리가 가축 사육보다 약 12배 더 많다. 그런데 영국 농지의 85퍼센트는 가축을 먹이고 기르는 데 사용된다.[14] 다시 말해 육류 소비를 줄이는 것이 토지 생산성을 높이는 가장 효과적인 방법이다.

그렇다고 다 같이 완전 채식을 하자는 말은 아니다. 육류 소비를 줄이는 것만으로도 충분하다. 영국에 거주하는 모든 사람이 육류와 유제품의 섭취를 3분의 1 줄이면, 농지의 약 20퍼센트를 확보할 수 있다. 이 경우 많은 사람이 식습관을 바꿔야 하겠지만, 고통스러울 정도는 아닐 것이다. 평소 끼니마다 고기와 유제품을 먹는다면, 월요일과 화요일에는 식단에서 이를 빼보는 게 어떨까? 간단한 일이다.

세 종류의 시스템적 낭비를 모두 줄이면, 우리는 환경을 보호하면서도 충분한 식량을 생산해야 하는 도전 과제를 쉽게 달성할 수 있을 것이다. 그럴듯한 시나리오를 하나 들어보면, 식량 낭비를 50퍼센트 줄이고 농작물 수확량을 15퍼센트 늘리며 육류 소비를 30퍼센트 줄이면, 30퍼센트 줄이든 토지에서 같은 양의 칼로리를 생산할 수 있을 것이다(242쪽 도표 참고). 목표를 더 높여서 생산성을 30퍼센트 높이고 육류 소비를 35퍼센트 줄이면, 40퍼센트 줄어든 토지에서 같은 양의 식량을 생산할 수 있을 것이다.[15]

이 두 가지 시나리오대로라면, 자연에 공간을 내줄 만큼 충분한 토지가 마련될 것이다. 이로써 야생 지대가 복원될 뿐 아니라, 일부 토착종이 선호하는 온건한 형태의 농업도 가능해진다. 이를 통해 우리는 식량을 생산할 공간을 충분히 확보하면서도, 야생동물에게 필요한 다양한 경관이 어우러진 곳, 아름다움과 생물 다양성이 가득한 곳을 조성할 수 있다.

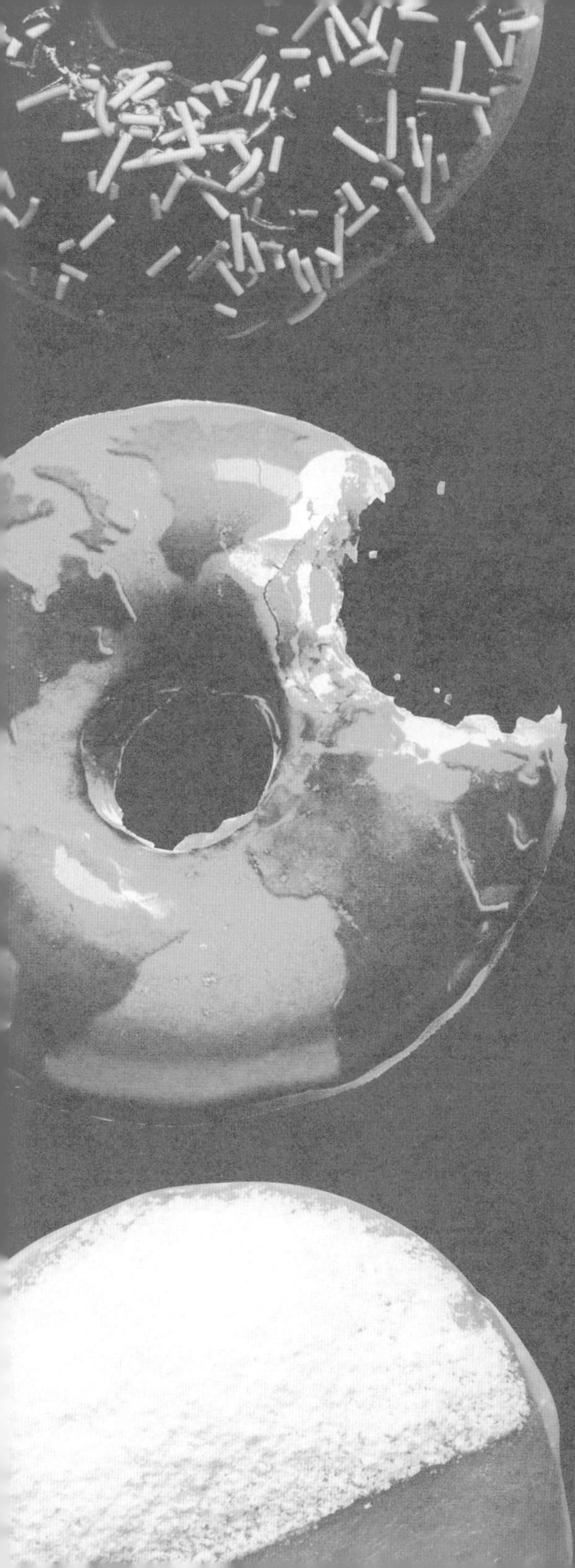

3부
우리의 미래

18장 가짜 고기에 거는 희망

대체 단백질이 우리를 구할 수 있을까

우리가 실제로 원하는 식량 시스템은 어떤 모습일까? 2019년 2월 코로나가 영국에 도달하기 직전, 국가식량전략팀은 브리스틀에 있는 작은 찻집에 모여 시민 36명과 함께 식량 정책에 대해 논의했다. 이는 국가식량전략팀이 전국에서 진행한 다섯 번의 '심층 대화' 중 첫 번째 모임으로, 현재의 식량 시스템을 '일반인'이 어떻게 받아들이고 이를 개선하기 위해 얼마나 노력할 의향이 있는지 알아보는 자리였다.

토론 참여자는 해당 지역의 인구학적 특성을 대표하는 사람들로 선정했다. 이들은 다양한 직업군과 정치 성향(또는 무성향)을 대표했다. 토론자들은 나흘에 걸쳐 총 12시간 30분을 우리와 함께 보냈고, 코로나가 본격화된 후로는 화상회의로 전환했다. 참여자들은 식량 시스템의 다양한 분야에서 활동하는 전문가들과 질문을 주고받았고, 각자의 경험을 토대로 식량 시스템의 장단점을 논의했다. 또한 환경과 공중보건을 개선하기 위해 정치적 또는 상업적 개입을 어느 정도까지 받아들일 수 있는지에 대해서도 토론했다.

토론 참여자별로 그리고 지역별로 의견 차이가 있긴 했지만, 일부 주제에서는 상당한 정도의 합의를 끌어냈다. 특히 정크푸드의 광고 및 판촉 행사를 더 엄격히 규제해야 한다는 의견은 압도적인 지지를 받았다. 많은 참여자가 학교 근처에 패스트푸드 매장이 들어서는 것을 금지하고 정크푸드를 파는 소매업체를 더 강력히 규제해주기를 바랐다.

전반적으로 국가 개입에 대한 수용도는 우리의 예상보다 높았지만, 한 가지 예외가 있었다. 바로 '육류세' 도입으로, 이는 애초에 실현 가능성이 없었다. 우리가 이 주제를 꺼낼 때마다, 적대적인 분위기가 감돌았다. 물론 찬성하는 사람도 소수 있었지만 격렬하게 반대하는 사람이 훨씬 많았고, 이들 사이에 찬반 논쟁이 치열하게 벌어지기도 했다. 이는 충분히 이해할 만한 일이다. 영국은 예부터 잡식성 식문화가 발달했고, 세계적으로 인정받는 고기, 우유, 치즈를 생산한다. 영국인에게 고기는 문화적으로 중요한 요소이고, 풍요의 상징이자 요리의 중심이다. 따라서 육류 소비를 줄이려는 정부 개입은 받아들일 수 없는 강압적 요구로 느껴질 만했다.

육류세 도입은 고기 소비를 줄이는 가장 빠른 방법일지 모르나, 비용 부담이 크고 저소득층의 부담이 오히려 커질 수 있다. 육류세를 피구세처럼 단순하게 설계해 탄소 배출 비용만큼 가격에 반영하면, 소고기와 양고기의 가격이 하룻밤 사이에 급등할 것이다. 이것만으로도 대중의 분노를 자극할 것이다. 설상가상으로 탄소 배출량은 고기 부위가 아닌 무게로 측정하기 때문에, 싸고 양이 많은 부위일수록 가격 인상 폭이 클 것이다. 원래 비싼 우둔살 스테이크는 가격이 31퍼센트 오를 것이다. 반면 가정에서 많이 찾는 인기 있고 저렴한 식재료인 다진 고기는 가격이 145퍼센트 오를 것이다. 킬로그램당 4.8파운드(약 9300원)였던 다진 소고기가 무려 11.76파운드(약 2만 2800원)로 치솟는 것이다.

심층 대화 후, 육류세 도입에 대한 여론조사를 진행했을 때도 비슷한 반응이 나왔다. 응답자의 62퍼센트가 육류 소비 감축을 정부 목표로 삼아야 한다고 생각했지만, 신선육 과세에 찬성하는 사람은 25퍼센트에 그쳤다. 응답자의 75퍼센트가 이에 '반대'하거나 '강하게 반대'했다.[1]

영국 정부는 이러한 여론을 예의주시한다. 2021년에 한 정부 관계자는 육류세 도입 가능성을 묻는 질문에 이렇게 답했다. "그런 일은 절대 없을 겁니다. 우리는 훌륭한 영국 소시지나 그 어떤 것에 대해서도 육류세를 부과하지 않을 겁니다."

어떻게 육류 소비를 줄일까

태도는 바뀌기 마련이고, 기후변화의 여파를 실감할수록 정부 개입에 대한 대중의 인식도 달라질 수 있다. 그렇다고 그때까지 마냥 기다릴 수는 없다. 13장에서 보았듯이 육류 소비를 줄이는 것은, 그리하여 메탄 배출량을 낮추고 탄소 격리 및 생물 다양성 회복을 위한 토지를 확보하는 것은, 아픈 지구를 보호하기 위해 그나마 우리가 써볼 수 있는 처방이다. 그리고 우리는 지금 당장 실천에 옮겨야 한다.

정부 차원에서 전 국민의 육류 소비를 줄일 수 있는 직접적이고 즉각적인 방법이 하나 있다. 정부 조달을 이용하는 것이다. 현재 집 밖에서 제공되는 모든 음식 중 5.5퍼센트는 정부 자금으로 운영하는 기관에서 조달한다.[2] 학교는 물론 교도소, 병원, 정부 청사, 군대에서 나오는 모든 식사가 여기에 포함된다. 이렇게 대량으로 조리하는 환경에서는 작은 변화로도 큰 효과를 거둘 수 있다. 예를 들어 라자냐에 다진 버섯을 넣거나, 칠리 스튜에 소고기를 줄이고 콩을 더 넣기만 해도 요리가 환경에 미치는 영향을 크게 줄일 수 있다.

또한 정부는 보조금을 이용해 상업 부문의 변화를 유도할 수 있다. 예를 들어 가축의 메탄 배출량을 줄이는 사육 프로그램 및 사료 첨가제 연구에 자금을 지원하는 것이다.* 이렇게 하면 혁신의 속도가 빨라지고, '녹색 경제'를 활성화하는 부수적 효과도 얻을 것이다. 그러나 현실적인 접근이 필요하다. 메탄 저감 기술은 단점이 있고 사용 범위도 제한적이다. 이를테면 사료 첨가제는 규칙적으로 공급해야 하므로, 하루 대부분을 들판에서 보내는 젖소에게는 적합하지 않다. 〈국가식량전략〉은 현재 개발 중인 메탄 저감 기술이 농업 부문의 메탄 배출량을 약 10퍼센트 줄인다고 추산했다. 이는 괜찮은 시작이지만, 이것만으로는 충분하지 않다. 게다가 환경 프로젝트를 위한 토지 확보에는 아무런 도움도 되지 않는다.

---

* 다양한 종류의 해조류, 그중에서도 분홍빛 바다고리풀(학명: 아스파라고프시스 탁시포르미스*Asparagopsis taxiformis*)의 추출물을 소의 사료에 소량 섞어 먹이면 메탄 배출량이 줄어드는 것으로 밝혀졌다.

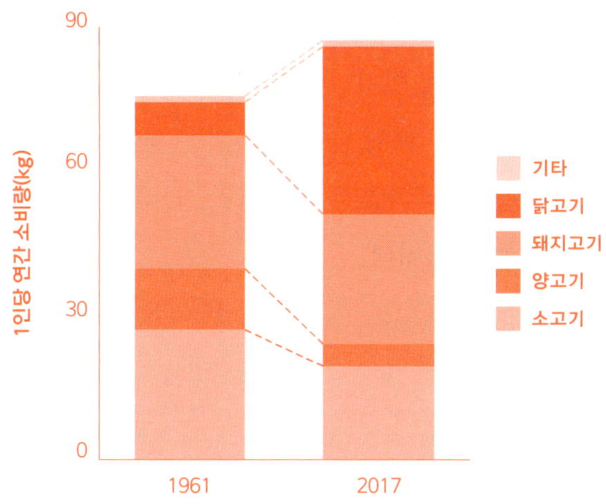

영국인의 육류 선호도는 1961년 이후 크게 달라졌다. 닭고기 가격이 하락하자 이를 훨씬 많이 소비했다.

이제 소비자 습관의 문제와 이를 바꾸는 방법으로 돌아가 보자. 이는 자유시장이 정치인보다 더 잘하고 빠르게 해내는 영역이다. 고도의 설득 기술을 갖춘 소매업은 슈퍼마켓 진열대의 배치부터 메뉴판의 요리 나열 방식까지 온갖 미묘한 암시를 이용해 소비자를 특정 제품으로 유도할 수 있다.

그렇지만 소비자의 행동을 바꾸는 가장 확실한 방법은 가격을 이용하는 것이다. 예를 들어 닭고기는 과거에 비교적 비싼 육류로 특별한 날에만 먹었다. 그러다 집약적 축산으로 닭고기 가격이 내려가자, 소비자의 반응도 달라졌다. 위의 도표가 보여주듯이, 영국인은 1960년대에 닭고기보다 소고기를 4배 더 많이 먹었다. 지금은 닭고기를 소고기보다 거의 2배 많이 먹는다.

이제 우리는 훨씬 더 극적인 변화를 눈앞에 두고 있다. 이번에는 사육한 고기에서 아예 벗어나 완전히 새로운 첨단 식품으로 넘어가려 한다. 급성장 중인 '대체 단백질' 분야는 기존의 식량 시스템 풍경을, 말 그대로든 비유적으로든 변형시킬 것으로 보인다. 마치 과거의 녹색혁명이 그랬던 것처럼.

축산이 아니라 배양

최근 주목받는 분야는 실험실에서 배양한 고기다. 배양육을 만들려면 먼저 소량의 동물에서 줄기세포를 채취해야 한다. 그런 다음 이 세포를 영양소가 풍부한 배양액에 넣고 증식시켜 일종의 고기 반죽 형태가 될 때까지 성장시킨다. 아직은 실험실 배양육을 대량으로 생산하거나 스테이크나 갈비살 같은 덩어리 고기로 만드는 방법을 알아내지 못했다. 덩어리 고기의 경우 지방과 힘줄 같은 복잡한 구조를 재현해야 한다.

최근 나는 노스옥스퍼드에 있는 아이비 팜 테크놀로지Ivy Farm Technologies 본사를 방문해 가압 스테인리스 스틸 생물반응기에서 배양한 돼지고기 미트볼을 시식했다. 배양된 세포는 부피를 늘리기 위해 식물성 단백질과 혼합했으므로, 엄밀히 말해 약 60퍼센트만 고기였다. 배양육 미트볼은 이상적인 미트볼보다 더 곱게 간 상태였지만(실제 고기 질감은 흉내 내기가 매우 어려운 특성 중 하나다), 맛은 훌륭했고 진짜 돼지고기 맛이 났다. 그러나 이 미트볼 하나를 만드는 데 50파운드(약 9만 7000원)가 들어간다. 현재 배양육은 축산시장에 도전하기에는 가격이 너무 높고, 대중의 거부감도 여전하다. 그렇지만 가격

이 충분히 내려가면 상황이 달라질지도 모른다.

당분간 더 저렴하고 매력적인 대안은 고기 맛이 나지만 동물성 단백질이 포함되지 않은 제품을 생산하는 것이다. 지금까지는 대부분의 회사가 밀이나 대두, 완두를 기본 재료로 대체육을 만들었지만, 다른 식물성 원료로도 가능해 보인다. 영국의 기후 스타트업 브릴리언트 플래닛Brilliant Planet은 대서양에서 퍼올린 바닷물로 모로코 사막에 인공 연못을 만든 다음, 여기서 자란 해조류로 지속 가능하면서도 단백질이 풍부한 식량원을 개발하고 있다.

새로 나온 대부분의 대체 단백질은 채식인만 겨냥하거나 이들을 주요 소비자로 삼지 않는다. 이 제품들은 최대한 시장을 넓히기 위해 육식하는 소비자도 끌어들이려 한다. 미국의 식품회사 임파서블 푸드Impossible Foods는 제품에 대두 레그헤모글로빈leghaemoglobin을 첨가해 고기 맛을 낸다. 레그헤모글로빈은 원래 대두의 뿌리혹에서 추출했지만 지금은 발효조에서 얻는 붉은색 단백질로, 고기 특유의 피 맛을 내는 헴철heme iron 성분이 들어 있다. 레그헤모글로빈은 영국에서 아직 식용으로 승인받지 못했지만, 미국에서는 식물성 제품이 주류 시장에 자리 잡는 데 기여했다.

이른바 임파서블 버거(임파서블 푸드와 버거킹이 협업해 만든 식물성 버거—옮긴이)는 조리 시 소고기 패티처럼 '핏물이 흐르는' 식물성 패티를 사용한 제품으로, 이미 미국 버거킹 매장에서 팔리는 모든 와퍼 제품의 10퍼센트를 차지한다.[3] 이는 버거킹 고객의 10퍼센트가 채식주의자여서가 아니다. 사실 소매 판매 데이터를 살펴보면, 임파서블 버거를 구매한 소비자 대부분이 소고기 제품도 사 먹는다. 채식하는 인구가 많지 않더라도 제품이 충분히 맛있으면 소비자에게 선택받는다.

식사를 바꾼 과학적 돌파구

가장 혁신적이고 미래지향적인 대체 단백질 형태는 '정밀발효precision fermentation' 분야에서 등장했다. 이는 효모 세포를 유전적으로 변형한 다음, 발효 과정에서 특정 단백질을 부산물로 얻는 기술이다. 유전자 변형된 효모 세포를 발효조에 넣고 설탕 용액 또는 이산화탄소와 수소의 혼합물을 공급하면, 세포가 발효하면서 대량의 단백질이 생산된다.

이 기술은 오랫동안 특정 동물 유래 성분을 대체하는 데 사용되었다. 치즈를 굳히는 데 쓰는 레닛rennet이나 당뇨병 환자에게 투여하는 인슐린이 그 예다. 1980년대부터 판매된 대체육 제품 퀀Quorn*을 만드는 과정도 이와 비슷하다. 최근 몇 년 사이에 과학자들은 효모를 조작해, 훨씬 다양한 종류의 단백질 분자를 생산하는 법을 알아냈다. 임파서블 버거에 들어가는 레그헤모글로빈도 그중 하나다.

이 과학적 돌파구는 기계학습 및 정보기술의 발달과 함께 이뤄졌고 동시에 그 발달에 힘입었다. 과학자들이 식품의 맛과 영양을 개선하기 위해 샘플을 분석하고 성분을 조정한 후 그 정보를 데이터베이스에 입력하면, 생산 공정과 성분을 빠르게 변경할 수 있다. 이 기술을 지지하는 사람들은 궁극적으로 이러한 데이더베이스를 이용해, 각종 식품에 적합한 단백질을 설계할 수 있을 것이라고 주장한다. 언젠가 완벽한 햄버거 패티 공식이 데이터 파일에 저장되면, 어떤 프랜차이즈 매장이든, 아니면 주유소 매점이나 동네 편의점에서도, 이 파일을 다운로드해서 각자 (차세대) 기계를 이용해 주문받은 버거 패티를 생산할 수 있을 것이다. 그것도 매번 완벽하게 일정한 품질로 말이다.

그러한 특별한 미래는 아직 멀리 있지만, 현재 정밀발효 산업은 빠르게 발전하고 있다. 이스라엘의 스타트업 이매진데어리Imagindairy는 효모로 만든 '우유' 단백질 혼합물을 개발 중이며, 이 혼합물이 진짜 우유와 구별되지 않는다고 주장한다. 이것이 사실이라면, 그리고

* 퀀은 자연적으로 발생하는 미세 곰팡이를 발효해서 만든다.

대중이 이 대체품을 받아들이는 분위기라면, 그 상업적 기회와 환경적 이점은 엄청날 것이다. 예를 들어 중국이 수입하는 우유 중 거의 30퍼센트는 액체로 마시거나 요거트나 치즈로 먹지 않고, 분유로 전환해 가공식품에 사용한다.[4] 정밀발효로 생산된 분유가 젖소에서 얻은 우유보다 저렴해지면(일부 논평가들은 그런 날이 머지않았다고 본다), 전 세계 유제품 시장은 크게 흔들릴 것이다.

미국에 본사를 두고 있는 미래 예측 연구소 리씽크엑스[RethinkX]는 2019년 보고서에서, 정밀발효 기술로 생산한 제품이 진짜 같은 맛, 높은 영양가, 저렴한 가격 등 조만간 뛰어난 품질을 갖추면, 전체 축산업을 휩쓸 것이라고 주장했다.[5] 보고서는 소고기와 유제품의 수요가 2030년까지 70퍼센트 감소할 것이고, 그러면 소 사육이 첫 번째 피해자가 될 것이라고 예측했다. 돼지고기, 닭고기, 생선 등 다른 축산시장도 곧 그 뒤를 따를 것이라고 덧붙였다. 이는 축산업뿐만 아니라 축산업에 서비스를 제공하는 모든 경제 분야에 대규모 파산을 초래해, 사료용 작물 재배, 도축장, 비료 및 농약 제조업, 농기계 산업, 심지어 농가 대출 전문은행까지 타격을 받을 것이라고 전망했다. 또한 대체 단백질 생산은 고기 사육보다 훨씬 적은 땅이 필요하므로, 토지 가격이 급락할 것이라고 예측했다.

다시 말해 현재 축산업에 종사하는 모든 이에게 힘든 시기가 다가올 수 있다는 뜻이다. 정책 입안자, 기업가, 직원들은 이러한 미래 전망에 대비해야 한다. 그렇지만 식품 환경이 재편성되면 새로운 기회가 열릴 것이다. 공장이나 연구실의 일자리, 새로운 방식으로 땅을 관리하는 직업 등이 그것이다. 그리고 환경에, 나아가 인류 전체에 기적 같은 영향을 끼칠 것이다. 리씽크엑스는 미국에서 정밀발효 제품이 축산품을 대체할 경우, 2035년까지 1억 8200만 헥타르의 토지가 확보될 것이라고 예측했다. 이는 독일 면적의 6배 크기다. 이 땅에 작물을 심고 관리해 탄소 격리를 극대화하면, 연간 55억 톤의 이산화탄소를 포집할 수 있을 것이다. 이는 현재 미국의 온실가스 배출량을 모두 상쇄할 만한 양이다.

다가올 식품 혁명이 이렇게 빠르고 포괄적으로 진행될 것이라는 관측에 모두가 동의하는 건 아니다. 같은 2019년에 나온 영국왕립학회 학술지는 10년 안으로 전 세계 육류산업의 10퍼센트가 대체 단백질 산업으로 바뀔 것이라고 예측했다.[6] 리씽크엑스의 전망과 크게 차이 나지만, 1조 1000억 달러(약 1614조 원) 규모의 산업에서 10퍼센트는 결코 작지 않은 것이다. 게다가 새로운 산업이 대중시장에 일단 진입하면 대중의 수용 속도가 급격히 빨라질 것이고, 규모의 경제로 제품 가격까지 낮아지면 산업의 기하급수적 성장은 시간문제일 것이다.

가짜 너겟도 너겟이다

나는 대체 단백질의 상업적 가능성에 확신이 없던 차에, 집에서 시식해보라며 누가 보내준 가짜 닭고기 너겟을 한 봉지 받게 되었다. 나는 대체육에 큰 기대가 없었다. 철저한 육식파인 두 아들은 대체육에 관심이 없었고, 채식하는 딸조차 대부분의 '고기 대체품'이 끔찍하다며 먹지 않았다. 그런데 이 가짜 너겟은 달랐다! 이것은 세상을 바꿀 식품이었다.

나는 너겟을 튀겨 으깬 감자, 완두콩과 함께 아이들에게 주었다. 아이들은 처음에는 조심스럽게 한입 떼어 맛보더니, 곧 정크푸드를 먹을 때의 그 환한 미소를 지었다. 평소 같으면 부모로서 경각심을 느꼈을 것이다. "대박이네!" 아이들이 외쳤다. "이건 그냥 치킨이야!"(정말 그랬다.) "더 먹을래요!"

치킨 너겟은 이를테면 우둔살 스테이크보다 모방하기 쉽다. 일단 '고기' 중심부(내가 받은 제품은 정밀발효 단백질이 아닌 식물성 단백질로 만들었다)가 비교적 작은 데다, 빵가루 코팅으로 모양을 잡고 바삭한 식감을 살릴 수 있기 때문이다. 흉내 내기 쉬운 편이라 해도 이 제품은 대체육의 상업적 가능성을 보여주었다. 이제 식물성 제품으로 가공육의 맛을 정확히 재현하는 것은 물론, 이를 뛰어넘는 것도 가능해졌다.

그러나 지구에 좋은 것이 우리 몸에는 별로일 수도 있다. 우리 아이들의 환한 표정에서 알 수 있듯이, 식물성 식품도 정크푸드가 될 수 있다. 짜고 기름지고 심하게 가공한 이상한 재료 덩어리는 최적의 중독성을 끌어내기 위해 과학적으로 설계된 것이다.

임파서블 버거는 기존의 소고기 버거보다 토지는 96퍼센트, 물은 87퍼센트 덜 사용하고 온실가스는 89퍼센트 적게 배출한다. 그러나 이 버거는 하루 권장 소금 섭취량의 4분의 1이 들어 있고, 일반 버거와 마찬가지로 포화지방이 많다.[7]

이는 사실 놀랍지 않다. 대부분의 대체 단백질 회사는 의도적으로 패스트푸드와 간편식 시장을 공략하는데, 이 분야가 고기를 대체하기 가장 쉽고 수익성도 가장 높기 때문이다. 초가공식품은 대체 단백질로 전환하기에 특히 안성맞춤이다. 흔히 먹는 간편식이나 간식에는 다진 고기부터 유제품 분말까지 다양한 재료가 들어 있는데, 이는 친환경 대체품으로 쉽게 바꿀 수 있다. 그러나 고급 스테이크나 선데이 로스트의 경우, 이를 모방한 새로운 단백질은 당분간 나오기 힘들 것이다.

결국 이 초가공식품 시장에 있는 대체 단백질 제품이 (전부는 아니지만) 많은 경우 기존의 육류 제품만큼이나 건강에 해로운 것으로 밝혀질 것이다. 사실 지금까지 채식 가공식품이 워낙 별로여서 직접 요리할 수밖에 없었던 채식주의자들도, 이런 제품이 눈앞에서 유혹해오면 정크푸드 악순환에 빠질 가능성이 있다.

이론상 과학자들은 정밀발효 기술 덕분에 새로운 식품의 영양 성분을 분자 수준에서 조정하고 개선할 수 있다. 나는 개인적으로 거대한 발효조 안에서 만든, 말 그대로 허공에서 나온 식품이 렌틸콩처럼 영양이 풍부하고 복잡한 식품을 따라잡기는 어렵다고 본다. 케임브리지대학교 식물과학부의 데이비드 행크David Hanke 박사는 최근 〈가디언〉에 보낸 독자 편지에서 이렇게 주장했다. "산업적으로 생산된 어떤 음식도 비타민, 미네랄, 식이섬유 등 건강에 필수적인 식이 성분을 적절히 조합해 제공할 수 없다." 분명 일리 있는 말이다. 최적의 건강을 위해서는 우리 모두 가짜 고기가 아니라 채소와 콩류를 더 많이 먹어야 한다.

그렇지만 우리는 사람들의 행동이 달라지기를 그저 바랄 게 아니라, 실제로 어떻게 행동하는지 알아야 한다. 다음 쪽 도표에서 알 수 있듯이, 현재 영국은 버거, 가공육, 간편식을 엄청나게 소비하는

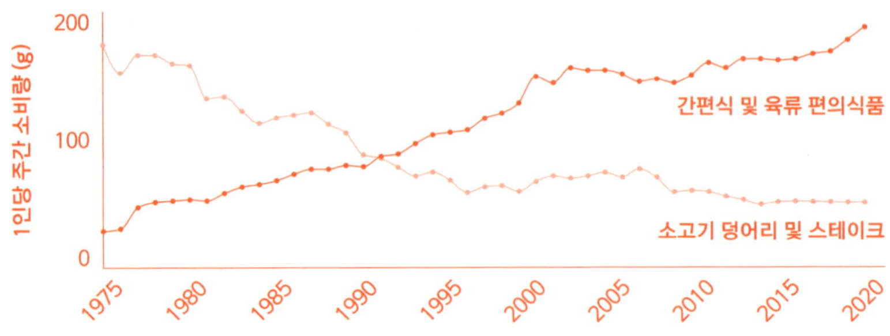

지난 50년 동안 영국인은 간편식과 편의식품의 소비가 증가했고, 신선한 육류 소비는
감소했다.

나라다. 편의식품을 선호하는 추세는 적어도 50년 이상 이어져온 흐름으로, 이를 당장 되돌리기는 힘들 것이다.

지금 우리는 두 가지 불길을 동시에 잡으려고 애쓰고 있다. 바로 식이성 질환과 환경 파괴다. 사람들은 두 가지 문제를 한 번에 해결할 방법이 있으리라 기대하기 쉽다. 식품 시스템 내 모든 불길을 잠재울 간단하고 상식적이며 이념적으로 순수한 방법을 찾는 것이다. 그러나 현실은 실망스럽게도 복잡하다. 한 가지 문제의 해결책이 시스템의 다른 곳에서도 반드시 유익한 효과를 가져온다는 보장은 없다.

대체 단백질은 식생활 건강에 큰 도움이 되지는 않을 것이다. 그러나 이러한 전환에서 얻는 환경적 이점이 매우 중요하므로, 나는 대체품 이용이 그만한 가치가 있다고 본다. 영국은 이 새로운 산업에서 선두에 서야 한다. 영국은 간편식 소비층이 탄탄하고 플렉시테리언flexitarian(간헐적으로 채식하는 사람)이 늘어나는 추세여서, 대체 단백질 산업에 적합한 시장이다. 이미 영국은 유럽에서 판매하는 식물성 고기나 유제품 대체품의 3분의 1을 구매하고 있다.[8] 영국이 대체 단백질을 수입하지 않고 직접 개발해 제조한다면, 공장 일자리 약 1만 개가 창출되고 농장 일자리(대체 단백질의 제조에 필요한 원료 생산) 6500개가 추가로 확보될 것이다.[9] 또한 이 새로운 산업을 규제하기가 수월해지고(즉 이를 뒷받침하는 과학기술을 신중히 배포해 소수 기업의 초기 독점을 막아내고), 건강과 환경에 미치는 영향을 감시하는 일도 훨씬 쉬워질 것이다.

대체 단백질을 개발하는 데는 토지나 원료가 많이 필요하지 않다. 어디서든 개발이 가능하며, 실제로 그렇게 될 것이다. 이 새로운 산업은 한 나라가 받아들이는 데 주저해도 다른 나라에서 번창할 것이다. 지금까지 영국 정부는 신종 단백질 개발 기업에 대한 지원과 투자에 소극적이었다. 그러다 보니 대부분의 연구 개발이 다른 나라(주로 싱가포르, 이스라엘, 네덜란드, 캐나다)에서 이뤄지고 있다. 특히 캐나다는 단백질 산업 슈퍼클러스터Protein Industries Supercluster 같은 정책으로 이를 적극 지원한다. 이대로라면 영국은 녹색성장을 이룰 절호의 기회를 놓칠 것이다.

영국 기업이 이 흐름에 동참하든 안 하든, 대체 단백질 산업은 현실로 다가오고 있다. 이는 농업 부문에 고통스러운 경제적 혼란을 초래할 게 분명하므로, 현명한 정책 수립으로 그 파장을 완화해야 한다.

19장 땅을 돌보는 사람들

정부는 농민에게 더 요구하되

농민을 더 잘 보호해야 한다

내가 데프라에 합류한 지 얼마 지나지 않아, 1990년대에 이 부처에서 일한 한 중견 정치인에 대한 이야기를 들었다. 당시 하급 장관이었던 그는 자신의 지역구에 있는 언덕 농장을 방문해 지역 농민들과 부엌 식탁에 둘러앉아 그들의 고민을 들었다. 그가 어떤 도움이 필요한지 묻자, 한 농민이 대답했다. "정치인이 할 일은 아주 간단합니다. 내 손자도 이 농장에서 미래를 꿈꿀 수 있게 해주십시오." 장관은 공감한다는 듯 고개를 끄덕이며 말했다. "저도 이해합니다. 제 할아버지도 광부이셨거든요."

이 일화의 요점은 농업이 몰락했다거나 몰락할 운명이라는 게 아니다. 오히려 농업이 영국 경제에서 차지하는 독특한 위치를 강조한다. 영국의 농업은 대부분의 상업적 산업과 달리 여전히 정부 지원을 받고 있으며, 그 규모가 연간 34억 파운드(약 6조 6000억 원)에 달한다. 여기에는 그럴 만한 이유가 있다. 농민은 식량안보뿐 아니라 농촌 공동체 유지와 농촌 경관 보전에 필수적인 존재이기 때문이다. 그래서 영국 대중은 예부터 땅을 관리하는 전문가에게 기꺼이 비용을 지불해왔다.

그러나 환경 위기가 가속화되면서 우리가 농민에게 요구하는 서비스도 빠르게 바뀌고 있다. 게다가 몇십 년 안에 농업 부문 자체가 몰라보게 변할 수도 있다. 대체 단백질 산업이 실제로 축산업을 상당 부분 대체한다면(그래서 사료용 작물을 재배해온 농가에 연쇄적으로 영향을 미친다면), 광범위한 토지가 경작에서 제외될 것이다. 그렇다면 농민과 농촌 공동체 그리고 우리가 사랑하는 풍경은 어떻게 될까? 이제 휴경지가 된 그 땅을 돌볼 사람이 여전히 필요할까? 필요하다면 그들에게 어떤 방식으로 보상해야 할까?

변화하는 농업 보상 체계

영국이 유럽연합을 탈퇴한 이후, 정치인과 공무원들은 새로운 농민 보조금 제도를 천천히 진통을 겪으며 마련해왔다. 문제는 이전 시스템에 특별한 애착이 있어서가 아니었다. 오히려 대다수 관료들은 기존의 공동농업정책(CAP)이 아쉽지 않다며 브렉시트 이후 보기 드문 공감대를 형성했다.

1970년대에 '버터 산'과 '우유 호수'를 만들어낸 관세와 보조금 등 유럽 최악의 보호주의는 오래전에 사라졌지만, CAP는 영국 납세자에게 여전히 불리한 정책이었다. 이 정책은 바람직한 농업 관행보다 토지 소유 자체를 우대했고, 야생동물에 심각한 피해를 끼친 집약 농업을 부추겼으며, 식량 공급의 품질 개선이나 가격 안정에는 거의 기여하지 못했다.

CAP 시스템에서 농가에 주는 보조금은 대부분 토지 면적을 기준으로 했다. 농장이 클수록 지급액도 많았다. 브렉시트 이전에는 이 '기본 보조금'의 3분의 2 이상이 영국 농가의 단 5분의 1에 지급됐다.[1] 부유한 지주가 토지로 무엇을 하든 단지 땅을 소유했다는 이유만으로 보조금을 주는 것은 분명 제대로 된 공공자금 활용이 아니다. 이는 상업적 또는 환경적 혁신을 끌어내지 못할 뿐만 아니라, 농지 가치를 상승시켜 젊은 농민이 농업에 진입하는 것을 어렵게 한다.

브렉시트 국민투표 이후, 일부 자유시장주의자는 농업 보조금을 완전히 없애자며 현실성이 떨어지는 이야기를 했다. 이는 1984년 뉴질랜드에서 실제로 있었던 일이다. 그전까지 뉴질랜드 축산농가는 총수입의 약 40퍼센트를 정부 보조금으로 받았다. 그러나 예산 위기에 처한 뉴질랜드 정부는 이제 그런 관대한 지원을 감당할 수 없다고 판단하고, 모든 농업 보조금을 한 번에 없앴다.[2]

처음에는 혹독한 시련을 겪어야 했다. 세계 시장의 무자비한 힘에 갑자기 노출됐기 때문이다. 토지 가격이 급락하고, 많은 농가가 파산했으며, 농촌 실업률이 증가했다. 전국에서 시위가 일어났고, 50명이 넘게 자살했다. 그러나 대다수 농장은 이러한 혼란을 딛고 더 효율적으로 변모했다. 농업 부문의 생산성 증가율은 보조금이 있던 시절 연평균 1.8퍼센트였던 것이, 보조금이 폐지된 후 20년에 걸쳐 약 4퍼센트로 증가했다.

환경에도 긍정적인 변화가 있었다. 과거 정부 보조금은 생산성이 가장 낮은 땅에도 농사를 짓도록 유도했다. 이제 보조금이 사라지자, 그런 땅들이 대거 생산에서 풀려나 야생으로 되돌아갔다. 농가는 포도주와 같은 새로운 시장으로 다각화를 꾀했다. 뉴질랜드 고지대에서 풀을 뜯는 양의 수가 1984년 7000만 마리에서 현재 2900만 마리로 줄었다.

한편 집약적인 낙농업으로 대대적인 전환이 일어났다. 뉴질랜드의 젖소 수가 30년 만에 230만 마리에서 650만 마리로 3배 가까이 증가했다. 현재 젖소는 뉴질랜드 전체 온실가스 배출량 중 4분의 1을 차지하는데, 이는 자동차의 배출량보다도 많다. 뉴질랜드의 낙농장은 대개 밀집 사육을 하므로, 젖소를 착유장과 가까운 거리에 두고 비료와 물이 많이 필요한 작물을 먹여 기른다. 1991년부터 2019년까지 질소 비료 사용량은 600퍼센트 이상 증가했고, 현재 뉴질랜드 전체 용수의 60퍼센트가 농작물 관개에 쓰인다. 집약농업에서 발생하는 유출물이 뉴질랜드의 아름다운 강을 오염시키면서, 이 중 3분의 1은 수영하기에 부적합하다는 판정을 주기적으로 받는다.

수십 년 동안 농업 부문에 개입하지 않았던 뉴질랜드 정부는 이제 환경 피해를 막기 위해 개입해야 하는 상황에 놓였다. 2022년 10월, 정부는 농업 분야의 온실가스에 세금을 부과할 계획이라고 발표했다. 이는 농가가 배출하는 메탄이나 이산화탄소의 양에 비례해 세금을 매기는 방식이었다.

땅의 역할

영국 대중은 뉴질랜드의 '기적'이 자국에서 재현되는 것을 원치 않을 것이다. 영국인은 '쾌적한 녹색 땅'과 복잡하고도 낭만적인 관계를 맺고 있다. 이들에게 땅은 단순히 식량을 생산하는 곳이 아니다. 땅은 여유롭게 거닐고, 휴가를 보내고, 아름다운 풍경을 감상하며, 위로와 영감을 얻는 곳이다. 생산성이 매우 낮은 일부 농지는 영국인에게 특히 소중하다. 잉글랜드를 길게 가로지르며 마치 부러진 등뼈처럼 이어지는 완만한 고지대가 바로 그런 곳이다.

요즘은 이런 고지대를 걷다 보면, 환경 재앙의 한복판에 온 듯한 기분이 든다. 무성한 숲이 있어야 할 곳에 나무 한 그루 없는 황량한 들판이 펼쳐져 있고, 질척한 이탄 습지가 있어야 할 자리에 질소를 먹고 자란 메마른 목초지가 깔려 있다. 반추동물의 재래식 방목으로 생긴 이 모든 피해를 직접 보고 나면, 그 장면이 쉽게 잊히지 않는다. 한편 고지대의 하부 지역, 이를테면 잉글랜드 북부 요크셔 데일스 같은 곳에는 방목이 빚어낸 더없이 소중한 풍경이 있다. 드문드문 풀을 뜯고 있는 양 떼와 들판을 가르는 고대의 마른 돌담이 어우러진 이 초록 들판은 영국인이 자부심을 느끼는 시골 풍경이다. 유서 깊은 저택과 마찬가지로, 이런 경관도 대대로 내려온 역사와 문화, 기술을 담고 있다.

고지대 농가는 영국에서 가장 가난한 축에 속한다. 이들이 일하는 토지는 생산성이 너무 낮아 농작물을 팔아서는 생계를 유지하지 못한다. 실제로 영국 농가의 절반은 농사를 지어도 상당한 손해를 본다. 기본 보조금이 하루아침에 사라지면, 약 40퍼센트의 농가가 파산에 처할 것이다. 농업은 수익성 높은 사업이 될 수도 있지만(상위 25퍼센트의 농가는 상당한 수익을 얻는다), 이는 토지가 농업에 적합한 경우에 한해서다.[3]

기본 보조금 제도에서, 납세자는 사실상 고지대 농민을 (매우 낮은 임금으로) 고용해 문화유산인 자연경관을 관리해왔다. 이제 기본 보조금이 단계적으로 폐지되고 있다. 새로운 보조금 제도인 환경토지관리계획(ELMs)은 단순히 땅을 보유하는 것이 아닌 '공공재'를 제공했을 때 보상하는 것을 목표로 한다. 우리에게 가장 절실한 공공재는 탄소 격리와 자연 복원이다. 그렇지만 농촌 유산을 보존하는 것도 공공재이므로, 전통적인 양 방목지도 고지대에 있어야 한다. 단, 고지대 전체를 뒤덮어서는 안 된다.

〈국가식량전략〉에서 권장한 3구획 모델은 토지 용도를 꽤 보수적이고 점진적으로 바꾸도록 한다. 이는 대체 단백질 혁명이 동반하는 대대적인 전환과는 거리가 멀다. 이 모델에서는 시장의 필요에 따라 전체 영국 토지의 최대 53퍼센트까지를 소고기, 유제품, 양고기의 생산에 사용한다. 이 모델의 목표는 토지 관리 방식을 한 종류에서 다른 종류로 완전히 교체하는 게 아니라, 농민이 보상받을 수 있는 바람직한 관행의 범위를 넓히는 것이다. 탄소 격리는 물론 더 나은 지속 가능한 농업에 보상한다면, 들판과 울타리가 어우러진 전형적인 영국의 시골 풍경을 앞으로도 볼 수 있을 것이다.

대체 단백질이 세상을 휩쓸더라도, 진짜 고기는 어느 정도 계속 소비될 것이다. 고기는 점차 장인정신이 담긴 사치품이 될 것이고, 특별한 날에만 즐기는 음식이 될 것이다. 이렇게 육류가 고급스러운 틈새시장으로 전환되면, 많은 토착종이 살기 좋은 온건하고 자연친화적인 농업에 대한 수요가 증가하면서 그 실행 가능성도 높아질 수 있다. 그리고 이는 유례없이 아름다운 시골 풍경을 연출할 것이다.

유연하고 미래지향적인 토지 관리 보조금 제도를 지금 구상해두면, 앞으로 어떤 변화가 닥치든 순조롭게 대처할 수 있을 것이다. 그러나 환경토지관리계획은 기본 보조금 제도보다 관리하기가 더 까다로울 것이다. 안정적인 식량 공급을 비롯해 다양하고 때로 상충하는 토지 용도에 대해 보상해야 하기 때문이다. 그렇다면 공무원들은 특정 지역에 가장 적합한 공공재가 무엇인지 어떻게 판단해야 할까?

토지 관리의 판을 바꿀 지도

〈국가식량전략〉에서 제안한 것 중 하나는 정부가 영국 각 지역에 대한 상세하고 사용하기 쉬운 디지털 지도를 제작해야 한다는 것이었다. 이 지도에는 홍수 위험, 토양 구성, 건강지표부터 주택 밀도, 멸종위기종, 관광객 수까지 다양한 데이터가 층층이 담길 것이다. '투명'한 최신 데이터를 유지하려면 공무원 전담팀을 구성해 데이터를 수집하고 검증하는 책임을 맡겨야 한다.

우리는 영국에 적합한 '농촌지역 토지 이용 기본체계Rural Land Use Framework'를 구축할 때 이 디지털 지도를 활용해야 한다고 제안했다. 정책 설계자와 입안자가 지도의 어느 부분을 클릭해도, 그 토지의 최적 활용 방안에 대한 각종 정보를 얻을 수 있게 말이다. 이러한 정책 제안이 끌리지 않을 수도 있으나, 선의의 정책이 부실한 데이터로 인해 좌초된 경우가 많았다. 복잡한 시스템의 결과값을 바꾸려면 상세하고 일관성 있고 정확한 정보가 필요하며, 이 정보는 시각화하고 분석하기 쉽게 정리되어야 한다. 이는 평생을 복잡한 시스템과 씨름하는 사람들에게 기본적인 사항인데도, 좀처럼 실행되지 않는다.

2018년 한 기사에서, 전 유엔 사무총장 코피 아난^{Kofi Annan}은 워싱턴대학이 개발한 상세한 데이터 지도가 아프리카에서 영양실조 문제를 해결하는 데 어떻게 기여했는지 설명했다.[4] 이 대화형^{interactive} 지도 덕분에 실무진은 아동 성장부진 같은 영양지표에 대한 통계를 '거의 마을 단위로' 쉽게 찾아냈고, 이 지표를 바탕으로 진척 상황을 추적할 수 있었다. 코피 아난은 '이토록 통찰력 있고 세밀한 정보 덕분에 막중한 책임감을 안고 활동'했을 뿐 아니라, 정부와 비정부기구(NGO), 기타 단체들이 어디에서 어떤 조치를 해야 가장 효과적인지 파악할 수 있었다고 말했다.

토지를 활용하는 방식이 변하고 있다. 아니 변해야 한다. 농민들은 이 사실을 누구보다 잘 알고 있다. 이들은 땅에서 살고 땅에서 일한다. 토양이 얼마나 고갈됐는지, 야생동물이 얼마나 감소했는지 직접 눈으로 확인한다. 이렇게 땅에 대해 누구보다도 잘 아는 농민들이 농업의 미래 때문에 깊은 불안에 시달리고 있다. 이는 충분히 이해할 만하다. 축산농가, 특히 임대 농장을 운영하는 농가들은 고기가 부당한 비난을 받고 있다고 호소한다. 이들은 생업과 생활방식이 위태롭다고 느끼지만, 환경토지관리계획의 운영 방침이 여전히 불투명해서 새로운 토지 활용 방안을 구상하는 데 어려움을 겪는다.

농업은 사업이지 자선 활동이 아니다. 농업도 이윤을 남겨야 한다. 많은 농가가 더 지속 가능한 관행을 개발하거나 채택하려고 애쓰고 있다. 자연을 위해 상업적 수확량을 일부러 낮추기도 한다. 그렇지만 파산을 감수하면서까지 이런 행동을 할 수는 없다.

우리는 농민에게 공익을 위해 토지를 관리해달라고 요구한다. 그렇다면 대중, 즉 납세자는 농민에게 적절한 보상을 해야 한다. 이 글을 쓰는 현재, 고지대 농가가 활엽수를 심었을 때 얼마를 보상받는지 명확하지 않다. 적어도 생계를 어느 정도 보장해주는 액수여야 할 것이다. 그렇지 않다면 누가 그런 일에 나서겠는가? 농사일을 접고 배달 기사로 전향하는 게 나을 것이다.

농민들은 환경토지관리계획이 농가 생존에 가장 큰 희망이 될 수 있음을 인지해야 한다. 단백질 전환이 현실로 다가오면, 더 이상 식량 생산에 쓰지 않는 토지가 많아질 것이다. 일부 지역에서는 이러한 토지가 주로 환경 자산으로 평가받을 것이다. 즉 범람원, 숲, 이탄 습지, 늪 등 고갈된 자연자본을 회복하는 데 도움을 주는 자산으로 인정받을 것이다. 이러한 토지를 세심하게 관리하면 탄소 격리 능력과 야생동물 보호 기능이 향상된다. 이는 전통적 의미의 농업은 아니지만, 농민의 재능과 전문성을 활용하는 영역이 될 것이다. 정부가 이러한 공공재를 제공하는 농민에게 적절한 보상을 한다면, 땅을 돌보는 사람들이 계속 땅에 남을 것이다.

변화는 이미 시작됐다

많은 고지대 농가가 토지 복원을 위해 이미 토지 관리 방식을 바꾸고 있다. 방목하는 가축의 수를 줄이고, 비료를 주지 않은 목초지에서도 잘 자라는 강인한 토종 소를 기르는가 하면, 땅이 물에 잠기게 하고, 연못과 산울타리를 만들고, 나무를 심거나, 덤불이 다시 자라도록 내버려둔다. 잉글랜드 북부 컴브리아에서 양을 치며 글을 쓰는 제임스 리뱅크스James Rebanks는 저서 《잉글랜드의 목자English Pastoral》에서, 이러한 노력이 모여 그가 자란 곳이 어떻게 변했는지 묘사한다.

일행과 함께 계곡 바닥으로 내려가 보니, 여전히 살아 숨 쉬는 고대의 작업 풍경이 사방에 펼쳐져 있었고, 그 표면에는 지난 20년 동안의 변화가 새겨져 있었다. 머리 위쪽으로는 고대 참나무 숲이 다시 살아나려 애쓰고 있었다. 작은 물푸레나무는 사슴보다 먼저 자라려고 야생 고지대 곳곳에 뿌리를 내렸다. 오리나무와 가시덤불이 좁은 골짜기를 따라 퍼지면서 초목이 점점 짙고 울창해졌다. 범람원은 반쯤은 버려지고 반쯤은 야생으로 돌아갔다. 계곡은 어린 시절에 봤던 것보다 훨씬 더 무성하고 거칠어졌으며, 여기저기 흩어진 양 떼도 그때보다 훨씬 수가 줄어들었다. 이러한 변화에 혼란스러워하고 불만을 품는 이웃이 있는가 하면, 변화에 적응하며 소를 더 키우거나 땅에서 생계를 이어갈 다른 방법을 찾는 이웃도 있다.

농민들은 힘을 합쳐 이곳을 훨씬 나은 공간으로 바꿔내고, 야생적인 강 주변에서 농사짓는 방법도 알아내고 있다. 수 킬로미터에 이르는 산울타리를 다시 세우고, 마른 돌담을 다시 쌓고, 오래된 돌 헛간과 농막도 다시 지었다. 강을 따라 울타리를 두르고 연못을 팠다. 공유지를 뒤덮은 이탄 습지도 복원했다. 인공비료와 농약에서 벗어난 야생화 초원은 곤충, 나비, 나방, 새가 구름처럼 몰려와 반짝이고 있다. 게다가 농민이 아닌 동네 주민들도 나무를 심거나 울타리를 두르고 습지를 만드는 등 우리의 노력에 힘을 보태고 있다. 이러한 노력이 서로 다른 세계를 하나로 모아, '우리'와 '그들'이라는 오래된 경계를 허물고 있었다. 이곳에 대한 사랑이 우리를 하나로 이어주었다.

물론 이 와중에도 대다수 농민은 여전히 식량 생산에 종사한다. 그리고 당연히 새로운 무역협정이 농업에 끼칠 영향을 걱정한다. 영국 농민은 세계적으로 높은 동물복지 기준을 따르고 있다. 모피 농장 운영이나 푸아그라 생산을 위한 거위 강제 급식 등 영국에서 불법인 관행이 유럽 대륙에서는 여전히 행해지고 있으며, 나머지 세계는 말할 것도 없다. 영국은 항생제 사용과 환경 보호도 비교적 엄격하게 단속한다. 그 비용은 관련 규정에 따라 농민이 부담한다.

이제 우리는 농민이 탄소 순 배출을 제로로 줄이고, 병든 야생동물을 건강하게 회복시키며, 다른 산업이 배출한 온실가스를 제거해주길 바란다. 이는 무역협정이 환경 목표를 우선순위로 삼아야만 가능할 것이다.

무역은 영국의 식량 시스템에서 중요한 역할을 한다. 무역은 식량안보를 뒷받침하고, 식품의 다양성이나 가격, 품질을 개선한다. 더 놀라운 사실은 무역을 통해 일부 식품이 환경에 끼치는 영향을 줄일 수 있다는 점이다. 예를 들어 스페인에서 토마토를 수입하면 영국의 온실에서 토마토를 재배하는 것보다 탄소를 적게 배출한다. 스페인은 일조량이 자연적으로 풍부한 나라이기 때문이다.

반면 브라질산 소고기는 영국산 소고기보다 탄소발자국이 거의 2배 더 크다. 이는 목초지를 만들거나 대두 및 기타 사료용 작물을 재배하려고 열대우림을 개간하기 때문이다. 호주산 소고기도 지속적

인 산림 파괴 때문에 영국산 소고기보다 탄소발자국을 많이 남긴다.[5]

환경에 해로운 수입 식품을 소비하면 그동안 국내에서 산림 복원을 위해 노력한 것이 물거품이 된다. 2010년부터 2013년까지 영국은 1만 7000헥타르를 덮을 만큼의 나무를 새로 심었다. 그러나 같은 기간 영국인이 소비한 수입 식품은 매년 3만 1000헥타르의 숲을 파괴하며 생산된 것들이다.[6]

현재 영국의 대외무역은 대부분 영국이 유럽연합을 탈퇴하기 전과 동일한 조건으로 이뤄지고 있다(브렉시트 투표 이후, 영국 정부는 이전과 같은 조건으로 무역을 지속하기 위해 전 세계를 돌며 개별 국가들과 서둘러 협정을 체결했다). 일반적인 통념과 달리, 이러한 교역 조건은 특별히 엄격한 환경 및 복지 기준을 포함하지 않는다. 영국은 국내에서 불법인 방식으로 생산한 식품을 이미 수입해 판매하고 있다. 어미 돼지를 좁은 우리에 가둬 생산한 덴마크산 베이컨, 영국에서 금지된 농약을 사용해 생산한 우크라이나산 카놀라유가 그런 제품이다. 이는 영국 농민이 어느 정도 불이익을 감수하고 있다는 뜻이다. 더 낮은 기준으로 생산한 값싼 수입품 때문에 영국 농가의 제품이 가격 경쟁에서 밀리기 때문이다.

새로운 무역협정을 체결할 때, 영국 정부는 국내 농업을 훼손하지 않도록 철저히 주의해야 한다. 영국 농가에 높은 기준을 적용하면서 이보다 기준이 낮은 국가와 무역협정을 맺으면 그게 무슨 의미가 있을까? 이는 영국 농가가 불공정한 경쟁에 내몰리는 것에서 그치지 않는다. 탄소 배출, 생물 다양성 상실, 동물 학대 등 국내에서 막으려던 모든 해악이 그저 해외로 옮겨갈 뿐이다. 그러면 국내에 지속 가능한 농업 제도를 구축하려던 모든 프로젝트는 허사가 되고 심지어 기만적으로 보이게 된다.

거듭된 여론조사에서 영국인은 기존의 식품 기준과 어떠한 타협도 원치 않는다고 답했다. 사람들은 국내에서 허용하지 않는 방식으로 기르고 가공한 육류(염소 처리 닭고기, 호르몬 처리 소고기)의 수입과 수출국의 동물복지 문제에 대해 특히 우려한다. 국가식량전략팀이 마련한 좌담회에서도 참석자들은 식품 기준을 높여야 한다고 재차 강조했지만, 현실적으로 수축 포장된 닭고기의 원산지나 이를 수출한 나라의 동물복지법을 하나하나 살필 여유가 없다고 했다. 이들은 지속 가능한 방식으로 생산된 식품을 안심하고 먹길 바라고 이를 정부가 보장해야 한다고 생각하는데, 상당히 합리적인 주장이다.

영국 보수당은 2019년 총선에서 다음과 같은 공약을 내걸었다. "모든 무역 협상에서 환경, 동물복지, 식품에 대한 국내의 높은 기준과 타협하지 않겠다." 그로부터 2년 후, 당시 국제무역부 장관이었던 리즈 트러스Liz Truss는 호주와 새로운 무역협정을 체결했다. 사실 '체결했다'라는 표현은 어폐가 있다. 호주 언론조차 영국의 관대한 조건에 어리둥절해했다. 한 논평가는 "호주 무역 협상팀이 이뤄낸 성과는 전혀 과장이 아니"라며 다음과 같이 평했다. "자유무역협정에서 이 정도 규모의 관세 철폐는 거의 전례가 없다. … 영국 무역 협상팀이 그만큼 양보하고 무엇을 받아냈는지는 놀랍게도 불분명하다. 물론 호주도 관세를 철폐하기로 합의했지만, 이는 육지로 둘러싸인 스위스가 해군을 폐지하겠다고 제안하는 것과 다름없다."

호주의 동물복지 기준이 영국보다 낮다는 점은 의심할 여지가 없다. 예를 들어 호주에서는 아직도 배터리 케이지battery cage(산란 닭을 가둬 기르는 비좁은 철제 닭장─옮긴이)가 합법이고, 어미 돼지를 좁은 우리에 가두는 것도 여러 주에서 허용된다. 여기에 더해 '뮬싱mulesing'이라는 끔찍한 관행이 있다. 이는 번식용 암양이 구더기 감염증에 걸리는 것을 막기 위해 고안한 방법으로, 호주에서 흔히 쓰인다. 일단 어린 양이 움직이지 못하게 몸통을 뒤집어 다리를 묶은 후 금속 봉에 매달아놓는다. 그런 다음 엉덩이 부위의 피부를 얇게 도려내 피가 흐르는 붉은 살이 엉덩이 전체에 나비 모양으로 생기게 한다. 이 과정은 보통 마취 없이 진행된다. 시간이 지나 상처가 아물면, 피부가 벗겨진 부위에 털이 자라지 않아 파리가 덜 달라붙는다.

놀랍게도 호주에서는 뮬싱이 동물 학대에 해당하는지를 놓고 여전히 논쟁 중이다. 그 논쟁을 여기서 다룰 필요는 없을 것이다. 영국의 법은 이를 절대 허용하지 않을 것이고, 누군가 이를 허용하자고 주장하면 영국인들은 경악할 것이다. 그러나 호주와의 무역협정으로 이제 이 야만적 관행을 겪은 어미에게서 태어난 새끼 양을 수입하는 것이 법적으로 허용됐다.

내가 리즈 트러스에게 이 점을 개인적으로 지적하자(당시 나는 데프라의 비상임 이사였다), 트러스는 몹시 불쾌해하며 이후 무역 관련 정부 회의에서 나를 배제했다. 트러스는 공적인 자리에서는 호주와의 무역협정으로 영국의 식품 기준이 훼손되는 일이 없을 것이라고 계속 주장했다. 협정을 체결할 당시 데프라 장관이었던 조지 유스티스George Eustice는 이후 이 협정을 공개적으로 비난했다. 유스티스는 영국이 매우 유리한 조건으로 협상을 시작했으나, 트러스가 곧 있을

G7 정상회담에서 협상 결과를 공개하려고 합의를 서두르는 바람에 영국의 이점을 제대로 활용하지 못했다고 지적했다.

호주는 영국과 아주 멀리 떨어져 있고 또 호주산 수입 식품은 비교적 비싸기 때문에, 이번 협정이 영국의 국내 식품시장에 큰 영향을 주지 않을 수도 있다(그렇지만 중국과 호주가 무역전쟁에 돌입하면, 영국은 필연적으로 호주의 잉여 수출품을 처리하는 곳이 될 것이다). 그럼에도 이 거래가 위험한 이유는 선례를 남기기 때문이다. 무역협정을 하나 체결하면 그 체결 방식이 다음번 협상에도 불가피하게 영향을 미친다. 게다가 다음 무역 협상국으로 거론되는 브라질은 환경 및 동물복지 기준이 영국보다(심지어 호주보다도) 훨씬 낮다. 호주와의 무역 협상에서 기준을 낮춘 것이 밝혀지면, 브라질이나 다음 잠재적 협상국, 또는 이후 다른 나라와 협상할 때 영국의 기준을 지키기가 더 어려워질 것이다.

국내 시장을 기준이 낮은 전 세계 수입품에 개방하면, 영국 정부는 자신이 세운 환경 목표를 달성하기가 훨씬 어려워질 수밖에 없다. 이는 진정한 탄소발자국, 즉 우리가 직접 생산하는 식품뿐만 아니라 소비하는 식품의 탄소발자국을 증가시키는 한편, 해외에서 발생하는 환경 파괴를 지원하는 격이 될 것이다. 게다가 영국의 농업 부문을 위험에 빠뜨릴 수 있는데, 이는 영국보다 낮은 기준으로 생산된 값싼 수입품이 국내 시장을 잠식할 것이기 때문이다.

조지 유스티스의 경고는 분명히 옳다. "국제무역부가 호주와의 협상에서 저지른 실수를 인정하지 않으면, 영국은 향후 협상에서 아무런 교훈도 얻지 못할 것이다."

정부가 농민에게 그 어느 때보다 높은 환경 기준을 요구하는 시점에서, 호주와의 무역협정은 통합적 사고의 총체적 부족을 드러낸 실패작이었다. 이런 일이 다시는 반복되면 안 된다.

20장 새로운 식문화를 만들 시간

바람직한 식습관은 우연히 생기지 않는다

2019년에 도쿄를 방문했을 때의 일이다. 나는 혼잡한 거리를 걷다가 사람들에게 떠밀려 넘어졌다. 내 몸은 차량이 넘어오지 못하게 세워놓은 짧은 비계기둥 위로 엎어졌다. 기둥에 왼쪽 골반 윗부분이 찍혔는데, 정말 소스라치게 아팠다. 전설적인 복싱 선수 조지 포먼에게 핵주먹으로 한 대 맞은 것 같았다. 그래도 일단 숨을 고르자 통증이 가라앉았고, 대충 살펴보니 심한 찰과상 외에는 별다른 이상이 없었다. 나는 안심하고 저녁으로 초밥을 먹으러 갔다.

다음 날 새벽 2시쯤, 뭔가 뻐근한 느낌에 잠에서 깼다. 근육이 뭉친 게 아니라, 고무보트처럼 부풀어 오른 듯한 묘한 느낌이었다. 일어나 앉으려 했지만, 허리가 굽혀지지 않았다. 결국 몸을 옆으로 굴려 다리를 바닥에 내린 후 비틀거리며 휴대폰 쪽으로 갔다.

병원에서 검사해보니, 심한 내부 출혈이 있다고 했다. 나는 상태를 지켜보기 위해 사흘 동안 입원했고, 그동안 내 왼쪽 몸은 배꼽부터 무릎까지 다채로운 색상의 향연을 보여주었다. 주황색, 보라색, 노란색, 초록색이 매일 바뀌며 나타났다.

한때 일본에 살았던 나는 친구들로부터 "일본 병원은 음식이 아주 잘 나오는 편이니 한번 아파보는 것도 괜찮다"라는 농담을 들은 적이 있었다. 그 말은 결코 과장이 아니었다. 아침에는 장아찌, 쌀죽, 구운 생선이 나왔다. 점심과 저녁에는 된장국과 삶은 채소가 항상 기본으로 나왔다. 여기에 구운 고기나 생선, 오믈렛이 소박하지만 정갈하게 담겨 나왔다. 소량의 샐러드와 밥, 아니면 잘게 썬 김을 얹은 메밀국수도 곁들여졌다. 모든 음식은 앙증맞은 그릇에 도시락처럼 차려졌다.

국가 정책이 스며든 식습관

흔히 일본을 건강한 국가의 전형으로 꼽는데, 이는 사실이다. 일본인의 평균 수명은 남녀 통틀어 84.6세로 세계에서 가장 길다(참고로 미국인의 평균 수명은 77.3세, 영국인은 80.9세다).[1] 더욱 인상적인 점은 이들 고령 인구가 건강하고 활기차게 살아간다는 것이다. 일본인의 '건강수명', 즉 심각한 질병이나 장애 없이 살아가는 평균 기간은 74.1세로, 미국의 66세와 영국의 70세에 비해 높다. 일본인은 심장병과 생식기 암 발생률이 두드러지게 낮다(이 두 가지는 대부분의 서구 국가에서 흔한 노인성 질환이다). 우연이 아닌 것이, 일본의 비만율은 4.4퍼센트로, 세계적으로도 낮은 수준이다.[2]

보통 비만율은 국가의 부와 밀접한 관련이 있다. 아프가니스탄이나 차드처럼 인구 태반이 비쩍 마른 나라들은 거의 다 가난하다.

그런데 일본은 부유한 나라인데도 인구가 비만해지지 않았다. 그 비결은 무엇일까?

흔히 일본의 '훌륭한 식문화'를 그 이유로 꼽는다. 이는 마치 일본인의 타고난 특성처럼 들린다. 일본인이 자국 요리에 자부심이 있고 건강하게 먹는 것은 분명한 사실이다. 일본인의 식단에는 신선한 생선과 채소, 그리고 콩과 같은 비육류 단백질이 많이 들어 있다. 서구 국가들과 비교해 일본인은 초가공식품을 많이 먹지 않으며, 끼니마다 녹차 같은 무가당 음료를 자주 마신다. 그렇지만 우리가 보통 일본식 밥상으로 여기는 이 우아한 식단은 비교적 최근에 만들어졌다.

음식 작가 비 윌슨Bee Wilson은 《식습관의 인문학First Bite》에서 일본 식문화의 변천 과정을 몇 가지 뚜렷한 시기로 나누어 추적했다.[3]

20세기 이전까지 일본은 고립된 나라였고, 그런 만큼 식단도 단조로웠다. 식사는 말없이 조용히 했고, 보통 쌀밥에 장아찌만 먹었다. 메이지 시대(1868~1912)에 일본은 처음으로 외부 세계에 문호를 개방했다. 일본을 찾은 서구인의 키와 체력에 놀란 정부 고문들은 일본인도 우유와 고기를 많이 먹어 '진정한 제국 인종'으로 성장해야 한다고 주장했다. 서구식으로 먹는 것이 곧 애국 행위였다. 1872년 메이지 천황은 직접 고기를 먹겠다고 선언하면서 1200년 동안 이어져온 붉은 고기에 대한 금기를 깨뜨렸다.

그 후 1921년, 일본군은 신병들의 영양실조 문제를 해결하기 위해 군사식단연구위원회를 설치했다. 위원회는 병사들에게 단백질과 지방의 비중이 높은 중국식 및 서구식 음식을 제공하라고 권장했다.

군대 급식 메뉴에 빵가루를 입힌 치킨, 카레 소스, 소고기 스튜, 다양한 크로켓이 포함되었다(현재 일본 요리의 주 메뉴인 돈가스 카레는 당시 영국 해군 함선에서 나오던 앵글로-인도 카레에서 영감을 받은 것이다). 전 국민의 식생활을 개선하기 위해, 일본 정부는 군 요리사들을 라디오 방송에 출연시키고 공개적인 요리 시연도 하게 했다.

국가가 국민의 식생활에 대대적으로 개입한 마지막 시기는 2차 세계대전 후였다. 당시 일본은 패전국이자 굶주린 국가였다. 전쟁 중 사망한 군인 170만 명 중 무려 100만 명이 굶주림으로 인해 사망했다. 일본을 점령한 미군은 다음 세대를 위해 학교 급식 프로그램을 도입했다. 모든 어린이에게 미국산 밀로 만든 빵과 우유를 나눠주고, 비축된 통조림 식품으로 만든 따뜻한 식사를 제공했다.

1950년대에 일본인의 연평균 소득이 2배로 뛰었다. 평범한 시민들은 이제야 음식을 선택할 수 있는 자유를 얻었다. 음식 역사학자 이시게 나오미치石毛直道의 언급처럼, 일본인은 과거의 전통 식단으로 돌아가지 않고 새로운 식문화를 만들었다. 한때는 세 종류 이상의 음식을 차리면 지나친 사치로 여겼지만, 이제는 흔한 일이 되었다. 그리고 외국 요리를 따라 했지만, 그대로 가져오지는 않았다. 예를 들어 유럽식 오믈렛을 받아들였지만, 감자튀김은 곁들이지 않았다. 게다가 저녁 식사 자리에서 대화도 나눴다. 윌슨은 이렇게 표현했다. "마침내 일본은 요즘 우리가 아는 방식대로 먹기 시작했다. 즉 음식을 직접 선택해 즐겁고 건강하게 먹었다."

일본인도 서구식 정크푸드의 유혹에 둔감하지 않다. 그래서 비만을 억제하기 위해 정부가 발 벗고 나선다. 영국 정부보다 훨씬 적극적이고 더 깊이 개입한다. 1990년대에 소매업 보호 법안을 도입해 슈퍼마켓과 식품 제조업체가 식량 시스템을 장악하지 못하게 막았고, 더 다양한 소비 환경을 조성했다. 또 일본 정부는 시민들에게 건강한 체중 유지의 중요성을 분명하게 전달하는데, 서구인의 귀에는 매우 직설적으로 들린다. 대사증후군metabolic syndrome에서 이름을 딴 일명 '메타보 법Metabo Law'에 따라, 40세부터 74세 사이의 모든 성인이 해마다 공공기관이나 기업에서 허리둘레를 측정해야 한다. 복부비만으로 판단되면 병원 치료를 권고받기도 한다.

또한 일본 정부는 16세 이하의 모든 학생을 대상으로 의무 급식 프로그램을 시행한다. 학교에 도시락을 가져올 수 없고, 가정형편과 싱관없이 모두가 똑같은 양질의 식사를 할 수 있도록 학교 급식을 대폭 지원한다. 일본 정부는 학교에서 제공하는 음식에 대한 자세한 정보를 수집해 급식의 기준을 높게 유지한다. 메뉴는 영양사의 승인을 받아야 하고, 모든 음식은 냉동이나 가공되지 않은 신선한 재료로 조리한다. 점심은 보통 교실에서 제공되며, 식사할 동안 학생들은 식판에 담긴 음식과 그 영양학적 특성에 대해 배운다.

다시 말해 일본의 식문화는 역사적 우연과 정부의 의도적 개입이 빚어낸 결과다. 이는 흠잡을 데 없는 창조물이 아니다. 일본은 수입 농산물에 크게 의존하므로, 선진국 중에서 식량안보가 매우 취약한 편이다. 그럼에도 일본의 식문화는 자부할 만하며, 국가가 고유한 식습관을 어떻게 형성할 수 있는지를 보여주는 유용한 사례다.

식문화를 돌아볼 때

영국은 '마땅한 식문화가 없다'라는 말을 가끔 듣는다. 이 역시 민족의 타고난 특성이라는 암시를 준다. 그러나 나쁜 식문화도 일종의 문화다. 그리고 영국의 식문화도 일본처럼 수 세기에 걸쳐 엄청난 변화를 겪었다. 의도적이든 우연히든 계속 변해왔다.

한때 영국인은 비교적 풍족한 음식으로 굶주린 프랑스 소농들의 부러움을 샀다. 영국 농가의 식탁에는 수에트 푸딩(동물성 지방인 수에트를 주재료로 만든 영국식 디저트―옮긴이), 고소한 파이, 소고기 덩어리가 가득했다. 그러나 영국은 다른 나라보다 훨씬 일찍 산업혁명이 일어나면서 대규모 인구가 시골을 떠났다. 결국 농촌 인력이 부족해지자 식민지와 그 너머에서 식량을 수입해야 했다. 소박해도 땅에서 난 음식을 먹던 가난한 시골 사람들이, 이제 기껏해야 빵과 차로 연명하는 도시 빈민이 되었다. 한 국가로서 영국은 한때 강점이었던 농촌 식문화와 단절됐다. 그리고 이러한 단절의 충격에서 아직 완전히 회복하지 못했다고 할 수 있다.

최근에는 또 다른 종류의 혁명이 영국인의 요리 실력을 더욱 떨어뜨렸다. 여성의 직장 진출은 (부분적으로) 주방으로부터의 탈출이기도 했다. '모두'가 요리를 할 줄 알았던 시절을 그리워할 때 한 가지 기억해둘 점이 있다. 사실 모두가 요리하지는 않았다. 고급 식당을 제외하면, 요리는 거의 여성이 도맡았다. 하루 두세 끼 식사를 마련하기 위해 장을 보고 요리하고 치우는 일은 극도로 힘든 노동이다. 가족을 먹이는 일에 기쁨과 자부심을 느끼는 여성도 있었지만, 많은 (어쩌면 대부분의) 여성은 단지 사회가 기대하는 성역할이기 때문에

이 고된 무급 노동을 참고 견뎠다.[4]

편의식품은 1970년대 바쁜 슈퍼우먼에게 우주 시대의 기적처럼 다가왔을 것이다. 물만 부으면 온 가족을 먹일 수 있었다! 페미니즘은 여성을 '해방'시켰지만, 좋은 아내나 어머니라면 요리를 비롯한 가사 일을 해야 한다는 사회적 기대는 없애지 못했다(지금도 영국 여성의 42퍼센트는 적어도 주 1회 직접 요리하는 반면, 남성은 32퍼센트에 불과하다).

스매시Smash(즉석에서 으깬 감자 요리를 만들 수 있는 제품—옮긴이)와 엔젤 딜라이트Angel Delight(우유와 섞어 간편하게 푸딩을 만들 수 있는 제품—옮긴이)부터 전자레인지나 오븐에 데워 먹는 한 끼 식사 제품을 거쳐, 오늘날의 방대한 간편식과 배달 앱, '바로 조리헤 먹을 수 있는' 밀키트에 이르기까지, 편의식품 시장이 꾸준히 확장된 것은 게으름 때문이 아니라 필요에 의한 것이었다. 요즘 대부분의 가정은 집세나 주택담보대출을 감당하기 위해서라도 맞벌이를 해야 한다. 지난 60년 동안 영국인이 저녁 식사 준비에 들이는 시간은 평균 1시간 30분에서 30분 남짓으로 줄었다.[5] 그런데 이제 우리는 또 다른 강화 피드백 루프에 갇혀버렸다. 요리할 일이 줄어드니 요리를 배우지 않고, 그래서 점점 더 편의식품을 찾는다.

요리 시간과 함께 요리 실력이 줄어들 동안, 식문화의 다른 면은 사실상 개선되었다. 몇몇 특별한 경우를 제외하면, 영국 식당은 한때 끔찍한 곳이었다. 식전 음료로 오렌지주스가 나오고 어설픈 프랑스 요리가 다 식은 채 제공되는, 답답하고 비싼 곳이었다. 2차 세계대전이 끝난 후, 영국은 바이킹 시대 이래 가장 긴 기간 동안 이민자를 받아들였다. 이들 중 다수가 요식업 시장의 큰 공백을 발견하고 자기네 공동체를 위해 식당을 열었다. 이들 인도, 중국, 튀르키예, 태국 출신 사업가들은 외식이 편안한 분위기에서 저렴하고 맛있게 즐길 수 있는 자리임을 영국인들에게 가르쳐주었다.*

〈국가식량전략〉에서 제시한 네 가지 명시적 목표 중 하나는 '영국 식문화의 장기적 변화'였다. 이는 보기와 달리 막연한 목표가 아니다. 식문화가 나아가야 할 방향성을 잡고, 일본식(또는 핀란드, 한국, 싱가포르식) 접근법을 취하자는 것이다. 즉 우리가 원하는 식문화를 정하고, 이를 실현하기 위해 적극적인 조치를 취해보자는 것이다. 우리는 정부 개입 없이는 정크푸드 악순환을 끊어내지 못하며, 토지를 활용하고 돌보는 새로운 체계를 구축하거나 실행하지도 못한다. 시민으로서 우리는 정부가 이러한 책임을 진지하게 받아들이도록 요구해야 한다.

그러나 국가가 개입하더라도 이것만으로는 충분하지 않다. 학교 급식을 개선하겠다고 군대를 동원하거나, 병원 식사가 형편없다고 책임자를 감옥에 가둘 수는 없다. 배고픈 사람 앞에 차려진 맛있고 영양가 있는 음식은 이를 만든 사람의 요리 솜씨와 정성 덕분에 가능하다. 학생들에게 싱겁고 밋밋하고 단조롭고 몸에 나쁜 부실한

---

* 이러한 식문화 개선은 다른 나라에서 아직 충분히 인정받지 못했다. 최근 트위터(현 엑스)에서 다른 나라에 대한 일본인의 인식을 보여주는 지도가 화제였다. 프랑스에는 '살찐 사람 없음', 덴마크에는 '모두가 행복함'이라고 쓰여 있고, 영국에는 단순히 '맛없는 음식'이라고 적혀 있다. 이는 영국인의 기질을 나타내는 표현인 꽉 다문 입술(좀처럼 감정을 드러내지 않는다는 뜻―옮긴이)과 더불어 영국에 대한 가장 대표적인 고정관념일 것이다.

식사가 아닌, 맛있고 영양가 있는 음식을 제공할 수 있는 것은 더 나은 급식을 준비하려고 애쓰는 교장과 학교 조리사, 급식 관리자가 있기 때문이다. 이러한 보살핌은 사랑이라고도 부를 수 있으며, 식문화를 개선하는 강력한 촉매제다.

변화는 양방향에서 이루어져야 한다. 정부의 법률, 세금, 규제와 같은 하향식 접근법도 필요하고, 가정과 학교, 지역사회에서 재능 있고 헌신적인 사람들이 식문화를 개선하려고 애쓰는 상향식 접근법도 필요하다.

이 책의 서두에서 나는 우리가 거대하고 복잡하며 묘하게도 보이지 않는 식량 시스템 속에서 자신도 모르게 하나의 톱니바퀴처럼 맞물려 돌아간다고 말했다. 우리가 내리는 모든 선택, 우리가 사 먹는 모든 음식이 이 거대한 기계의 움직임에 영향을 받는다. 그렇지만 톱니바퀴도 기계를 움직인다. 우리는 식량 시스템에 깊이 뿌리박혀 있기 때문에, 그 방향을 되돌릴 힘 또한 어느 정도 갖고 있다.

나는 독자들이 우리 주변의 식문화를 둘러보길 권한다. 직장, 동네, 가정에서 바람직한 부분과 그렇지 않은 부분은 무엇일까. 내가 할 수 있는 긍정적인 변화도 한 가지씩 생각해보자.

부모들은 자녀의 학교 급식을 어떻게 개선할 수 있는지 자주 묻는다. 그럴 때 나는 우선 자녀가 다니는 학교에 가서 점심을 한번 먹어보라고 권한다. 아이들과 함께 식사하는 것은 언제나 즐거운 일이고, 아이들도 부모가 학교를 방문하면 좋아한다(적어도 초등학교에서는 그렇다). 이렇게 관심을 보이는 것만으로도 교장과 급식 담당자에게 아이들 급식에 신경 쓰고 있다는 신호를 보낼 수 있다. 이 간단한 행동은 예상보다 큰 효과를 낳을 수 있다. 실제로 영국에서 수천 명의 학생이 먹는 급식이 개선된 것도, 몇몇 학부모가 직접 살펴본 것을 계기로 문제의식이 확산되었기 때문이다.[6]

이는 직원 구내식당, 청소년 클럽, 요양원, 병원 등 다른 모든 기관의 급식에도 똑같이 적용된다. 급식이 부실하면 부실하다고 건의하고, 적극적으로 개선해보자. 급식을 담당하는 책임자라면, 더 양질의 급식을 제공해보자. 나보다 실력 있는 사람을 찾아가 배우고, 자신의 성공담과 실패담을 업계 사람들과 공유해보자.*

어떤 권한을 가진 위치에 있는 독자라면, 이를 현명하게 활용해보자. 정치인은 현재의 식량 시스템에서 이익을 얻는 기업으로부터 현상 유지를 해달라는 로비를 끊임없이 받는다. 8장에서 언급한 ITV 경영진처럼, 보통 이러한 로비 활동은 노골적이다. 그렇지만 현대의 식품이 초래하는 환경 비용이나 보건 비용을 축소하려고 연구비를 지원하거나 연구 결과를 고의로 왜곡하는 등 더 교묘하고 해로운 형태를 띠기도 한다(예를 들면 아이들이 정크푸드 광고를 봐도 총 칼로리 증가량이 스마티즈 반 개 정도에 그친다는 주장). 식품회사 경영자들은 올바른 일에 공감을 표하면서도 실제로는 그 일을 거부하는 등, 공손한 고집의 기술을 발휘한다. 또 어떤 정치인이 개혁적인 입법을 추진하려고 하면, 초조해진 CEO들이 줄줄이 찾아와 그 법안이 통과되면

---

* 내가 2013년에 존 빈센트와 함께 작성한 〈학교급식계획School Food Plan〉은 학교 급식을 어떻게 바꾸고, 아이들의 식생활 교육을 어떻게 지도할지에 대한 포괄적인 청사진을 제공한다. 다음 사이트에서 자료를 받아볼 수 있다. www.schoolfoodplan.com.

기업의 이윤이 사라지고 경제에 돌이킬 수 없는 손해를 끼친다며 예의 그 유감스러운 현실주의를 꺼내 든다.

식품회사 경영자들도 변화가 필요하다는 점은 알고 있다. 그러나 이들은 공개적으로 변화를 요구하지도, 변화에 반대하는 로비를 멈추지도 않을 것이다. 영국 식음료연합Food and Drink Federation의 대변인 팀 라이크로프트Tim Rycroft는 BBC 방송 다큐멘터리 〈우리 아이들에게 무엇을 먹이고 있는가What are we Feeding our Kids?〉에 출연해, 이 난제를 넌지시 언급했다. 그는 식품회사의 우선순위가 이윤인가 공중보건인가 묻는 질문에 주저 없이 "이윤"이라고 답했다. 그렇지만 이렇게 덧붙였다. "식품산업은 정부 지침에 따라야 합니다. 정부가 이런 식품을 더 이상 허용할 수 없는 이유를 밝히면, 우리도 당연히 변화에 따를 겁니다."

식품업계에서 일하는 사람이라면, 용기 있게 목소리를 내보자. 화이트홀(영국 정부 부처들이 모여 있는 곳—옮긴이) 거리에서 습관성 반대론자들의 목소리가 울려 퍼지지 않게 하자. 당신의 직업이 무엇이든 변화를 위한 로비 활동에 동참해보자. 하원의원에게 변화를 요구하는 편지를 써보고, 전문성을 발휘해 자신이 속한 분야부터 개선해보자. 나는 최근 공공 및 민간 부문 경영진을 대상으로 한 강연에서 이러한 도전을 해보자고 제안했다. 참석자 중 한 분은 자신이 교정시설에서 근무 중인데, 현재 교도소 농장을 되살리는 과제를 직접 추진하고 있다고 했다.

시간적 여유가 있다면, 지역사회나 자선단체 프로젝트에 참여해보자. 지역 푸드뱅크에서 자원봉사를 하거나 취약계층에 따뜻한

도시락을 배달할 수도 있다. 집에서도 변화를 시도해보자. 간단하게 고기 소비만 줄여도 된다. 막연하게 나중에 하겠다고 미루지 말고 지금 당장 해보자. 평소 일주일 내내 고기를 먹는다면, 내일 하루는 채식하는 날로 정해보자. 그다음 날도 해보자. 그러면 고기 소비가 바로 30퍼센트 정도 감소한다.

간헐적 채식을 하면 지구는 물론 내 몸에도 좋다. 장내 미생물군 전문가 팀 스펙터는 과일과 채소를 최대한 다양하게 섭취하라고 조언하면서, 일주일에 30종류가 넘는 식품을 섭취하는 것이 가장 이상적이라고 했다. 예산이 그렇게 여유롭지 않다면 렌틸콩을 넣은 카레나 병아리콩이 들어간 파스타 등 고기 대신 저렴한 콩류를 넣은 요리부터 만들어보자.

더 건강해지고 싶다면 식습관을 바꿔보자. 간식이나 '자기 보상 음식' 등 먹고 나면 우울해지는 음식 말고 진짜 음식을 먹어보자. 음식의 영양성분과 무관한 칼로리는 신경 쓰지 말고 나의 배고픔에 귀를 기울이자. 언제, 어떤 음식이 몹시 당기는가? 먹으면 만족스러운 음식과 오히려 허기지는 음식은 무엇인가? 내 식욕을 잘 이해하고 내 입맛이 정크푸드의 유혹에 어떻게 반응하는지 알아가면, 음식 때문에 괴로워할 일이 줄어들 것이다.

직접 요리해 먹는 끼니가 늘어나고 섬유질이 풍부한 채소를 많이 먹으면, 결국 체중이 줄고 건강도 더 좋아질 것이다. 주방에서 자신감을 키우기 위해 새로운 조리법에도 도전해보자. 자녀나 손주, 대자녀, 조카가 있다면 함께 요리해보자. 다양한 식재료와 맛, 조리 도구, 조리법에 일찍부터 익숙해지면, 성인이 되어서도 혼자 잘 차려

먹을 가능성이 높다. 다음 세대에게 더 나은 식량 시스템을 구축하는
데 필요한 기술을 가르쳐주자.

사랑의 힘은 놀라운 것을 이뤄낸다.

21장 유토피아인가 디스토피아인가?

우리는 다가올 미래를 맞이할 준비를 해야 한다

어니스트 헤밍웨이의 유명한 표현을 인용하자면, 변화는 두 가지 방식으로 일어난다. 서서히, 그러다가 갑자기. 뉴욕 5번가에서 찍은 두 장의 사진을 보자(다음 쪽). 첫 번째 사진은 1900년에 찍은 것이다. 자동차가 단 한 대뿐인데, 혹시 놓칠까 봐 동그라미로 표시했다. 두 번째 사진은 13년 후에 찍은 것이다. 이 사진에는 말이 한 마리밖에 없다. 역시 잘 보이지 않아 동그라미로 표시했다.

돌이켜보면, 역사는 당연하게 흘러온 듯 보인다. 물론 자동차는 가격이 저렴해지자 곧바로 말을 따라잡았다. 그렇지만 당시에는 이 흐름이 당연한 게 아니었다. 1903년만 해도 헨리 포드의 변호사는 은행으로부터 자동차 제조업에 투자하지 말라는 조언을 들었다. "1~2년 동안은 수익이 날지 몰라도, 결국은 투자금을 모두 잃을 겁니다. 말은 앞으로도 살아남겠지만, 자동차는 신기한 물건이라 잠깐 유행하고 말 거예요." 그러나 불과 13년 만에, 1만 년을 이어온 운송

수단은 이를 뒷받침하며 발전해온 모든 산업과 함께 거의 자취를 감추었다. 경제의 상당 부분이 이제 존재하지 않았다. 수레꾼, 채찍 제작자, 말 사육자, 전차 운전사, 마구간 주인, 마구간 관리자, 역참 마부, 사료 상인, 수의사, 심지어 거리 청소부(20세기 초 뉴욕의 말들은 하루에 1000~2000톤의 분뇨를 배출한 것으로 추정한다)까지 갑자기 일자리를 잃었다.

이 자동차 사진은 토니 세바Tony Seba의 강연에서 가져온 것으로, 그는 제임스 아르빕James Arbib과 함께 비영리 연구소인 리씽크엑스를 공동 설립했다. 리씽크엑스는 내가 18장에서 언급한 대체 단백질 관련 보고서를 발표한 곳이기도 하다. 아르빕과 세바는 세상을 바꿀 혁신을 찾아내는 전문가들이다. 이들은 재생에너지 기술의 급격한 비용 하락에 힘입어, 우리가 '역사상 가장 빠르고 심오하고 중대한 인류 문명의 전환기'에 직면해 있다고 말한다. 2020년 리씽크엑스 보고서 〈인류 재고Rethinking Humanity〉에서 이들은 녹색 에너지를 뒷받침하는 기술이 빠르게 발전하고 있어 조만간 에너지가 그 어느 때보다도 저렴해질 것으로 전망했다.[1] 그러면 '인류의 제3시대, 즉 자유의 시대The Age of Freedom가 열릴 것'이라고 이들은 말한다.*

에너지가 엄청나게 풍부해지면 제조비와 운송비가 절감되고, 이는 식품을 포함한 대다수 제품의 가격을 크게 낮출 것이다. 저렴한 태양광 에너지 덕분에 정밀발효와 같은 새로운 식품 제조 기술의 발전이 가능해지고 더욱 가속화될 것이다. 그동안 자국민을 먹여 살리기 어려웠던 덥고 건조한 지역들은 이 새로운 유형의 식품을 생산하기에 최적인 곳으로 급부상할 것이다. 발효 공장을 가동할 수 있는

---

* 이들은 인류사를 크게 세 시기로 나눈다. 첫 번째는 '생존의 시대The Age of Survival'로 기원전 1만년 전 홀로세 이전까지의 시기다. 두 번째는 '추출의 시대The Age of Extraction'로 농업시대와 산업시대를 아우른다.

풍부한 일조량 덕분에, 이 지역들은 전 세계의 새로운 빵 바구니가 될 것이다.

굶주림과 가난은 과거의 끔찍한 이야기로 남을 것이다. 식량, 에너지, 교통, 정보, 주거 등 우리의 기본 욕구가 아주 쉽게 충족되므로, 희소한 자원을 둘러싼 무력 충돌은 이제 사라질 것이다. 청정에너지와 개선된 제조 기술은 인간 활동이 자연에 가하는 무거운 부담을 덜어낼 것이고, 오염과 기후변화에도 마침표를 찍을 것이다. 세바와 아르빕은 이렇게 썼다. "결국 우리는 고되고 단조로운 노동에서 완전히 해방되어 역사상 처음으로 진정한 자유를 얻게 될 것이다. 이는 경제적 불안과 가족 부양 의무에서 벗어나 창의적으로 시간을 보낼 수 있는 자유를 말한다."

그러나 이러한 기적이 가능하다고 해서 반드시 일어나는 것은 아니다. 세바와 아르빕이 인정했듯이, 신기술이 세상을 변화시키는 방식은 그 기술을 받아들이는 세상이 어떤 곳인지에 따라 크게 달라진다. 평화, 국제협력, 재정 안정성, 원활한 정부 운영, 높은 교육 수준, 사회적 결속, 시민 기관에 대한 신뢰 등은 빠른 기술 변화에 성공적으로 적응하기 위한 이상적인 조건이다. 전환기에는 혼란이 뒤따르기 마련이다. 한 지역이나 산업에 있던 자금이 다른 곳으로 이동하고, 직업이 통째로 사라지며, 사회에서 돌봐야 할 사람들이 생긴다. 경제적 불안, 정치적 혼란, 사회적 유대 약화 등 불리한 조건이 만연해지면, 신기술이 초래한 혼란은 사회 붕괴를 앞당길 뿐이다.

나는 2022년 12월에 이 글을 쓰고 있다. 매서운 한파가 찾아왔다. 조류 독감으로 가금류 수천 마리가 폐사하면서, 성탄절에 칠면

조가 부족할 것이라는 이야기가 돌고 있다. NHS는 코로나19로 인한 진료 적체로 정신이 없고, 치솟는 물가는 생계비 위기를 초래해 1970년대 이후 가장 광범위한 공공서비스 파업이 벌어지고 있다. 한편 참혹한 우크라이나 전쟁은 끝날 기미가 보이지 않으며, 우크라이나산 곡물을 세계로 수출하는 일은 여전히 더디고 어렵다.

영국에서 빈곤율은 단기적으로나 장기적으로나 증가하고 있다. 2010년 이후 가계 소득 증가율은 정체된 반면, 물가는 크게 올라 대다수 사람들의 실질소득이 감소하고 있다.[2] 동시에 연이은 양적완화 조치로 최상위 부유층은 훨씬 더 부유해졌다. 이들의 자산 가치가 저렴한 부채로 부풀려졌기 때문이다. 포퓰리즘을 키운 것은 소셜미디어만이 아니다. 기본적인 경제 구조도 한몫을 했다. 지금 당장은 '자유의 시대'가 멀게만 느껴진다.

변화는 식사에서부터

식량 시스템은 현재 우리가 겪는 많은 문제의 중심에 있다. 이것 때문에 우리는 아프고, 생산성이 떨어지며, 경제도 침체된다. 2022년 공공정책연구소Institute for Public Policy Research의 보고서에 따르면, 영국은 250만 명이 질병 때문에 일을 쉬고 있다.[3] 이는 1990년대에 기록을 시작한 이래 가장 높은 수치다. 이 통계는 코로나 대유행의 여파, 즉 장기 코로나와 정신건강 문제의 급증을 반영하지만 동시에 국민의 기본적인 건강 상태도 보여준다. 허리 통증부터 암, 우울증에 이르기까지 거의 모든 만성 질환이 잘못된 식습관 때문에 발생하거나 악화된다.

정부가 식량 시스템 내의 상업적 유인을 바로잡기 위해 의미 있는 조치를 취하지 않는다면, 우리는 더욱 심각한 건강 문제에 직면하게 될 것이다. 그 미래를 상상하기란 어렵지 않다. 대서양 건너편을 보면 된다. 현재 미국은 인구의 70퍼센트 정도가 과체중이거나 비만이다. 약 40퍼센트는 '대사증후군'을 앓고 있으며, 이는 다음 질환 중 적어도 세 가지에 시달리고 있다는 뜻이다. 비만, 과도한 내장 지방, 혈중 중성지방(혈액 내 지방) 수치 상승과 HDL(좋은) 콜레스테롤 수치 감소, 고혈압, 혈당 상승, 인슐린 저항성 등이다. 대사증후군은 심장질환, 뇌졸중, 제2형 당뇨병의 위험을 크게 높인다. 미국 인구의 3분의 1이 당뇨 전 단계로 추정되지만, 이들 중 80퍼센트는 이런 사실조차 인지하지 못하고 있다.[*4]

미국에서 떠오른 '비만 포용fat acceptance' 운동은 사실상 일반화된 비만에 대해 질병이라는 낙인을 없애려는 시도다. 나는 Z세대가 '뚱뚱하다고 조롱하는 행동'을 문제 삼는 것에 동의하지만 그 이유는 약간 다르다. 과체중인 사람을 비난하고 멸시하는 것은 무례하고, 문제 해결에 도움이 되지 않으며(섭식장애의 흔한 증상인 우울증과 자책을 더

---

* 이는 비단 서구만의 문제가 아니다. 현재 많은 개발도상국이 인구 일부가 기아 직전이거나 '대사증후군'에 시달리는 이중 문제를 안고 있다. 2017년 나는 레바논 베이루트에 있는 부르즈 엘바라즈네 팔레스타인 난민캠프를 방문해, 주민들의 식습관 개선을 위해 영양센터를 설립한 영양사를 만났다. 이 캠프에서 태어나고 자란 그는 캠프 주변에 들어선 서구식 패스트푸드 체인점들 때문에 비만 아동이 늘어나고 있다고 말했다. 우리는 서로 다른 환경에 있었지만, 아이들이 햄버거보다 학교 급식을 더 좋아하게 만들 방법 등 여러 비슷한 문제로 고민하고 있었다.

욱 부추긴다), 무엇보다도 엉뚱한 곳을 겨냥한 행동이다. 비난해야 할 것은 정크푸드 악순환이지 그 안에 갇힌 사람들이 아니다.

정크푸드를 먹고 살이 찌지 않아도 병에 걸릴 수 있다. BMI 지수가 '건강'한 사람도 장기 주변에 내장지방이 지나치게 많이 쌓일 수 있고, 고혈압이나 고콜레스테롤, 혈액순환 장애에 시달릴 수 있다. 정상 체중인 미국인 4명 중 1명은 이른바 '마른 비만'으로, 이미 당뇨 전 단계에 있다.[5] 이들은 병을 자각하지 못하는 경우가 많아, 실제로 마른 당뇨가 비만 당뇨보다 사망률이 더 높다.

'사이즈와 상관없이 건강하다!'는 비만 긍정 슬로건이다. 그러나 미국에 더 적절한 표현은 (미국의 의사이자 기업가인 케이시 민스의 말대로) '사이즈와 상관없이 건강하지 않다'일 것이다. 2021년, 미국은 인구 전체의 기대수명이 2년 연속 감소했다.[6] 매년 5명 중 1명이 식습관과 밀접한 요인으로 사망하며, 이보다 많은 수가 식습관과 관련된 요인으로 사망한다. 더욱 우울한 사실은 미국인이 지구에서 보내는 시간이 점점 더 심각한 건강 문제로 얼룩지고 있다는 점이다. 예를 들어 매년 미국에서는 7만 3000명이 제2형 당뇨병 때문에 하지 절단 수술을 받는다.[7] 현재 미국은 1인당 의료비 지출이 영국보다 2.5배 많지만, 그 돈이 정크푸드 악순환에 내재된 상업적 유인으로부터 국민을 보호하지는 못한다.[8]

영국은 늘 미국의 트렌드를 빠르게 따라가며, 그중에는 분명 파괴적인 흐름도 있다. 영국인은 미국식 정크푸드를 열광적으로 받아들였고 이제 그 결과를 목격하고 있다. 영국의 극빈층(정크푸드를 가장 많이 소비하는 집단)은 이미 조기사망 추세를 보이고 있으며

(97~99쪽 참고), 나쁜 식습관 때문에 병을 앓거나 장애를 지닌 채 살아가는 기간이 길어지고 있다.

다가오는 위험을 직면할 시간

현대의 식량 시스템 때문에 아프지 않더라도, 우리는 여전히 생명의 위협을 느낄 것이다. 기후변화는 먼 미래의 위협이 아니라, 영국을 포함한 전 세계에서 이미 벌어지고 있는 현상이다. 유엔 기후변화에 관한 정부 간 협의체(IPCC)의 2022년 보고서에 따르면, 산업혁명 이후 온실가스 배출로 지구의 평균 기온이 약 섭씨 1.1도 상승했다. 이 온도 상승 폭은 (최종 예상치에 비하면) 비교적 작아 보이지만, 지금까지 끼친 피해는 예상보다 더 심각했다. 영구 동토층이 녹고, 이탄지가 건조해졌으며, 산불로 소중한 숲이 파괴되고, 전 세계 산호초의 50퍼센트가 사라졌다.[9]

토양 고갈과 예측을 벗어난 기상 패턴은 유럽과 미국을 포함한 세계 일부 지역에서 이미 농업 생산성을 떨어뜨리고 있다. 지구 온난화로 기온 상승 폭이 섭씨 2도를 넘어가면 해수면 상승, 가뭄, 폭염, 홍수, 병충해가 복합적으로 작용해, 현재의 기술로는 전 세계 인구를 먹여 살리지 못할 것이다.

몇 년 전부터 나는 제 기능을 못하는 식량 시스템에 정부가 개입해야 한다고 촉구했다. 사람들은 종종 안타깝다는 듯이 정치인이 정말로 행동할 것 같으냐고 묻는다. 내 대답은 '그렇다'이다. 그들은 결국 움직일 수밖에 없을 것이다. 문제는 정치인이 행동하기 전에 상황이 얼마나 더 심각해질 것인가 하는 점이다.

이 위협에 대처할 때 한 가지 문제는 정치인을 포함한 대다수가 이것이 실존한다는 사실을 모르거나 아예 인정하지 않는다는 점이다. 실제로 식량 시스템의 존재 자체는 거의 논의되지 않는다. 식량 시스템에서 발생하는 문제들, 특히 비만 문제를 따로 떼어내어 가끔 논의할 뿐이다. 사람들은 식품을 전체적인 시스템과 연결해 사고하지 않는다. 그보다는 무엇을 먹고 싶고 무엇을 먹어야 하고 무엇을 살 수 있는지 등 개인의 선택과 상황에 대해 고민한다.

사람들은 우리를 먹여 살리는 시스템에 대해 생각할 때, 불안감 때문인지 현 상태에 막연히 안주하는 경향이 있다. 어찌 됐든 매장 진열대에는 물건이 가득하고, 깨끗하고 먹음직스러운 식품이 있으며, 가격도 비교적 저렴하다. 이 정도면 충분하지 않나 생각한다. 그러니 우리를 먹여 살리는 식량 시스템이 우리를 해칠 수도 있다는 말은 그저 황당하게 들린다.

식량 시스템의 위험성을 이해하고 개혁을 추진하는 정치인들(주요 정당마다 몇 명씩 있다)은 이를 이해하지 못하거나 회의적으로 보거나 강한 거부감을 드러내는 집단과 부딪히게 되는데, 특히 동료 정치인이 이런 반응을 보인다. 또한 입법, 과세, 보조금 등을 동원해 시스템을 실제로 바꾸려고 하면, 언론이 어김없이 논란을 일으켜 정치 경력에 치명상을 입기도 한다.

〈국가식량전략〉에서 제시한 권고안은 정치적 실행 가능성을 고려해 세심하게 마련한 것이다. 우리는 선거에서 자충수를 두지 않도록, 여론조사 전문가에게 의뢰해 우리의 제안이 타당한지 아닌지를 좌담회와 설문조사를 통해 검증까지 받았다. 그럼에도 정부는 좀처럼 권고안을 진지하게 받아들이지 않았다. 결국 우리는 한 축구선수의 도움을 받아야 했다.

마커스 래시포드와 국가식량전략팀의 협업은 정부의 정책 결정 과정이 얼마나 우발적이고, 언론에 좌우되며, 기회주의적인지를 보여주는 적절한 사례다. 맨체스터 유나이티드의 공격수로 어린 시절 무료 급식에 의존했던 그는 1차 코로나 봉쇄 기간 초에 빈곤 가정에 음식을 배달하는 활동을 했다. 그러던 중 정부가 여름방학 동안 무료 급식을 중단하겠다고 발표하자, 래시포드는 이 결정을 철회해달라며 하원의원들에게 공개편지를 보냈다. "이는 인류애의 문제입니다. 거울 속 자신을 바라보며, 어떤 이유로든 스스로 보호할 수 없는 이들을 보호하기 위해 최선을 다했다고 자부할 때, 우리는 인류애를 느낄 것입니다." 정부는 래시포드가 이끈 대중의 압박에 굴복했고, 그해 여름방학을 위한 급식 지원비 1억 3000만 파운드(약 2500억 원)를 마련하겠다고 발표했다.

이 일이 진행될 동안, 우리는 〈국가식량전략〉 1부를 발표할 예정이었고, 이 문서에는 식량 빈곤 문제 해결을 위한 일련의 권고안이 담겨 있었다. 나는 문득 맨체스터 유나이티드에서 일하는 친구에게 문서를 보내, 팀의 스타 공격수에게 이를 전달해줄 수 있는지 물었다. 그러고는 별다른 기대 없이 금방 잊어버렸다. 그런데 3주 후 친구로부터 답장이 왔다. "마커스가 곧 연락할 거야." 그해 가을, 래시포드는 우리의 권고안을 지지하는 캠페인을 시작했다. 그는 청원서를 만들어 100만 명 넘게 서명을 받았고, 주요 슈퍼마켓 대부분이 캠페인에 동참하도록 설득했다. 정부는 다시 한번 거세지는 대중의 분노에 직면했다. 마침내 2020년 10월, 정부는 한발 물러나 우리의 권고안 중 두 가지를 받아들이기로 했다. 첫째, 헬시 스타트 바우처의 가치를 상향 조정해 저소득층 가정과 임산부가 신선한 과일과 채소를 구매할 수 있도록 했다. 둘째, HAF(방학 활동 및 급식) 프로그램을 영국의 모든 학교로 확대 실시해, 방학 동안 아이들에게 따뜻한 점심과 스포츠, 요리 수업, 취미 활동을 제공하게 했다.

이렇게 강력한 활동가가 우리 편에 있다는 것은 짜릿하고 또 무척 감사한 일이지만, 식량 정책이 이런 식으로 결정되는 것은 이상적이지 않다. 정부가 마땅히 해야 할 일을 축구선수의 압박에 못 이겨 하는 것은 바람직하지 않다. 모든 국민이 현재와 미래에 저렴하고 건강하며 지속 가능하게 끼니를 해결하도록 보장하는 것은 식량 정책의 최우선 과제가 되어야 한다. 그러나 광적으로 빠른 뉴스 사이클과 선거 정치에 내재된 단기 성과주의는 현명하고 장기적인 의사결정을 어렵게 한다.

영국 정부에 부족하지 않은 것 한 가지는 바로 목표다. 현재의 목표는 다음과 같다. 2050년까지 영국의 온실가스 순 배출량 제로 달성하기, 2030년까지 토지의 30퍼센트를 '자연을 위한 공간'으로 확보하기, 2030년까지 아동 비만율을 절반으로 줄이기. 이 모든 목표는 2018년부터 여러 총리가 자발적으로 설정한 것이다.

내부에서 진행 상황을 지켜본 바로는, 마감 기한을 넘기는 일이 많을 것으로 예상된다. 현재 추진하는 정책들은, 단독으로든 다른 것과 병행하든, 그런 큰 변화를 일으키기에 역부족이다. 설령 효과 있는 정책이라 하더라도 흐지부지 사라질 수 있다. 마치 거대한 소행성이 지구를 향해 돌진해오는데, 정치인들은 장난감 총을 들고 그 경로를 바꾸려는 것 같다.

식품 정책의 일부 영역은 사실상 퇴보했다. 정부는 정크푸드 광고 및 매장 내 판촉 행사를 제한하겠다고 약속했지만, 현재 다음 선거 이후로 '연기'했다. 국내 경기침체와 해외 전쟁으로 전반적인 정치 상황이 혼란스러울수록, 의미 있는 변화를 끌어내기가 더 어려워진다.

그러다 보니 우리는 시장이 만들어놓은 미래로 계속 떠내려가고 있다. 시장은 두 가지 전형적인 시스템 함정에 의해 왜곡되었다. 하나는 정크푸드 악순환에 내재하는 강화 피드백 루프로, 우리를 점차 늪에 빠뜨린다. 우리의 입맛이 정크푸드를 찾으면, 기업은 여기에 더 많이 투자한다. 우리는 더 먹고 기업은 더 투자하고, 이러면서 우리의 건강은 점점 나빠진다. 다른 하나는 지구의 자연자본을 기록하거나 그 가치를 매기지 않아 생기는 '자연의 비가시성'으로, 결국 우리는 잘못된 목표를 추구하게 된다. 즉 장기적 생존 가능성을 고려하지 않은 채 단기적 이익을 좇아 자연을 파괴한다.

어쩌면 기적 같은 기술이 우리를 구원할지도 모른다. 그렇더라도 그 기적은 불가피한 혼란을 동반할 것이다. 만약 재생에너지와 식량 생산의 발전이 인간 존재에 혁명적 변화를 일으킨다면, 우리는 적어도 이에 대해 논의해봐야 하지 않을까? 우리는 농업과 제조업 분야를 다가올 변화에 대비시켜야 하고, 첨단 식품의 개발을 촉진할 것인지, 한다면 어떤 식으로 할 것인지를 고민해야 하며, 새로운 식품을 가급적 건강하게 만들도록 유도해야 한다. 또한 농업 시장의 변화로 일자리를 잃은 사람들에게 새로운 직업을 찾아줘야 하고, 자연계를 복원하는 농민에게 어떤 식으로 보상할지 정해야 한다.

대립을 넘어선 대화가 필요하다

농업, 제조업, 소매업, 요식업, 과학계 종사자 등 식량 시스템에 몸담은 사람들과 대화해보면, 거의 모두가 시스템이 변해야 한다는 점에 동의한다. 그리고 많은 이가 시스템을 바꾸려고 이미 애쓰고 있다. 문제는 변화 방식을 놓고 종종 의견이 격하게 충돌한다는 점이다. 고기 소비와 탄소 배출 사이의 상관관계, 지역 공급과 글로벌 공급, 유전자 변형이나 편집의 위험성(아니면 다른 가능성), 지속 가능한 첨단 농업과 자연진화석 선통 농업의 잠새력 등을 놓고 끝없는 논쟁이 벌어진다. 이러한 논쟁은 교조적이거나 도덕적 분위기로 흘러가는 경우가 너무 흔하다.

과학 작가 찰스 만Charles C. Mann은 저서인 《마법사와 예언자The Wizard and the Prophet》에서 이러한 이념적 대립을 분석했다.[10] 그는 환경과 지속 가능성을 둘러싼 논의에서, 사람들이 두 부류로 나뉘는 경향이 있다고 말했다. 하나는 과학이 우리를 구원할 것이며 경제 성장이 방해받지 않고 지속된다고 믿는 마법사다. 다른 하나는 우리가 지구의 한계를 훨씬 뛰어넘어 살아가므로, 생존을 위해 소비를 대폭 줄여야 한다고 믿는 예언자다.

"마법사는 예언자가 강조하는 소비 축소가 지적으로 부정직하고, 가난한 자에게 무관심하며, 심지어 인종차별적(굶주리는 세계 인구는 대부분 비백인이므로)이라고 본다"라고 찰스 만은 서술했다. 마법사가 보기에 소비 축소는 "퇴보, 편협함, 전 세계적 빈곤"으로 가는 길이다. 반면에 예언자는 마법사의 낙관주의를 비웃는다. 인간의 창의성에 대한 믿음은 희망사항일 뿐이고, 그 믿음조차 보통 탐욕에서 나온다고 이들은 주장한다. 마법사가 소비를 줄이지 않으려는 건, 소비 감소가 기업의 이윤을 줄이고 세계 자본주의 성장에 제동을 걸기 때문이라는 것이다. 마법사의 안일한 판단이 결국 인류를 '에코사이드 ecocide'(생태계 파괴)로 이끈다고 예언자는 경고한다. 만은 이렇게 덧붙였다. "서로에 대한 비난이 고조되면서, 환경을 둘러싼 논의는 점점 '귀 막고 하는 대화'로 흘러버린다. 우리 아이들의 운명을 논하는 게 아니라면 일방적이어도 상관없지만 말이다."

이 문제는 소셜미디어로 더욱 증폭되면서, 각자 자기 입장을 더욱 고수하게 되었다. 우리는 자신의 입장을 검토하기보다 적의 공격을 방어하는 데 모든 에너지를 쏟으며, 상대방을 러다이트 Luddites(산업혁명기의 기계파괴 운동에서 유래한 말로 신기술을 거부하는 집단을 뜻한다—옮긴이), 멍청한 진보 libtards, 업계 하수인, '수박'(겉은 환경을 상징하는 초록색이지만 속은 공산주의를 의미하는 빨간색이라는 뜻)이라고 깎아내린다. 우리는 내 주장을 뒷받침하는 증거에는 집착하지만 그렇지 않은 증거는 무시한다. 이 모든 독선적인 태도는 세상의 복잡성과 미세한 차이를 보지 못하게 할 뿐이다. 경제학자 애덤 스미스는 이런 말을 남겼다. "선행은 악행보다 더 두려워해야 한다. 지나친 선행은 양심의 규제를 받지 않기 때문이다."

식량 시스템 내에서 개혁을 추구하는 이들은 너무 많은 시간과 에너지를 서로 다투는 데 허비해왔다. 이러한 다툼은 정치인에게 혼

란스럽고 당황스러운데, 어느 한쪽의 의제를 지지했다가는 다른 쪽
으로부터 공격받을 수 있기 때문이다. 개혁가끼리도 요구사항에 합
의를 보지 못한다면 개혁을 위한 효과적인 로비는 불가능하다.

그래도 반가운 소식이 있다면, 적어도 식량 시스템에서는 마법
사와 예언자가 서로 접점을 찾아가고 있다는 점이다. 이는 일정 부분
복잡계가 빠르게 발전하면서 양측의 관점이 달라지고 있기 때문이
다. 마법사는 과학을 이용해 예언자의 오래된 지혜를 더 깊이 이해하
려고 한다. 이 과정을 보여주는 좋은 예가 토양의 복잡성 개선이다.
이제 양측 모두 건강한 토양 생물군계soil biome가 지속 가능하면서도
수익성 있는 농업에 필수라고 여긴다. 마법사는 네트워크 과학network
science(복잡계와 그 구성 요소 간의 관계를 연구하는 분야―옮긴이)에 대한
신념 때문이고, 예언자는 자연과 조화롭게 살아야 한다는 본능적인
감각 때문이다. 나는 장내 미생물군이 작용하는 원리와 초가공식품
이 건강에 미치는 영향을 과학적으로 더 깊이 연구하면 양측이 더 가
까워지리라 본다.

더 나은 식량 시스템을 만들려면, 마법사와 예언자의 통찰이 모
두 필요하다. 또한 이러한 통찰을 적용하려면 국가의 개입과 자본주
의적 이익이 둘 다 필요하다. 지속 가능한 식량 생산방식이 더 저렴
해져서 경제적으로 경쟁력이 생기면, 농민과 식품 제조업체는 자연
스럽게 생산방식을 바꾸려는 유인이 생길 것이다.

이는 전 세계 에너지 산업에서 일어나는 현상이다. 진보적 정책
이라면 본능적으로 반발하는 텍사스주에서도 녹색 에너지가 가스
와 석유를 빠르게 밀어내고 있다. 이는 단순히 생산 비용이 낮아져서

수익성이 높아졌기 때문이다. 2022년, 텍사스주에서 건설 중인 녹색 에너지 기반시설(풍력 및 태양광 발전소, 배터리 저장 시설)은 진보적이라고 알려진 캘리포니아주보다 3배 더 많았다.[11]

이러한 변화는 느닷없이, 자발적으로 일어나지 않았다. 미국 정부는 시장이 재생에너지로 전환하도록 보조금으로 유인했다. 변화를 끌어내려면 이념적으로 양방향에서 접근하는 것이 가장 효과적이다. 즉 국가의 개입과 이윤 추구 동기를 결합해야 한다.

미래에 식량 시스템의 회복력은 실질적 다양성과 이념적 다양성을 얼마나 갖추느냐에 달려 있다. 식량을 다양한 방식으로 생산하는 시스템은 더 유연하다. 시스템의 한 부분이 재난으로 타격을 받아도, 다른 부분에서 그 공백을 메울 수 있기 때문이다. 다양한 꽃이 피어나게 하면, 급변하는 세상에 더 적합한 농업과 식량 생산방식을 개발할 수 있다.

이 이상적인 미래에서는 도시에 유기농 농장과 태양광 고층 온실이 공존하면서 과일과 채소를 재배할 것이다. 또한 자연환경이 풍부한 고지대 농장은 물론, 야생 경관을 위한 공간도 늘어날 것이다. 이는 완전히 새로운 식량 생산방식인 정밀발효 기술로 가능해질 것이고, 이 기술로 토지에 가하는 압박도 줄어들 것이다.

정부는 생물 다양성 회복과 탄소 격리뿐 아니라 농업 혁신에도 투자할 것이다. 이를 통해 농가가 화학물질을 땅에 뿌리지 않고도 신기술을 활용해 수확량을 늘리도록 도울 것이다. 잡초 제거 로봇과 병충해 감지 드론은 자연환경으로 돌아간 토종 소처럼 자연 풍경의 일부가 될 것이다. 생물학자들은 살충제와 제초제를 줄일 수 있도록 특정 주파수의 광자를 이용해, 유전자 변형 작물의 면역 방어 기능을 활성화할 것이다. 이는 공상과학 소설이 아니다. 현재 영국 전역의 대학에서 실제로 개발하고 있는 혁신적인 기술들이다.

저소득층을 포함한 모든 이의 식생활 개선에 공공자금을 더 투입하면, NHS는 정크푸드 악순환으로 생기는 질병을 치료하느라 자원을 낭비하지 않아도 될 것이다. 정크푸드 과세, 요리 수업 개선, 학교 무상급식 확대, 그리고 건강한 식사가 어려운 계층도 과일과 채소를 더 많이 먹도록 돕는 '사회적 처방' 등 다양한 공중보건 정책을 활용한다면, 우리는 현대식 식단이 만들어낸 거대한 질병의 흐름을 뒤집을 수 있을 것이다.

이는 예산 낭비도 아니고 이념적인 접근도 아니다. 질병은 치료보다 예방이 훨씬 더 경제적이므로, 이는 합리적인 재정 계획이다. 게다가 인구가 건강할수록 더 부유해지고, 생산성도 더 오래 유지할 수 있다.

우리는 지금 갈림길에 서 있다. 노년기까지 건강과 부, 행복을 누리는 길이 우리 앞에 펼쳐져 있다. 그렇지만 그 길로 가려면 교조주의와 독단을 버리고, 정치적·과학적 수단을 잘 활용해야 한다. 우리는 식량과 농업에서 진정한 다양성을, 즉 농업적·상업적·이념적·영양적 다양성을 일궈야 한다. 그래야만 진정한 변화를 이룰 수 있다. 그렇게 해야만 우리 자신과 지구가 미래에도 건강할 수 있다.

부록 식량 시스템을 바꾸는 방법

정부가 해야 할 일

〈국가식량전략〉은 영국 식량 시스템을 지속 가능한 방식으로 전환하기 위해 고안된 일련의 정부 조치를 권고한다. 식량 시스템이 다음을 달성할 때 전환은 성공할 것이다.

- 우리를 아프게 하는 대신 건강하게 만든다.
- 전 세계적인 충격에도 견딜 수 있을 만큼 회복력이 있다.
- 자연을 복원하고 기후 변화를 막아 우리 아이들에게 더 건강한 지구를 물려줄 수 있도록 돕는다.
- 건강, 환경, 동물 복지에 대한 대중의 기대 수준을 충족한다.

이 네 가지 목표를 달성하려면 우리의 식단과 식량 재배 방식에 중요하지만 반드시 고통스럽지는 않은 변화가 필요할 것이다. 다음 도표는 영국 정부의 건강, 기후 및 자연 관련 공약을 충족하기 위해 향후 10년 동안 우리의 식단이 어떻게 변화해야 하는지를 보여준다.

이후에 제시될 15가지 권장 사항 대부분은 〈국가식량전략〉에서 직접 가져온 것이지만, 정치적 사건에 대응하여 일부를 추가하거나 수정해야 했다. 권장 사항은 장기적인 전환을 위한 필수적인 첫 단계로 3년에 걸쳐 이행되도록 만들어졌다. 더 자세한 내용과 근거는 〈국가식량전략〉의 부록에서 찾을 수 있다. 이는 온라인에서 다운로드할 수 있다. (www.nationalfoodstrategy.org)

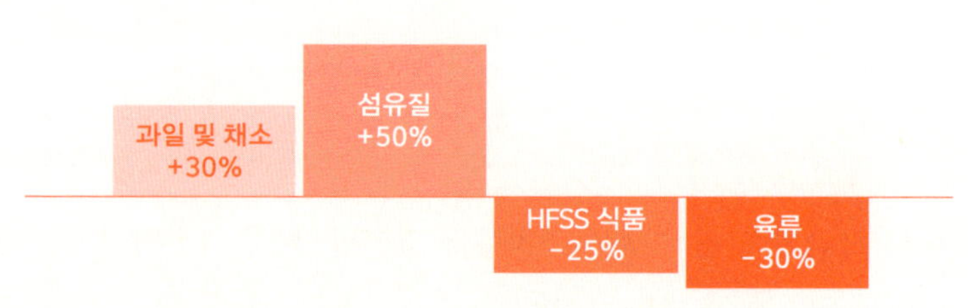

건강, 기후 및 자연 공약 충족을 위해 필요한 2032년까지의 (2019년 대비) 식단 변화:

- 과일과 채소 소비를 30% 늘리면 하루에 5번 섭취하도록 권장하는 잇웰Eatwell 권장량에 부합한다.
- 섬유질 섭취를 50% 늘리면 영양과학 자문위원회Scientific Advisory Committee on Nutrition가 권장하는 하루 섭취량 30g에 부합한다.
- HFSS 식품 소비를 25% 줄이면 소금 섭취가 60%, 포화 지방 섭취가 20%, 유리당 섭취가 50% 가깝게 감소한다.
- 법적 탄소 감소 목표와 30×30 자연 공약(최소 41만 헥타르의 삼림 조성 및 유지, 32만 5000헥타르의 이탄지 유지 및 복원, 그

리고 주로 자연을 위해 20만 헥타르 관리)을 달성하려면 육류를 30% 줄여야 한다.

정크푸드 악순환에서 벗어나기

운동과 의지만으로는 충분하지 않다. 식량 시스템 내의 재정적 유인의 균형을 다시 조정하지 않고는 이 악순환에서 벗어날 수 없다.

1. 설탕 및 소금 재배합 세금 도입

이 세금은 식품 가격 인상보다는 제조업체의 대규모 재배합을 유도하도록 고안되었다. 과학적 연구를 통해 인공 감미료가 건강에 위험하다는 사실이 밝혀지면, 이 세금의 적용 대상을 인공 감미료까지 확대해야 할 수도 있다. 이 세금 도입될 경우, 재무부에 29억~34억 파운드(5조 7000억~6조 7000억 원)의 재원이 추가될 것으로 추정한다. 이 중 일부는 저소득층 가구의 식단을 지원하는 데 사용되어야 한다. 현황: 조치 없다.

2. 정크푸드 홍보 및 광고 제한(특히 어린이를 대상 광고)

이는 '하나 사면 하나 더BOGOF'와 같은 정크푸드 매장 내 판촉을 중단하고, 온라인 및 TV 방송 금지 시간대의 정크푸드 광고를 금지하는 것을 의미한다. 이 조치는 영국 정부가 이미 입법을 약속했기 때문에 우리의 기존 권장 사항에 포함되지 않았다.

현황: 영국 정부가 약속을 철회했다.

3. 식품 회사의 의무적인 보고

측정되는 것만이 달성될 수 있다. 직원 수가 250명 이상인 모든 식품 회사는 다음 판매 지표를 기반으로 연례 보고서를 발행해야 한다. 정크푸드, 단백질류, 섬유질과 포화 지방, 설탕 및 소금, 과일 및 채소, 음식물 쓰레기. 이 수치들을 공개하면 투자자, 정부 및 기타 관계자들이 기업이 올바른 방향으로 나아가고 있는지 추적할 수 있다. 이는 식품 회사에 대한 더 나은 감시를 가능하게 하고 기업에 대한 대중의 압력을 유지할 수 있도록 도울 것이다.

현황: 일부 보고에 대한 부분적인 공약은 있으나, 데이터를 공개 및 시행 방식을 상세히 설명하겠다는 공약은 없다.

식사 불평등 줄이기

건강하게 먹을 여유가 없는 가구는 때때로 전혀 먹을 게 없는 상황에 놓이기도 한다. 식량 시스템이 고쳐질 때까지 기다릴 수 없다. 가난한 사람들은 지금 당장 도움이 필요하다. 덧붙여, 장기적인 건강을 보호하기 위해 어린이가 최우선 순위가 되어야 한다.

4. 무상 급식 자격 확대

배고픈 아이들은 학교에서 어려움을 겪는다. 이 아이들은 공부에 집중하기 힘들고, 행동이 나빠지며, 수업 시간에 문제를 일으킬 가능성이 더 높다. 현재는 세전 소득이 연 7,400파운드(1,400만 원) 미만인 가구의 자녀만 무상 급식 자격이 있다. 영국 정부는 당장 유니버셜 크레딧을 받는 모든 사람으로 자격을 확대해야 한다. 궁극적인 목표는 보편적 무상 급식이어야 한다.

현황: 실행되지 않고 있다. 그러나 무상 급식은 '공적 자금 지원을 받을 수 없는(NRPF)' 사람들, 일반적으로 이민 판결을 기다리는 아동까지 확대되었다.

5. 방학 활동 및 급식(HAF) 프로그램을 영구화하고, 유니버셜 크레딧 수급 가구의 모든 어린이에게 무료로 제공

HAF는 방학 동안 어린이를 위한 식사와 활동을 제공한다. 여름에 4주 동안 주 4일, 그리고 부활절과 크리스마스 방학에 각각 일주일씩이다. HAF 대상인 어린이는 학교 급식 기준을 충족하는 하루 한 끼의 따뜻한 식사도 받는다. 대부분의 지방 당국은 소정의 비용을 받고 무상 급식을 받지 않는 어린이들에게도 이 프로그램을 제공해 왔다. 이 프로그램은 현재 2023년에 종료될 예정이다.

현황: 영국 정부는 이 프로그램을 잉글랜드 전역의 모든 학교에 시행했지만, 영구화 여부는 확정하지 않았다. 프로그램의 대상은 유니버셜 크레딧을 받는 모든 어린이에게 확대되는 대신 이미 무상 급식을 받는 어린이로 제한된다.

6. 헬시 스타트 제도 확대

헬시 스타트는 저소득층 임산부와 만 4세 미만 자녀를 둔 가정을 위한 식비 지원 제도다. 만 18세 미만 산모에게도 자격이 부여된다. 이

제도는 과일과 채소, 우유 및 비타민을 구매하는 데 사용할 수 있는 쿠폰이나 바우처를 제공한다. 무상 급식과 마찬가지로 유니버셜 크레딧을 받는 모든 사람으로 지원 대상이 확대되어야 한다.

현황: 정부는 지급 수준을 높였지만, 아직 유니버셜 크레딧을 받는 모든 사람에게 확대하지는 않았다.

7. 커뮤니티 잇웰Community Eatwell 프로그램을 도입하여 저소득층 식단 개선을 지원

팬데믹 이전까지 영국 정부는 매년 NHS에 1,300억 파운드(256조 5000억 원)를 지출했다. 이 중 95%는 질병 치료에 사용되었고, 예방에는 5%만 사용되었다. 하지만 예방에 필요한 지출을 늘리는 편이 훨씬 더 비용 효율적이다. 이 권고는 전 세계의 성공적인 프로그램을 모델로 한다. 예를 들어, 워싱턴 D.C.의 농산물 처방 프로그램Produce Prescription Program은 의사가 신선한 과일 및 채소 바우처와 요리 수업, 영양 교육 그리고 사람들에게 영리하게 쇼핑하는 방법을 가르치기 위한 상점 및 슈퍼마켓 가이드 투어를 처방하도록 허용한다. 이는 과일과 채소 소비를 늘리고 영양 이해도를 높이는 것으로 나타났다. 2012년에서 2017년 사이에 바우처를 받은 120명의 환자 중 50%가 처방 기간 동안 체중이 감소했다.

현황: 정부가 시범 운영을 약속했지만, 진행 상황은 불분명하다.

토지를 가장 잘 활용하기

정부는 농부들이 공익을 위해 일하는 방식을 바꾸도록 요구하고 있다. 우리는 농부가 적절하게 보상받고 불공정한 경쟁으로부터 보호받도록 해야 한다. 정부에게는 농업 종사자와 환경 지표 모두를 지원하는 무역 정책이 필요하다.

8. 공동농업정책에 할당되었던 공적 자금을 토지 소유자의 공공재 제공을 위해 지불

이는 영국 정부의 공약이긴 하지만 너무 느리게 진행되고 있다. 농업 지원금 중 약 3분의 1인 연간 5억~7억 파운드(9800억~1조 3800억 원)가 탄소 격리 및 생물 다양성 프로젝트를 위해 농부들에게 지원되어야 한다. 계산에 따르면 이 지원금은 프로젝트에 필요한 토지(대략 40만 헥타르의 활엽수림, 32만 헥타르의 복원된 고지대 이탄지, 그리고 약 20만 헥타르의 히스heath 및 종 다양성 초지) 관리에 대한 공정한 대가가 될 것이다. 나머지 자금은 생산성 향상, 홍수 예방, 토양 개선, 동물 복지 및 자연 친화적 농업을 장려하는 데 사용되어야 한다.

현황: 농업법Agriculture Act은 환경토지관리계획을 위한 기본 구조를 마련했다. 이 계획이 잘 이행된다면 영국은 세계 최고가 될 것이다. 그러나 세부 사항은 여전히 막후에서 논의되고 있으며, 이행 시기가 일정보다 훨씬 늦어지고 있다.

9. 3구획 모델을 기반으로 하는 '농촌 토지 이용 전략' 수립

영국의 넷 제로 및 자연 복원 목표를 달성하는 유일한 방법은 우리가 토지를 사용하는 방식을 바꾸는 것이다(15장 참조). 각 토지가 가장 적합한 목적에 쓰이기 위해서는 정부가 자연 회복과 기후 및 식량 목표를 달성하기 위해 사용할 유인, 지불 수단 및 규제 그리고 진행 상황을 모니터링하는 데 사용할 측정 기준을 명시적으로 제시하는 전략 수립이 필요하다. 이를 돕기 위해 정부는 각 토지 영역에 대한 상세한 데이터를 제공하는 디지털 국가 농촌 토지 지도를 만들어야 한다.

현황: 농촌 토지 이용 전략 수립을 약속했으나 가시적인 진전은 거의 없다.

10. 무역 협정의 최소 기준을 정하고 이를 보호할 메커니즘 확립

여론 조사에 따르면 영국 인구의 93%가 브렉시트 이후 체결한 모든 무역 협정에서 영국의 식품에 대한 높은 기준이 유지되기를 원하고, 81%는 무역 협정을 체결하기 위해 축산업 기준이 훼손되는 것을 특히 우려하고 있다. 정부는 향후 모든 무역 협정에서 영국의 식품 기준을 방어할 핵심 목록을 작성해야 한다. 여기에는 동물 복지, 환경 및 건강 보호, 탄소 배출, 항미생물제 내성 및 인수 공통 전염병 위험이 포함되어야 한다. 그런 다음, 이 기준을 보호하기 위해 사용할 메커니즘을 설정해야 한다. 가장 쉬운 방법은 수입 제품이 이러한 생산 기준을 충족하는 경우에만 무역 협정에서 관세 인하를 허용하는 것이다.

현황: 실행되지 않고 있다.

식품 문화의 장기적 변화 만들기

농업, 제조업, 소매업, 과학, 의학, 학교, 지역 정치 및 국가 정치 등 가장 광범위한 의미에서의 혁신 없이는 식량 시스템에 지속적인 변화를 만들 수 없다. 이 변화 중 일부는 정부의 권한을 넘어선다. 국가는 개인의 열정과 기업가 정신을 결코 대체하거나 강제할 수 없기 때문이다. 그러나 투자를 통해 창의성을 장려하고 신제품이 시장에 출시되도록 도울 수는 있다. 정부는 제도적 목표를 설정하고, 법률을 도입하고, 정확한 데이터를 수집한 뒤 보급할 수 있다.

11. 학교를 위한 새로운 '먹고 배우기Eat and Learn' 이니셔티브 출범

2013년 〈학교급식계획〉이 발표된 이후, 학교는 만 14세까지의 모든 어린이에게 요리와 영양을 가르쳐야 하는 법적 의무를 갖게 되었다. 학교가 '학생들에게 요리에 대한 사랑을 심어주고', '현재와 나중에 저렴하고 잘 먹고 살 수 있는' 데 필요한 주방 기술을 가르치도록 노력해야 한다고 교육과정에 명시돼 있다. 그러나 많은 학교에서 이는 여전히 이루어지지 않고 있다. 푸드테크Food Tech는 여전히 이류 과목, 즉 학습이라는 진지한 목적에서 벗어난 재미있지만 시시한 오락거리다. 이제 식품 교육을 진지하게 받아들여야 할 때다. 이 이니셔티브에는 학교에서 제공되는 식품의 의무적인 인증, 교육과정 변경, 수업에 대한 교육표준국Ofsted 검사 및 자금 증액 등의 조치가 포함된다.

현황: 부분적으로 공약에 포함되었으나 자금이 불충분해 보인다.

12. 더 나은 식량 시스템을 만들기 위해 10억 파운드(1조 9000억 원) 투자

이 자금은 농업 혁신 지원, 대체 단백질 연구, 그리고 실험실이 아닌 실제 현장에서 식량 시스템을 개선하는 프로젝트를 위한 '도전 기금

challenge fund'에 분배되어야 한다. 현재 식품 혁신에 투입되는 정부 자금은 대부분 과학자와 학자의 몫이다. 혁신이 일어나는 다른 분야, 예를 들어 농장이나 스타트업 또는 지역 사회 프로젝트에서는 오랫동안 자금이 부족했다.

현황: 5억 파운드(9800억 원) 투자를 약속했다.

13. 국가 식량 시스템 데이터 프로그램 구축

식량 시스템에 관련된 정부 부처와 기업이 진행 상황을 추적하고 효율성을 높이며 전략을 세우려면 데이터의 수집과 공유가 필수적이다. 이 프로그램은 두 가지 주요 자료를 포함해야 한다. 첫 번째는 '농촌 토지 이용 전략'을 위해 수집된 토지에 대한 데이터이다. 두 번째는 농장 밖의 데이터로 식품 생산, 유통 및 소매, 그리고 식품의 환경 및 건강 영향에 대한 데이터다.

현황: 식품 데이터 투명성 파트너십Food Data Transparency Partnership이 출범했으나, 의미 있는 변화를 가져올 정치적 지지가 부족하다.

14. 정부의 조달 규칙 강화로 세금이 건강하고 지속 가능한 식품에 사용되도록 보장

정부는 학교, 병원, 군대, 교도소 및 정부 기관을 위해 매년 24억 파운드(4조 7000억 원)를 식품 구매에 쓴다. 이는 집 밖에서 섭취하는 모든 식사 중 5.5%에 해당한다. 학기 중에 아이들은 학교에서 하루에 먹는 음식의 50%까지 학교에서 섭취하며, 일부 아이들에게는 무상 급식이 그날의 유일하게 제대로 된 식사다. 정부는 식품 및 관련 서비스 구매 기준을 재설계하여 납세자의 돈이 건강하고 지속 가능한 식품에 사용되도록 해야 한다. 또한, 소수의 대기업이 지배하고 있어 혁신에 대한 유인이 거의 없는 공공 식품 조달의 준독점 상태를 해소하기 위해 노력해야 한다. 정부는 지역의 식품 공급업체가 온라인으로 농산물을 판매할 수 있게 돕는 제도를 잉글랜드 남서부에서 개발하고 있다. 초기 사용자들이 더 많은 선택권과 더 나은 품질을 보장받았고, 비용 증가가 없었다고 보고하는 등 매우 잘 작동하고 있다. 로컬리즘localism은 시스템 안에서 진정한 관심과 헌신을 육성하는 가장 좋은 방법이다. 정부는 해당 제도 시행을 가속화하고, 새로운 조달 기준을 사용하여 더 광범위한 식품 서비스 공급업체에 적용되도록 장려해아 한다.

현황: 구매 기준 의무화에 대한 협의가 시작되었다. 구매 기준 변경이나 남서부 지역에서 개발 중인 제도에 대한 공약은 없다.

15. 명확한 목표 설정 및 장기적 변화를 위한 법률 도입

진정한 변화를 위해서는 명확하고 장기적인 목표, 지속적인 정치적 관심 그리고 정부뿐만 아니라 식품 산업 및 지역 사회 전반에 걸친 통합적인 접근 방식이 필요하다. 강력한 입법 목표를 가진 전략이 필수적이다. 정부는 이미 탄소 배출에 대한 법적 목표를 설정했다. 2022년 환경법은 2030년까지 생물 다양성 손실을 막기 위한 법적 구속력이 있는 목표를 설정했다. 우리는 다음 표에 제안된 '좋은 식품 법안Good Food Bill'으로 식단과 건강을 개선하기 위한 법적 목표를 추가할 것을 권한다. 초점을 유지하기 위해 우리는 식품기준청(Food Standards

Agency, FSA)의 역할을 식품 안전뿐만 아니라 건강하고 지속 가능한 식품까지 포괄하도록 확대할 것을 권한다. FSA는 독립적으로 운영되며 전체 시스템을 파악하기에 좋은 위치에 있기 때문이다.

현황: 진전 없다.

건강하고 지속 가능한 식량 시스템을 만들기 위한 가능한 입법 전략

법안	조항	대상	의무 (명시된 경우 제외)
좋은 식품 법안	건강 목표	정부	장기적인 건강 목표 정의 및 보조 입법화
	실행 계획 및 독립 보고서	정부	5년마다 중간 식량 시스템 목표 및 이를 달성하기 위한 조치를 명시한 좋은 식품 실행 계획 준비 및 발표
		정부	좋은 식품 실행 계획 개발 시 FSA와 협의
		FSA	좋은 식품 실행 계획에 대한 정부의 진행 상황에 대한 정기적인 독립 진행 보고서를 의회에 제공
		FSA	자문 및 보고서 작성 시 OEP, CCC 및 OHP와 협의
		OEP, CCC 및 OHP	FSA의 범위와 관련된 각 기관의 권한 내에서 발생하는 문제에 대해 FSA에 자문 제공

	기타 의무	FSA (OHP 및 Defra와 긴밀히 협력)	식품 관련 정책 수립 및 조달 시 모든 공공 기관이 사용할 수 있는 건강하고 지속 가능한 참조 식단 수립 및 주기적 업데이트
		정부	식품 관련 정책 수립 및 조달 시 모든 공공 기관이 사용할 수 있는 건강하고 지속 가능한 참조 식단 수립 및 주기적 업데이트
		잉글랜드 지방 당국	국가 목표를 참조하고 봉사하는 지역 사회와 협력하여 지역 식품 전략 개발
		대형 식품 기업	소비자 이익 증진 의무를 기후 변화 해결, 자연 회복 및 건강에 대한 우리의 집단적 이익을 포함하도록 확대
재정 법안	부담금	정부	설탕 및 소금에 세금을 부과할 수 있는 권한

주

여기서는 각 장의 주요 연구 출처와 연구에 특히 유익했던 논문이나 책을 소개한다. 대부분의 데이터 분석은 〈국가식량전략〉을 작성하기 위해 공무원 전담팀이 베인앤컴퍼니와 시스템아이큐의 지원을 받아 수행했고, 환경식품농무부(데프라) 통계부서의 검토를 거쳤다. 이에 대한 자세한 참고문헌은 〈국가식량전략〉의 두 보고서인 〈1부Part One〉와 〈계획The Plan〉에서 확인할 수 있고, www.nationalfoodstrategy.org에서 열람 가능하다. 〈국가식량전략〉에 미처 포함하지 못한 더 상세한 내용의 문서도 웹사이트에서 확인할 수 있다. 이를테면 영국 재정연구소가 〈국가식량전략〉과 협력해 작성한 연구 논문인 〈가공식품에 첨가된 설탕 및 소금 과세의 영향〉과 〈생산방식의 변화가 식품 가격에 미치는 영향〉이 있고, 연구자에게 유용한 추가 연구자료도 있다.

서문

1 한나 리치Hannah Ritchie가 ourworldindata.org에 올린 "인류가 제4기 거대동물 멸종을 일으켰는가?Did Humans Cause the Quaternary Megafauna Extinction?"라는 글은 선사시대 인간이 야생동물 파괴에 어떤 역할을 했는지를 다룬 유용한 입문 자료다.

2 Allen, M. (2015) Short-Lived Promise? The Science and Policy of Cumulative and Short-Lived Climate Pollutants. Oxford Martin Policy Paper.

3 Wageningen Economic Research (2018) Climate Change and Global Market Integration: Implications for Global Economic Activities, Agricultural Commodities and Food Security. SOCO 2018 Background Paper, Rome, FAO.

4 Access to Nutrition Initiative (2019) UK Product Profile 2019. Access to Nutrition Initiative.

5 Food Foundation (2020) The Broken Plate 2020. Food Foundation.

6 다음의 2019년 자료. Global Health Data Exchange (GHDx) (2021) Global Burden of Disease, accessed March 2021.

7 베인앤컴퍼니가 〈국가식량전략〉을 위해 수행한 분석. 1955년 평균 BMI는 미국의 과거 BMI 추세와 영국의 1977년 이후 BMI 데이터를 기반으로 결측치를 추정한 것

이다. 1980년 이전 분포는 평균값을 중심으로 한 정규분포를 이용해 방향성을 제시한 것으로 정확한 기술이 아니다.

NHS Digital (2018) Health Survey for England 2017 [NS]. NHS Digital; Euromonitor (2019); NHS Digital (2019) National Child Measurement Programme. Gov.uk (2018); Population Pyramid (2019); Davey, R. (2003) The Obesity Epidemic: Too Much Food for Thought?; National Bureau of Economic Research (2010) The Trend of BMI Values of US Adults by Centiles, Birth Cohorts 1882-1986.

8   흔히 생각하는 외식만 고려할 경우, 전체 식품의 20퍼센트를 집 밖에서 사 먹는다. 외식과 소매점에서 구입한 음식, 그리고 집에서 가져온 음식을 모두 외식 범주로 잡으면, 전체 식품의 25퍼센트를 집 밖에서 먹는다. Public Health England (2019) National Diet and Nutrient Survey Years 1-9, 2008/09-2016/17.

9   주중에 아침, 점심, 간식으로 하루 칼로리의 67퍼센트를 얻는다. 따라서 일주일을 기준으로 하면 하루 칼로리의 47퍼센트를 얻는 셈이다. Royston, S. et al. (2012) Fair and Square: A Policy Report on the Future of Free School Meals. The Children's Society.

10   정부는 〈국가식량전략〉에 세 가지 형태로 응답했다. 2020년에 마커스 래시포드가 벌인 캠페인 이후 취한 조치들, 그리고 〈영국의 평등한 발전Levelling Up the United Kingdom〉(2022)과 〈정부식량전략Government Food Strategy〉(2022)이라는 두 권의 백서였다. 건강과 관련된 주요 응답은 2022년에 〈건강격차Health Disparities〉라는 백서에서 다룰 예정이었으나, 보리스 존슨의 사임으로 이 계획은 취소되었다.

11   우리는 시스템 역학에 대해, 그리고 제이 라이트 포레스터Jay Wright Forrester 교수와 그의 MIT 연구팀의 저작에 대해 많이 읽고 공부했다. 도넬라 메도즈의 책《ESG와 세상을 읽는 시스템 법칙》(1993년에 쓰였지만 사후인 2008년에 출판됐다)은 여전히 이 분야의 최고 입문서다.

1부 우리의 몸
1장 기적이자 재앙

1   Food Chain Analysis Group, Department for Environment Food & Rural Affairs (2006) *Food Security and the UK: An Evidence and Analysis Paper*. National Archives;

Barnett, M. (1985) *British Food Policy During the First World War*. Australia: Allen & Unwin; Department for Environment, Food & Rural Affairs (2013) *Agriculture in the United Kingdom*. HMG.

2   Dimbleby, J. (2016) *The Battle of the Atlantic: How the Allies Won the War*. Penguin Books.

3   찰스 만Charles C. Mann의 저서 《마법사와 예언자, 2명의 위대한 과학자와 내일의 세계를 만들기 위한 투쟁》은 노먼 볼로그의 업적과 그에 따른 논쟁을 아름답게 소개하는 책이다.

4   Mann, C. (2018) *Wizard and the Prophet: Two Remarkable Scientists and their Battle to Shape Tomorrow's World*. London: Pan Macmillan, p.130.

5   Roser, M. et al. (2013) Life Expectancy. *Our World in Data*.

6   Ritchie, H. and Roser, M. (2021) Crop Yields. *Our World in Data*.

7   Hasell, J. (2018) Famine Mortality over the Long Run. *Our World in Data*.

8   Department for Environment, Food & Rural Affairs et al. (2020) *Agriculture in the UK 2019*. HMG.

9   러시아의 토지 이용은 다음 자료들을 바탕으로 계산했다. *Agriculture of the USSR: Statistical Compendium* (1960) and *Regions of Russia: Social and Economic Indicators* (2022). Moscow: Rosstat, in Russian.

10   Allen, M. (2015) *Short-Lived Promise? The Science and Policy of Cumulative and Short-Lived Climate Pollutants*. Oxford Martin Policy Paper.

11   Department for Food & Rural Affairs et al. (2018) *Agriculture in the United Kingdom 2018*. HMG.

12   Hayhow, D. B. et al. (2019) *The State of Nature 2019*. The State of Nature partnership; 고대 삼림(1900년 이후 감소 추세)에 대해서는 다음을 참고했다. Woodland Trust (2000) *Why the UK's Ancient Woodland Is Still Under Threat*, pp.3-5; 도싯Dorset 지역의 데이터를 바탕으로 외삽하여 얻은 황무지 데이터 정보에 대해서는 다음을 참고했다. Fagúndez, J. and Bot, A. (2013) Heathlands Confronting Global Change: Drivers of Biodiversity Loss from Past to Future Scenarios. Annals of Botany, 111(2), 151-172; 저지대 연못 데이터는 다음을 참고했다. Hayhow, D. B. et al. (2019) *The State of Nature 2019*.

13 짧은 통계 해설 보고서 (2022 7월), Office for Health Improvement & Disparities. HMG.

14 KitKat.co.uk (counted in 2021).

2장 채워지지 않는 허기

1 Loos, R. and Yeo, G. (2022) The Genetics of Obesity: From Discovery to Biology. *Nature Reviews: Genetics*, 23, 120-133.

2 DiFeliceantonio, A. et al. (2018) Supra-Additive Effects of Combining Fat and Carbohydrate on Food Reward. *Cell Metabolism*, 28(1), 33-44.

3 Smithson, M. et al. (2015) *An Analysis of the Role of Price Promotions on the Household Purchases of Food and Drinks High in Sugar*. Public Health England.

4 Kantar Worldpanel Division (2016) *Expandability Study Based on FMCG Panel*. Kantar Worldpanel.

5 Griffith, R. et al. (2021) *The Decline of Home Cooked Food*. IFS.

6 청과물시장: Department for Environment Food & Rural Affairs (2020) *Horticulture Statistics 2019*. HMG; 제과류: Office for National Statistics (2020) *UK Manufacturers' Sales by Product*. ONS.

7 Access to Nutrition Initiative (2019) *UK Product Profile 2019*. Access to Nutrition Initiative.

8 Godoy-Izquierdo, D. et al. (2020) Body Satisfaction, Weight Stigma, Positivity, and Happiness among Spanish Adults with Overweight and Obesity. *International Journal of Environmental Research and Public Health*, 17(12), 4186.

9 Organisation for Economic Cooperation and Development (2019) *The Heavy Burden of Obesity: The Economics of Prevention*, United Kingdom country note.

3장 운동의 진짜 목적

1 Prior, G. et al. (2011) *Exploring Food Attitudes and Behaviours in the UK: Findings from the Food and You Survey 2010*. FSA.

2 Lindsay, C. (2003) *A Century of Labour Market Change: 1900 to 2000*. Labour Market Trends.

3 Griffith, R. et al. (2016) Gluttony and Sloth? Calories, Labour Market Activity and the Rise of Obesity. *Journal of the European Economic Association*, 14(6), 1253-1286.

4 Townsend, N. et al. (2012) *Physical Activity Statistics 2012*. British Heart Foundation.

5 허먼 폰처Herman Pontzer의 저서 《운동의 역설: 신진대사에 대한 오해Burn: The Misunderstood Science of Metabolism》는 이 장에 나오는 과학적 사실을 다룬 좋은 책이다. 참고자료는 그 책에서 인용했다. 모든 자료는 원출처를 확인했다.

4장 식욕의 비밀

1 Read, P. P. (2002) *Alive: The True Story of the Andes Survivors*. London: Arrow.

2 Austin, J. and Marks, D. (2008) Hormonal Regulators of Appetite. *International Journal of Pediatric Endocrinology*, art. 141753.

3 Keys, A. et al. (1950) *The Biology of Human Starvation*. University of Minnesota Press.

4 Lumey, L. H. et al. (2007) Cohort Profile: The Dutch Hunger Winter Families Study. *International Journal of Epidemiology*, 36(6), 1196-1204.

5장 에그마요샌드위치 탐구

1 Kovalevskaya, S. (2020) *Industrial Production of Rapeseed Oil and Its Application*. Tampere University of Applied Sciences.

2 Monteiro, C. et al. (2019) *Ultra-Processed Foods: What They Are and How to Identify Them*. Public Health Nutrition.

3 Monteiro, C. et al. (2018) *Household Availability of Ultra-Processed Foods and Obesity in Nineteen European Countries*. Public Health Nutrition.

4 Hall, K. et al. (2019) Ultra-Processed Diets Cause Excess Calorie Intake and Weight Gain: An Inpatient Randomized Controlled Trial of Ad Libitum Food Intake. *Cell Metabolism*, 30(1), 67-77.

5 Barabási, A., Menichetti, G. and Loscalzo, J. (2020) The Unmapped Chemical Complexity of Our Diet. *Nature Food*, 1, 33-37.

6 Spector, T. (2022) *Food for Life: The New Science of Eating Well*. Jonathan Cape.

7 Macaninch, E. et al. (2020) Time for Nutrition in Medical Education. *British Medical Journal Nutrition, Prevention & Health*, 3(1), 40-48.

8   *Eating Ourselves to Death: Honestly with Bari Weiss* [podcast] (2022), 다음 주소에서 들을 수 있다. https://open.spotify.com/episode/1ffU1eqXZtoRsfeWIqVani.

6장 불평등한 식탁

1   Secondary Care Analysis, NHS Digital (2021) *Number of Admissions for Scurvy, Rickets and Malnutrition, Broken Down by Age Group, for the Years 2007–08 to 2020–21*.

2   Marmot, M. et al. (2020) *Health Equity in England: The Marmot Review 10 Years On*. Institute of Health Equity.

3   Department for Work and Pensions (2021) *Family Resources Survey: Financial Year 2019 to 2020*. HMG.

4   Lucas, K. et al. (2019) *Inequalities in Mobility and Access in the UK Transport System*. Government Office for Science.

5   Turn2Us (2020) *Living Without: The Scale and Impact of Appliance Poverty*. Turn2Us.

7장 모두를 위한 식사

1   Puska, P. et al. (2016) Background, Principles, Implementation, and General Experiences of the North Karelia Project. *Global Heart Journal*, 11(2), 173–8.

2   Snowdon, C. (2021) *Nanny State Index*. Institute of Economic Affairs.

3   Theis, D. R. Z. and White, M. (2021) *Is Obesity Policy in England Fit for Purpose? Analysis of Government Strategies and Policies, 1992–2020. The Milbank Quarterly*, 98 (March).

4   Haldane, A. and Rebolledo, I. (2022): Health is Wealth? Strengthening the UK's Immune System. REAL Challenge annual lecture. The Health Foundation.

5   Organisation for Economic Co-operation and Development (2019) United Kingdom country note, *The Heavy Burden of Obesity: The Economics of Prevention*. OECD Publishing.

6   Scarborough, P. et al. (2020) Impact of the Announcement and Implementation of the UK Soft Drinks Industry Levy on Sugar Content, Price, Product Size and Number of Available Soft Drinks in the UK, 2015–19: A Controlled Interrupted Time Series Analysis. *PLoS Medicine*, 17(2).

8장 시스템 바꾸기

1   Public Health England (2019) *National Diet and Nutrition Survey Years 1-9, 2008/09-2016/17*.

2   설탕: AB Sugar (2021) *The UK Sugar Sector*. AB Sugar; 소금: Murray, C. et al. (2002) *Cardiovascular Death and Disability Can be Reduced by More Than 50 Percent* [news release]. World Health Organization.

3   Griffith, R. et al. (forthcoming) *The Impact of a Tax on Added Sugar and Salt*. Institute of Fiscal Studies/University of Manchester. Available on nationalfoodstrategy.org.

4   Department of Health and Social Care (2011) *Statement of the Calorie Reduction Expert Group*. HMG.

5   Public Health England (2015) *Sugar Reduction: The Evidence for Action*. PHE; Department of Culture, Media & Sport (DMCS)/Department of Health and Social Care (DHSC) (2019) *Introducing a 2100-0530 Watershed on TV Advertising of HFSS (Food and Drink That Are High in Fat, Salt and Sugar) Products and Similar Protection for Children Viewing Adverts Online: Impact Assessment (IA)*. HMG.

6   Russell, S. J., Croker, H. and Viner, R. M. (2018) The Effect of Screen Advertising on Children's Dietary Intake: A Systematic Review and Meta-analysis. *Obesity Reviews*, 20(4), 554-568.

9장 몸을 교정하기

1   비만 수술에 대한 더 자세한 정보는 외과의사 앤드루 젠킨슨Andrew Jenkinson이 쓴《식욕의 과학Why We Eat (Too Much)》(Penguin Life, 2020)을 참고하라.

2부 우리의 땅
10장 세상을 먹어치우는 인류

1   Wetzel, C. (2022) Why Have Billions of Snow Crabs Disappeared from Alaskan Waters? *New Scientist*, 17 October; NF Staff (2022) Bering Sea Crabbers Welcome Disaster Relief, Seek Temporary Area Closure. *National Fisherman*, 27 December.

2   Das, D. (2022) EU Maize Import Surge Seen Cushioning Impact of Drought-Hit

Crop, *European Supermarket Magazine*, 10 October; ANSA (2022) Drought: Crop Yields Down by up to 45% – Coldiretti. ANSA, 25 July.

3   Garnett, T. et al. (2016) *Food Systems and Greenhouse Gas Emissions*. University of Oxford: Food Climate Research Network.

4   The Anh, D., Van Tinh, T. and Ngoc Vang, N. (2020) The Domestic Rice Value Chain in the Mekong Delta. In Cramb, R. (ed.), *White Gold: The Commercialisation of Rice Farming in the Lower Mekong Basin*. Singapore: Palgrave Macmillan, pp.375–396.

5   World Wildlife Fund (2021) *Freshwater Systems*. World Wildlife Fund; FAO (2017) *Water for Sustainable Food and Agriculture*. FAO.

6   Ritchie, H. (2017) How Many People Does Synthetic Fertilizer Feed? *Our World in Data*.

7   전 세계 온실가스 배출량의 1퍼센트가 암모니아 생산에서 나온다. Gilbert, P. and Thornley, P. (2010) *Energy and Carbon Balance of Ammonia Production from Biomass Gasification*. Tyndall Centre, Department of Mechanical, Aerospace and Civil Engineering, University of Manchester.

8   European Environment Agency (2018) *European Waters: Assessment of Status and Pressures 2018*. EEA; Marine Scotland Directorate (2022) *Salmon Fishing: Proposed River Gradings for 2023 Season*. Scottish Government; Enevoldsen, H. et al. (2022) *State of the Ocean Report*. Intergovernmental Oceanographic Commission.

9   Burns, F. et al. (2020) *The State of the UK's Birds 2020*. Sandy, Bedfordshire: RSPB, BTO, WWT, DAERA, JNCC, NatureScot, NE and NRW.

10   '블루 카본'에 대해서는 다음을 참고하라. National Food Strategy (2021) *The National Food Strategy: The Evidence*, July, p.66.

11   Thurstan, R. H. et al. (2010) The Effects of 118 Years of Industrial Fishing on UK Bottom Trawl Fisheries. *Nature Communications*, 1, art. 15; Harrabin, R. (2021) Bottom Trawling Ban for Key UK Fishing Sites. *BBC News*, 1 February. 다음에서 볼 수 있다. www.bbc.co.uk/news/scienceenvironment-55894608.

11장 자연의 가격

1   Scown, M. et al. (2020) Billions in Misspent EU Agricultural Subsidies Could Support

the Sustainable Development Goals. *One Earth*, 3(2), 237-250.

2 Pigou, A. (1924) *The Economics of Welfare*. London :Macmillan.

12장 지구를 뜨겁게 하는 식사

1 풍선 비유는 찰스 만의 책《마법사와 예언자, 2명의 위대한 과학자와 내일의 세계를 만들기 위한 투쟁》(London: Pan Macmillan)에서 차용했다.

2 Allen, M. (2015) *Short-Lived Promise? The Science and Policy of Cumulative and Short-Lived Climate Pollutants*. Oxford Martin Policy Paper.

3 Qin, Y. et al. (2021) Carbon Loss from Forest Degradation Exceeds that from Deforestation in the Brazilian Amazon. *Nature Climate Change*, 11, 442-448; European Space Agency (2021) Forest Degradation Primary Driver of Carbon Loss in the Brazilian Amazon. *European Space Agency*. 다음에서 볼 수 있다. www.esa.int/Applications/Observing_the_Earth/Space_for_our_climate/Forest_degradation_primary_driver_of_carbon_loss_in_the_Brazilian_Amazon.

4 Whitehouse, N. and Smith, D. (2010) How Fragmented Was the British Holocene Wildwood? Perspectives on the 'Vera' Grazing Debate from the Fossil Beetle Record. *Quaternary Science Reviews*, 29(3-4); Forest Research (2021) *Provisional Woodland Statistics: 2021 Edition*. Forest Research; Forest Research (2021) *Tools and Resources: Area of Woodland: Changes Over Time*. Forest Research.

5 Anderson, R. (2020) *Peatlands, Forestry and Climate Change: What Role Can Forest-to-Bog Restoration Play?* Forest Research; Bernal, B. et al. (2018) Global Carbon Dioxide Removal Rates from Forest Landscape Restoration Activities. *Carbon Balance Management*, 13, art. 22.; UK Centre for Ecology & Hydrology (n.d.) *Peatlands Factsheet*. UK Centre for Ecology & Hydrology; Brown, P. et al. (2021) *UK Greenhouse Gas Inventory, 1990 to 2019: Annual Report for Submissions Under the Framework Convention on Climate Change*. Ricardo Energy & Environment. Annex 3.; IUCN (2018) *UK Peatland Strategy*. IUCN National Committee, United Kingdom.

6 Gilbert, P. and Thornley, P. (2010) *Energy and Carbon Balance of Ammonia Production from Biomass Gasification*. Tyndall Centre, Department of Mechanical, Aerospace and Civil Engineering, University of Manchester; 전체 농업 배출량의 12퍼센트(전체 배

출량의 2.9퍼센트)는 합성 암모니아 사용에서 발생한다. Smith, P. M. et al. (2014) *Agriculture, Forestry and Other Land Use (AFOLU)*. In Edenhofer, O. et al. (eds), *Climate Change 2014: Mitigation of Climate Change. Contribution of Working Group III to the Fifth Assessment Report of the Intergovernmental Panel on Climate Change*. Cambridge University Press. 따라서 합성비료는 전 세계 온실가스 배출량의 약 4퍼센트를 차지하며, 합성 암모니아 사용은 전체 농업 배출량의 12퍼센트(전체 배출량의 2.9퍼센트)를 차지한다.

7　네슬레 영국과 주고받은 개인 서신.

13장　고기라는 이름의 온실가스

1　장내 발효와 폐기물 및 분뇨 관리는 영국 농업의 온실가스 배출량에서 68.4퍼센트를 차지한다. 다음을 보라. Committee on Climate Change (2020) *The Sixth Carbon Budget - Dataset*. Committee on Climate Change. 다음에서 볼 수 있다. www.theccc.org.uk/publication/sixth-carbon-budget/.

2　피터 바이크는 기존에 공개된 AMP 방목 연구자료를 모두 모아 carboncowboys.org/amp-grazing-research에 공개했다. AMP 방목을 다룬 그의 새로운 다큐멘터리 〈저 아래 악마가 보일 정도로 깊은 뿌리Roots So Deep (You Can See the Devil Down There)〉도 곧 공개될 예정이다. 한편 최근 〈사이언스〉에 실린 한 논문은 이에 대해 그리 낙관적이지 않은 견해를 제시한다. Bai, Y. and Cotrufo, M. (2022) Grassland Soil Carbon Sequestration: Current Understanding, Challenges, and Solutions. *Science*, 377(6606), 603-608; 페이지 스탠리Paige Stanley 박사의 연구는 paige-stanley.com에서 확인할 수 있다.

14장　동물의 고통

1　Ritchie, H. Rosado, P. and Roser, M. (2017) Meat and Dairy Production. *Our World in Data*.

2　Shu, A. (2022) Under Construction: A 26-Storey Pig House. *Pig Progress*, 11 October.

3　O'Neill, N. (2020) Pigs Roasted Alive in Coronavirus Mass-Extermination, Probe Uncovers. *New York Post*, 29 May; Baysinger, A. et al. (2021) A Case Study of Ventilation Shutdown with the Addition of High Temperature and Humidity for

Depopulation of Pigs. *Journal of the American Veterinary Medical Association*, 259(4), 415-424.

4   Mance, H. (2021) *How to Love Animals*. Viking.

5   이 장의 내용은 저자가 영국 왕립동물학대방지협회(RSPCA)의 첫 번째 윌버포스 강연(2022)에서 발표한 내용을 각색한 것이다. 강연 내용은 다음 링크에서 확인할 수 있다. rspca.org.uk/whatwedo/latest/wilberforcelecture.

6   Boeckel, T. et al. (2019) Global Trends in Antimicrobial Resistance in Animals in Low- and Middle-Income Countries. *Science*, 365(6459); Antimicrobial Resistance Review (2016) *Tackling Drug-Resistant Infections Globally: Final Report and Recommendations: The Review on Antimicrobial Resistance*; Boeckel, T. et al. (2015) Global Trends in Antimicrobial Use in Food Animals. *Proceedings of the National Academy of Sciences*, 112(18), 5649-5654.

7   인수 공통 전염병의 위험에 대한 광범위한 평가는 다음을 참고하라. Jones, B. A. et al. (2013) Zoonosis Emergence Linked to Agricultural Intensification and Environmental Change. *Proceedings of the National Academy of Sciences of the United States of America*, 110(21), 8399-8404. 공장식 농장에서 빠른 바이러스 확산을 일으키는 낮은 유전적 다양성: United Nations Environment Programme (2020) *Coronaviruses: Are They Here to Stay?* United Nations Environment Programme. 유행병의 종간 감염 가능성: Ali, A. et al. (2012) Identification of Swine H1N2/Pandemic H1N1 Reassortant Influenza Virus in Pigs, United States. *Veterinary Microbiology*, 158(1-2), 60-68. 관련 가금류 데이터: Rozins, C. and Day, T. (2016) The Industrialization of Farming May be Driving Virulence Evolution. *Evolutionary Applications*, 10(2), 189-198. 농업 집약화가 유행병 위험에 미치는 영향: Willyard, C. (2019) Flu on the Farm. *Nature*, 573(7774), S62-S63; Johnson, C. et al. (2020) Global Shifts in Mammalian Population Trends Reveal Key Predictors of Virus Spillover Risk. *Proceedings of the Royal Society B: Biological Sciences*, 287(1924); Loh, E. H. et al. (2015) Targeting Transmission Pathways for Emerging Zoonotic Disease Surveillance and Control. *Vector-Borne and Zoonotic Diseases*, 15(7).

15장 낭비 없는 농업

1   Abnett, K. (2022) Explainer: How Climate Change Drives Heatwaves and Wildfires. *Reuters*, 21 July.

2   20퍼센트의 토지가 3퍼센트의 식량을 생산한다. NFS Analysis, based on data from Department for Environment, Food & Rural Affairs (2021) June Survey of Agriculture and Horticulture. *GOV.UK*.

3   National Food Strategy Analysis. 다음에서 확인 가능하다. nationalfoodstrategy.org.

4   Committee on Climate Change (2020) *The Sixth Carbon Budget – Dataset*. Committee on Climate Change. 다음에서 볼 수 있다. www.theccc.org.uk/publication/sixth-carbon-budget/; 배출량은 영국의 순 LULUCF(토지 이용, 토지 이용 변화, 산림) 배출량이다. 우리는 농업 배출과 토지 이용 배출을 구분하는 UNFCCC(유엔기후변화협약) 규정을 따랐다. 농업, LULUCF, AFOLU(농업, 산림 및 기타 토지 이용)의 관계에 대한 더 자세한 정보는 다음을 참고하라. LULUCF and AFOLU: Iversen, P. et al. (2014) *Understanding Land Use in the UNFCCC*; Department of Business, Energy and International Strategy (2021) 2019 UK Greenhouse Gas Emissions, Final Figures. *GOV.UK*.

5   출처는 206쪽 도판에 관한 출처 참고.

6   Poux, X. and Schiavo, M. (2021) *Modelling an Agroecological UK in 2050: Findings from TYFA*. IDDRI for FFCC.

7   데프라 6월 조사 데이터 기반 NFS 분석 참조. 상세 내용은 다음을 보라. Department for Environment, Food & Rural Affairs (2021) June Survey of Agriculture and Horticulture. *GOV.UK*.

16장 나무냐 식량이냐

1   Office of National Statistics (2020) Trade in Goods: Country-by-Commodity Imports. *GOV.UK*.

2   Morrison, O. (2022) Why the Ukraine Crisis Could Spark 'Dangerous Times' for Food Prices and Food Security. *FoodNavigator*, 25 February; Wilson, M. (2023) Ukraine Agriculture: Numbers Paint a Picture of Devastation. *Farm Progress*, 1 January.

3   MPOC (2022) The Russia-Ukraine War Impact on Egypt's Food Supply; Emphasis on Oils and Fats, *MPOC*, 11 April.

4   Duncan, G. (2022) Whitefish Prices Set to Rise as Tariff on Product from Russia and Belarus is Introduced. *The Grocer*, 20 July; Nilsen, S. (2022) Atlantic Cod Prices Are at Record Highs; Russia Could Send Them Even Higher. *IntraFish*, 23 March.

5   Mosolova, D. (2023) UK Food Inflation Hits 13.3%, Retail Sector Data Find. *Financial Times*, 4 January.

6   Gibson, M. (2012) Food Security – A Commentary: What Is It and Why Is It So Complicated? *Foods*, 1(1), 18-27.

7   Department for Environment, Food & Rural Affairs et al. (2019) Agriculture in the UK. *GOV.UK*.

8   Department for Environment, Food & Rural Affairs (2009) UK Food Security Assessment: Detailed Analysis. *GOV.UK*.

9   OECD data. Income inequality. *GOV.UK*. 소득 중 식비 지출 비중: Clark, D. (2022) Average Weekly Household Expenditure Breakdown in the United Kingdom in 2020/21, by Income Decile and Category. Statista. 다음에서 확인 가능하다. www.statista.com/statistics/379934/household-expenditure-categories-uk-by-decile/.

17장 쓰레기통 뒤집기

1   농장에서 나온 식량의 22퍼센트가 낭비된다. 다음을 보라. WRAP (2021) Food Surplus and Waste Arisings in the UK. *WRAP*; FAO (2013) Food Wastage Footprint: Impacts on Natural Resources. *FAO*.

2   WRAP (2020) Food Surplus and Waste in the UK – Key Facts. *WRAP*.

3   McKevitt, F. (13/09/2022) *Big Four Line-up Changes as UK Grocery Price Inflation Accelerates Again*. Kantar, 13 September.

4   WRAP. (2020) Food Surplus and Waste in the UK – Key Facts. *WRAP*.

5   WRAP (2019) Retail Survey 2019. *WRAP*.

6   WRAP (2019) Retail Survey 2019. *WRAP*.

7   Dray, S. (2021) Food Waste in the UK. UK Parliament: House of Lords Library. 다음에서 볼 수 있다. https://lordslibrary.parliament.uk/food-waste-in-the-

uk/#:~:text=6.6%20million%20tonnes%20(70%25),%25)%20from%20the%20 retail%20industry; WRAP (2020) Food Surplus and Waste in the UK – Key Facts. *WRAP*.

8   ONS (2021) A Review of Household Behaviour in Relation to Food Waste, Recycling, Energy Use and Air Travel. *Office for National Statistics*.

9   van den Bos Verma, M., de Vreede, L., Achterbosch, T. and Rutten, M. M. (2020) Consumers Discard a Lot More Food than Widely Believed: Estimates of Global Food Waste Using an Energy Gap Approach and Affluence Elasticity of Food Waste. *PLoS ONE* 15(2).

10   Department for Environment, Food & Rural Affairs (2020) Farming Statistics – Provisional Arable Crop Areas, Yields and Livestock Populations at 1 June 2020 – United Kingdom. *GOV.UK*.

11   Department for Environment, Food & Rural Affairs et al. (2020) Agriculture in the UK 2019. *GOV.UK*; Crop Science/Bayer (2018) How do You Grow a Record-Breaking Wheat Crop? We Spoke to the Current and Former Record-Holders to Find Out. *Crop Science/Bayer*.

12   Schils, R. et al. (2018) Cereal Yield Gaps Across Europe. *European Journal of Agronomy*, 101, 109–120.

13   Committee on Climate Change (2020) *The Sixth Carbon Budget – Dataset*. Committee on Climate Change. 다음에서 볼 수 있다. www.theccc.org.uk/publication/ sixthcarbon-budget/Sixth Carbon Budget.

14   다음을 바탕으로 한 NFS 분석. Poore, J. and Nemecek, T. (2018) Reducing Food's Environmental Impacts Through Producers and Consumers. *Science*, 360, 987–992; and de Ruiter, H. et al. (2017) Total Global Agricultural Land Footprint Associated with UK Food Supply 1986–2011. *Global Environmental Change*, 43, 72–81. See National Food Strategy (2021) *The National Food Strategy: The Evidence*, July, pp.42, 56, for details.

15   242쪽 도표에 따른 그럴듯한 시나리오.

3부 우리의 미래

18장 가짜 고기에 거는 희망

1 NFS-commissioned polling - Fleetwood (2021) *National Food Strategy Polling*. Fleetwood.

2 Department for Environment, Food & Rural Affairs (2014) A Plan for Public Procurement: Food and Catering. *GOV.UK*.

3 미국 최대 버거킹 프랜차이즈인 Carrols Restaurant Group의 2019년 자료에 기반하고 있다. Schultz, C. (2020) Impossible Whopper Momentum Slows Down. *Seeking Alpha*; NPD Group (2019) Checkout Data for Year Ending May 2019.

4 USDA (2022) *China: Dairy and Products Annual*. Attaché Report (GAIN).

5 RethinkX (2021) Food and Agriculture. *RethinkX*. 다음에서 볼 수 있다. www.rethinkx.com/food-and-agriculture.

6 Royal Society (2019) *Future Food: Health and Sustainability, Conference Report*. 12 December. 다음에서 볼 수 있다. https://royalsociety.org.

7 United Nations Climate Change (n.d.) *Impossible Foods: Creating Plant-Based Alternatives to Meat - Singapore, Hong Kong, USA, Macau*. Bonn: UNFCCC.

8 ING Research (2020) *Growth of Meat and Dairy Alternatives is Stirring up the European Food Industry. INGWB*, 22 October.

9 다음을 바탕으로 한 NFS 분석. 사료 전환율: Good Food Institute (2021) *Anticipatory Life Cycle Assessment and Techno-economic Assessment of Commercial Cultivated Meat Production*. GFI; 헥타르당 수확량: Department for Environment, Food & Rural Affairs (2019) *Farming Statistics - Final Crop Areas, Yields, Livestock Populations and Agricultural Workforce at 1 June 2019* - UK. *GOV.UK*; 헥타르당 농업 노동자수: Nation Master (n.d.) Agricultural Workers per Hectare. 다음에서 볼 수 있다. www.nationmaster.com/.

19장 땅을 돌보는 사람들

1 Marshall, J. (2021) *Agriculture Subsidies after Brexit: Replacing the CAP*. Institute for Government.

2 New Zealand Ministry for Primary Industries (2017) *New Zealand Agriculture: A Policy*

Perspective, November 2017; The Economist (2020) British Farming After the Common Agricultural Policy. *The Economist*, 26 November.

3 Department for Environment, Food & Rural Affairs. (2019) The Future Farming and Environment Evidence Compendium. *GOV.UK*.

4 Annan, K. (2018) Data Can Help to End Malnutrition Across Africa. *Nature*, 555(7), 28 February.

5 Kim, B. et al. (2020) Country-Specific Dietary Shifts to Mitigate Climate and Water Crises. *Global Environmental Change*, 62.

6 Pendrill, F. et al. (2019); Trade in Forest-Risk Commodities and the Prospects for a Global Forest Transition. *Environmental Research Letters*, 14(5).

20장 새로운 식문화를 만들 시간

1 World Health Organization (n.d.) *Life Expectancy and Healthy Life Expectancy – Data by Country*. 다음에서 볼 수 있다. https://apps.who.int/gho/data/node.main.688.

2 Ritchie, H. and Roser, M. (2017) Obesity. *Our World in Data*.

3 Wilson, B. (2015) *First Bite: How We Learn to Eat*. London: 4th Estate.

4 Wunsch, N. (2021) UK: Frequency of Cooking from Scratch 2019/2020, by Gender. *Statista*.

5 Temple, N. (2021) How Humanity Has Changed the Food it Eats. *BBC Future*.

6 Dimbleby, H. and Vincent, J. (2013) The School Food Plan. *GOV.UK*.

21장 유토피아인가 디스토피아인가?

1 Seba, T. and Arbib, J. (2020) *Rethinking Humanity: Five Foundational Sector Disruptions, the Lifecycle of Civilizations, and the Coming Age of Freedom*. RethinkX.

2 Harford, T. (2023) Is Life in the UK Really as Bad as the Numbers Suggest? Yes, it is. *Financial Times*, 20 January.

3 Thomas, C. (2022) *Getting Better? Health and the Labour Market*. Institute for Public Policy Research.

4 CDC (2022), *National Health and Nutrition Survey 1999–2022*, Centers for Disease Control and Prevention; O'Hearn M. et al. (2022) *Trends and Disparities in*

Cardiometabolic Health Among U.S. Adults, 1999-2018. J Am Coll Cardiol (12 July, 2022); Saklayen M. G. (2018) *The Global Epidemic of the Metabolic Syndrome*. Curr Hypertens Rep, 20(2):12.

5   Carnethon, M. et al. (2012) *Association of Weight Status with Mortality in Adults with Incident Diabetes. JAMA*, 308(6), 581-590.

6   Centers for Disease Control and Prevention (2022) Life Expectancy in the US Dropped for the Second Year in a Row in 2021. *CDC*.

7   Centers for Disease Control and Prevention (2014) National Diabetes Statistics Report: Estimates of Diabetes and Its Burden in the United States, 2014. *CDC*.

8   WHO (n.d.) Global Health Expenditure Database. *WHO*.

9   Tyler, D. et al. (2021) Global Decline in Capacity of Coral Reefs to Provide Ecosystem Services. *One Earth*, 4(9), 1278-1285.

10   Charles C. Mann's (2018) *Wizard and the Prophet: Two Remarkable Scientists and their Battle to Shape Tomorrow's World*. London: Pan Macmillan.

11   The Economist (2023) Go to Texas to See the Anti-Green Future of Clean Energy. *The Economist*, 12 January.

도판 출처

1부

11쪽   Bar-On, Y. M. et al. (2018) The Biomass Distribution on Earth. Proceedings of the National Academy of Sciences, 115(25), 6506-6511.

22쪽   Foresight Obesity System Map, GOV.UK. 다음 웹사이트에서 볼 수 있다. www.gov.uk/government/publications/reducing-obesityobesity-system-map.

23쪽   Kelly Parsons (2020) Who Makes Food Policy in England? A Map of Government Actors and Activities. Rethinking Food Governance Report 1. London: Food Research Collaboration.

35쪽   Bain Analysis for the National Food Strategy (2019), 1800-1950년 인구 데이터: University of Groningen (2018) *Maddison Project Database 2018*; 1950년 인구 데이터: un.org (2015) *Population 2030 Demographic Challenges and Opportunities for Sustainable Development Planning*; 글로벌 농업 생산 데이터: FAO (2020) *Net Agricultural Production Index*; Global agricultural data 2010 onward: FAO (2018) *The Future of Food and Agriculture: Alternative Pathways to 2050*.

37쪽   Norman Borlaug. © Keystone-France / Gamma-Rapho via Getty Images.

41쪽   Hayhow, D. B. et al. (2019) *The State of Nature 2019*. The State of Nature partnership; crop yields from Bain analysis for National Food Strategy. 다음을 참고했다. Department for Food & Rural Affairs (2018) *Agriculture in the UK. HMG*; Ritchie, H. and Roser, M. (2019) Crop Yields. *Our World in Data*.

46쪽~47쪽   영국인의 체중 분포 추이를 보여주는 도표는 앤서니 워너Anthony Warner의 《지방의 진실: 비만 문제가 그렇게 간단치 않은 이유The Truth About Fat: Why Obesity is Not that Simple》에서 영감을 받았다. 베인앤컴퍼니가 〈국가식량전략〉을 위해 수행한 분석. 1955년 평균 BMI는 미국의 과거 BMI 추세와 영국의 1977년 이후 BMI 데이터를 기반으로 결측치를 추정한 것이다. 1980년 이전 분포는 평균값을 중심으로 한 정규분포를 이용해 방향성을 제시한 것으로 정확한 기술이 아니다.

NHS Digital (2018) *Health Survey for England 2017* [NS]. NHS Digital; Euromonitor (2019); NHS Digital (2019) *National Child Measurement Programme*; GOV.UK (2018); Population Pyramid. (2019); Davey, R. (2003) *The Obesity Epidemic: Too Much Food for Thought?*; National Bureau of Economic Research (2010) The Trend of BMI Values of US Adults by Centiles, Birth Cohorts 1882-1986.

50쪽   Department for Environment, Food & Rural Affairs (2020) Family Food Surveys. *GOV.UK.*

53쪽   이 원형 도표는 예방 가능한 요인으로 상실한 건강한 삶을 상대적으로 비교한 것으로, 2021년 7월에 열람한 2019년 데이터를 기반으로 작성했다. Global Burden of Disease: Global Health Data Exchange. (2021) GBD Results Tool. Institute for Health Metrics and Evaluation.

60쪽   Herman Pontzer (2021) *Burn: The Misunderstood Science of Metabolism*. London: Allen Lane.

67쪽   *ibid.*

77쪽   'Three "Guinea Pigs" of Starvation Experiments'. *Minneapolis Morning Tribune*, 1 June 1950. © Hennepin County Library.

97쪽   NCD Risk Factor Collaboration (NCD-RisC) (2020) Height and Body-Mass Index Trajectories of School-Aged Children and Adolescents from 1985 to 2019 in 200 Countries and Territories: A Pooled Analysis of 2181 Population-Based Studies with 65 Million Participants. *Lancet*, 396(10261), 1511-1524.

98쪽   NDNS 자료를 활용한 National Food Strategy의 분석. Public Health England & Food Standards Agency (2020) *National Diet and Nutrition Survey: Rolling Programme Years 9 to 11 (2016 to 2017 and 2018 to 2019)*. HMG.

99쪽   NFS Analysis of PHE Public Health Outcomes Framework: Public Health England (2013) *Public Health Outcomes Framework*. HMG.

102쪽   Public Health England (2018) *Obesity and the Environment - Density of Fast Food Outlets at 31/12/2017*. HMG.

133쪽   Bariatric surgery weight loss procedures comparison. © Shutterstock.

2부

144쪽   Food and Agriculture Organization of the United Nations (2018) *The State of Agricultural Commodity Markets 2018*. FAO.

157쪽   Global Farm Metric Framework, Global Farm Metric. 다음 웹사이트에서 볼 수 있다. www.globalfarmmetric.org/about-the-globalfarm-metric.

160쪽   시스템아이큐가 국가식량전략을 위해 다음 자료를 토대로 수행한 분석. Food and Land Use Commission: *Growing Better: Ten Critical Transitions to Transform Food and Land Use* (2019); Sustainable Food Trust: *The Hidden Cost of UK Food* (2017); Ellen MacArthur Foundation: *Cities and Circular Economy for Food* (2019); World Business Council for Sustainable Development: *The True Value of Food - a Powerful Aid to Business Decision-Making* (2021).

171쪽   다음 자료를 바탕으로 한 〈국가식량전략〉의 분석. Garnett, T. (2008) *Cooking up a Storm: Food, Greenhouse Gas Emissions and our Changing Climate*. Food Climate Research Network, Centre for Environmental Strategy; Department for Business, Energy & Industrial Strategy (2019) *Final UK Greenhouse Gas Emissions National Statistics*. Data tables; WRAP (2020) *Courtauld Commitment 2025, Annual Report 2020*. WRAP.

177쪽   Allen, M. (2015) *Short-Lived Promise? The Science and Policy of Cumulative and Short-Lived Climate Pollutants*. Oxford Martin Policy Paper.

179쪽   Ritchie, H. (2020) Less Meat is Nearly Always Better than Sustainable Meat, to Reduce Your Carbon Footprint. *Our World in Data*.

182쪽   Kim, B. et al. (2020) Country-Specific Dietary Shifts to Mitigate Climate and Water Crises. *Global Environmental Change*, 62.

189쪽   Composite of 'Guangxi Yangxiang's high-rise pig farm buildings are seen at Yaji Mountain Forest Park in Guangxi'. © Reuters/Thomas Suen.

194쪽   'A Venerable Orang-outang', The Hornet, 22 March 1871. Photo: University College London Digital Collections.

206쪽   다음 출처들을 바탕으로 작성된 〈국가식량전략〉 참조. Poore, J. and Nemecek, T. (2018) Reducing Food's Environmental Impacts Through Producers and Consumers. *Science*, 360, 987-992; de Ruiter, H. et al. (2017)

Total Global Agricultural Land Footprint Associated with UK Food Supply 1986-2011. *Global Environmental Change*, 43, 72-81; ONS (2019) *UK Natural Capital: Urban Accounts*. ONS; WWF (2020) *Bending the Curve: The Restorative Power of Planet-Based Diets*. WWF; Forestry Commission (2020) *Forestry Statistics 2020: A Compendium of Statistics About Woodland, Forestry and Primary Wood Processing in the United Kingdom*. National Statistics; Centre for Ecology & Hydrology: Environmental Information Data Centre (2000) UKCEH Land Cover Map 2000. UKCEH. 다음에서 볼 수 있다. https://catalogue.ceh.ac.uk/documents/14a9ec05-071a-43a5-a142-e6894f3d6f9d; European Environment Agency (2016) Corine Land Cover 2012. EEA; Easton, M. (2017) Five Mind-Blowing Facts About What the UK Looks Like. *BBC News*, 9 November.

212쪽   Searchinger, T. D. et al. (2018) Assessing the Efficiency of Changes in Land Use for Mitigating Climate Change. *Nature*, 564, 249-253.

230쪽   Our World in Data (2017) Share of Consumer Expenditure on Food. *Our World in Data*.

233쪽   Food Chain Analysis Group, Department for Environment Food & Rural Affairs (2006) Food Security and the UK: An Evidence and Analysis Paper. National Archives; Barnett, M. (1985) British Food Policy During the First World War. Australia: Allen & Unwin; Department for Environment, Food & Rural Affairs (2013) Agriculture in the United Kingdom. GOV.UK.

242쪽   다음 자료를 바탕으로 한 NFS 분석. Poore, J. and Nemecek, T. (2018) Reducing Food's Environmental Impacts Through Producers and Consumers. Science, 360, 987-992; de Ruiter, H. et al. (2017) Total Global Agricultural Land Footprint Associated with UK Food Supply 1986-2011. *Global Environmental Change*, 43, 72-81. See National Food Strategy (2021) *The National Food Strategy: The Evidence*, July, pp.42, 56. 더 자세한 내용은 nationalfoodstrategy.org.에서 확인할 수 있다. 이 시나리오는 식량 생산에서 풀려난 토지가 영국에 식량을 공급하는 국내외 토지에 균등하게 나눠진다고 가정한다.

3부

251쪽   FAOSTAT (2021) Meat Food Supply Quantity, Food and Agriculture Organization of the United Nations [online].

253쪽   Henry Dimbleby. © Dr Emma Lewis.

260쪽   National Food Strategy analysis based on Department for Environment, Food & Rural Affairs (2020) Family Food 2018/19. *GOV.UK.*

294쪽   Composite of 5th Avenue, New York, in 1900 and 1913. © Photo 12/Alamy Stock Photo, and George Granthan Bain Collection/Library of Congress, Prints & Photographs Division, [LC-DIG-ggbain-11656].

우리는 어떻게 지구를 먹어치우는가

초판 1쇄 발행 2026년 1월 5일

지은이 헨리 딤블비, 제미마 루이스
옮긴이 김선영
발행인 김형보
편집 최윤경, 강태영, 임재희, 홍민기, 강민영, 박지연, 김아영
마케팅 이연실, 김보미, 김민경, 고가빈   **디자인** 김지은, 박현민   **경영지원** 최윤영, 유현

발행처 어크로스출판그룹(주)
출판신고 2018년 12월 20일 제 2018-000339호
주소 서울시 마포구 동교로 109-6
전화 070-5080-4038(편집) 070-8724-5877(영업)   **팩스** 02-6085-7676
이메일 across@acrossbook.com   **홈페이지** www.acrossbook.com

만든 사람들
편집 강민영   **교정** 오효순   **디자인** 박현민   **조판** 정은정